MAXI
Mémento

Français

6e
5e
4e
3e

Annick MAUFFREY

Isdey COHEN

hachette
ÉDUCATION

Conception graphique : Agata Miziewicz/FNG
Réalisation PAO : Colorway
Couverture : Karine Nayé (conception graphique), Sylvie Fécamp (réalisation)
Illustrations : Éphémère

ISBN 978-2-01-160405-7

Achevé d'imprimer en Espagne par Cayfosa
Dêpôt légal: Juillet 2013 - Collection 15 - Edition 02 -
16/0405/7

AVANT-PROPOS

Regroupant toutes les connaissances dont les programmes actuels de français prévoient l'acquisition au collège, cette nouvelle édition a toujours l'ambition de pouvoir répondre, au-delà des connaissances de base, à toutes les questions que l'élève, de la 6e à la 3e, pourrait être amené à se poser.

La **lecture** (explication de texte) et la **production d'écrit** (rédaction) se voient consacrer une part importante de l'ouvrage, conformément aux exigences des textes officiels. La partie *Lire et écrire,* par l'étude systématique des phénomènes d'énonciation, des connecteurs logiques, de l'emploi des temps et des modes, par celle des grands types de textes, ainsi que par le rappel des règles de versification et des principales figures de rhétorique, devrait aider les élèves en leur fournissant des grilles d'analyse et d'écriture. La partie *Littérature,* elle, permet, avec ses tableaux chronologiques, de situer les textes lus en classe et de les identifier, grâce à un inventaire détaillé des genres littéraires. En relation avec cet inventaire, l'index des grands auteurs français et étrangers présente les œuvres susceptibles d'être lues à cet âge, dont évidemment celles prévues par les programmes, offrant ainsi de surcroît un choix judicieux de **lectures futures**.

Aucun domaine de la **structuration de la langue** n'est négligé. Les parties *Grammaire*, *Conjugaison*, *Orthographe*, *Vocabulaire* permettent une connaissance précise et complète du fonctionnement de la langue. Ces chapitres ont été conçus avec le souci constant que les utilisateurs – l'élève, mais aussi les parents – puissent facilement s'y retrouver.

L'établissement de ponts entre les diverses parties, l'étude d'un même exemple sous divers angles, l'illustration constante par l'exemple, le recours à des outils divers – index, renvois, tableaux complets et clairs – visent à faire de ce Maxi-Mémento, par sa souplesse et sa commodité, un instrument complet. Indispensable tout au long des quatre années de collège, il continuera certainement d'être utile au lycée.

Les auteurs

SOMMAIRE

Ce sommaire indique le niveau (sixième, cinquième, quatrième, et troisième) de chacune des rubriques de cet ouvrage. Il permet de faire un point précis des connaissances exigibles tout au long du cycle en cours. Dès que la notion développée dans une fiche est acquise, l'élève peut cocher la case correspondante et visualiser ainsi sa progression (il est bien entendu que les notions des classes précédentes doivent être assimilées).

Lire et écrire

SOMMAIRE

EMPLOI DES TEMPS ET DES MODES

SOMMAIRE

SOMMAIRE

SOMMAIRE

LES CLASSES DE MOTS

SOMMAIRE

Conjugaison

SOMMAIRE

Orthographe

LES LETTRES ET LES SONS

LES RÈGLES ET LES DIFFICULTÉS

L'ORTHOGRAPHE PORTEUSE DE SENS

LES ACCORDS

SOMMAIRE

LES SIGNES

Vocabulaire

L'HISTOIRE DES MOTS

LE SENS DES MOTS

SOMMAIRE

Littérature

CHRONOLOGIE

LES GENRES LITTÉRAIRES

INDEX DES AUTEURS

Index général

Lire et écrire

1

Lire et écrire
Les types de textes

ACTES DE PAROLE

LA COMMUNICATION

6e Pour communiquer, le **locuteur** (celui qui parle) et l'**interlocuteur** (celui à qui l'on parle) doivent disposer d'un code commun : la **langue**.

Ce code commun, bien employé, varie en fonction des **situations de communication**.

locuteur	→	message	→	interlocuteur		situation :
(énonciateur)	←	énoncé	←	(destinataire)		*lieu, moment, intention...*

Le fonctionnement de la langue diffère alors :
- selon que l'on parle ou que l'on écrit ;
- selon la personne à qui l'on s'adresse ;
- selon le moment, le lieu où l'on parle ;
- selon ce que l'on a à dire...

ÉNONCÉ, ÉNONCIATION

4e Lors de la communication, on produit un énoncé, par *un acte d'énonciation.* Cet énoncé présente des formes grammaticales différentes selon la situation de production.

Les indices grammaticaux de la situation d'énonciation sont fournis par les adjectifs et les pronoms possessifs, les pronoms personnels, le temps des verbes et l'emploi de certains adverbes de temps et de lieu.

L'énoncé est ainsi ancré dans la situation d'énonciation lorsqu'il présente les pronoms *je, tu...*, lorsque les verbes sont au *présent*, au *passé composé,* au *futur...*, lorsqu'on trouve des adverbes tels que *ici, aujourd'hui, maintenant...*

L'énoncé est en revanche coupé de la situation d'énonciation lorsqu'il ne présente que des pronoms de la troisième personne, lorsque certains verbes sont au *passé simple...*, lorsqu'on trouve des adverbes tels que *là, ce jour-là, alors...*

J'aurais jamais cru ça de lui.

Cette phrase appartient à la langue orale familière.

LA LANGUE ORALE, LA LANGUE ÉCRITE

6e La **langue orale** est en situation. Elle présente un fonctionnement original qui en fait une langue différente de celle décrite dans les grammaires.

Le découpage en unités change :

le petit garçon → *3 mots à l'écrit, 1 seule unité à l'oral.*

Les marques des accords sont différentes :

Leurs chiens dormaient. → *3 marques de pluriel à l'écrit, aucune à l'oral.*

La **langue écrite** n'est pas en situation : elle comporte plus d'informations pour éviter les confusions. C'est un des rôles de l'orthographe, par exemple.

Il a coupé le pin. Il a coupé le pain. → *Seul l'écrit permet de différencier ces phrases.*

La langue écrite suit en principe les règles décrites dans les grammaires.

Les textes correspondent aussi à des situations de communication, puisque celui qui écrit établit une relation avec ses lecteurs. À la différence de la communication orale, la communication écrite se fait dans un seul sens : le lecteur ne peut intervenir directement dans la communication ni la modifier.

LES REGISTRES DE LANGUE

6e Les variations dans l'utilisation de la langue sont à l'origine de la notion de registres, ou niveaux, de langue.

Ces registres sont nombreux, à l'oral comme à l'écrit, mais on les regroupe d'ordinaire en trois grandes catégories : familier, courant, soutenu.

Registre	Prononciation	Grammaire	Vocabulaire
familier	P't'êt ben !	Moi, j'les voyais pas comme ça, les Japonais.	Je pige.
courant	Peut'êt bien !	Moi, je n'voyais pas les Japonais comme cela.	Je comprends.
soutenu	Peut-être bien !	Je ne me représentais pas ainsi les Japonais.	Je comprends ta langue.

LIRE ET ÉCRIRE DES TEXTES

REPÈRES

LES TYPES DE DISCOURS

6e Selon la situation d'énonciation et ses objectifs, les écrits se présentent différemment. On appelle les différentes formes d'écrits les **types de discours**. Ils sont nombreux, mais on distingue généralement : le dialogue, le discours narratif, le discours descriptif, le discours explicatif, le discours informatif, le discours injonctif, le discours argumentatif, etc.

Les textes mêlent les types de discours : ainsi, un conte comporte de la narration, des descriptions, des dialogues argumentatifs...

Un type de discours, de la même manière, peut apparaître dans les textes les plus variés : on trouve ainsi la description dans des contes, des dialogues, des articles encyclopédiques, des poésies, etc.

OUVRIR L'ŒIL

Le mot *discours* peut avoir plusieurs sens et prêter à confusions. Éliminons tout de suite la forme de texte argumentatif – souvent oral – que l'on emploie dans certaines circonstances particulières (*discours* politique, *discours* de félicitation, etc.). En plus du *discours*, forme d'écrit dépendant de la situation d'énonciation – tel qu'il a été défini dans ce paragraphe – les grammairiens appellent aussi couramment discours le dialogue (*discours* direct, indirect...). C'est désormais dans cet emploi que vous rencontrerez le mot *discours*. Quant aux *types de discours*, nous préférerons à l'avenir le terme de types de textes, peut-être moins juste, mais plus clair.

CRITÈRES D'ANALYSE DES TEXTES

5e Les pages qui suivent sont destinées à différencier et à rendre claires des notions qui se présentent rarement sous une forme aussi nette, en raison même de l'invention et de la création littéraires. Elles ont pour objectif de définir les règles de fonctionnement de 7 ou 8 types de textes, afin d'en faciliter la lecture et l'écriture. Rappelez-vous aussi que si l'**auteur** est bien celui qui écrit le texte, c'est le **narrateur** qui dit *« je »* dans le texte, qui *raconte*.

Chaque type de texte est systématiquement présenté selon **4 orientations** :

1. Situation d'énonciation

Fondamentale pour comprendre les choix d'écriture, elle regroupe l'ensemble des conditions qui donnent naissance au texte (Qui écrit ? Pour qui ? Pour quoi ?...) :

- La possibilité d'être en interaction immédiate signifie que l'interlocuteur peut à tout moment intervenir pour interrompre, corriger, modifier, développer le discours de l'autre. La situation d'écriture implique en principe une interaction différée.
- La possibilité pour celui qui écrit de s'impliquer dans ce qu'il écrit signifie qu'il utilisera le pronom *je* ou *nous.* S'il ne s'implique pas, il utilisera uniquement des pronoms de la 3e personne.
- La qualité de celui qui écrit, son autorité, les objectifs qu'il se fixe en écrivant, la manière dont il envisage ses lecteurs, tout cela influe sur son écriture.

2. Organisation du texte

Schématisation de l'organisation la plus habituelle des éléments constitutifs du texte étudié, afin de fournir un plan de lecture ou de production.

3. Caractéristiques linguistiques

Définition des particularités de la langue utilisée pour le texte étudié.

Ces particularités sont schématisées dans une série d'**oppositions** :

- Emploi des pronoms → Présence ou non de pronoms des **1re** *(je, nous)* ou **2e** *(tu, vous)* personnes.
- Emploi des temps → Présence ou non du présent / du passé composé / du passé simple.
- Indications de temps et de lieu liées *(aujourd'hui, maintenant, dans trois jours, ici...)* ou non *(ce jour-là, alors, trois jours plus tard, là...)* à la situation de production du texte.
- Types de phrases → Phrases déclaratives uniquement / Types de phrases variés.
- Registres de langue → Registre uniformément soutenu ou courant / Registres variés...

4. Exemples

Un ou plusieurs extraits illustrent l'analyse du type de texte étudié.

2

LIRE ET ÉCRIRE
Les types de textes

La Loi de la Jungle établit très clairement que chaque loup peut, lorsqu'il se marie, se retirer du clan auquel il appartient ; mais aussitôt ses petits assez âgés pour se tenir sur leurs pattes, il doit les amener au Conseil du clan, qui se réunit généralement une fois par an à la pleine lune, afin que les autres loups puissent reconnaître leur identité. Après cet examen, les petits sont libres de courir où il leur plaît, et, jusqu'à ce qu'ils aient tué leur premier daim, il n'est pas d'excuse valable pour un loup adulte et du même clan qui tuerait l'un d'eux. Comme châtiment, c'est la mort pour le meurtrier où qu'on le trouve.	passage informatif
Père Loup attendit jusqu'à ce que ses petits pussent un peu courir, et alors, la nuit de l'assemblée, il les emmena avec Mowgli et mère Louve au rocher du conseil. Il poussa « Mowgli la grenouille », comme ils l'appelaient, au milieu du cercle, où il resta par terre à rire et à jouer avec des cailloux qui scintillaient dans le clair de lune. Akela ne leva pas sa tête d'entre ses pattes mais continua le cri monotone :	passage narratif
– Regardez bien !... Regardez bien, ô loups !	dialogue
Il y eut un chœur de sourds grognements, et un jeune loup de quatre ans, tourné vers Akela, répéta la question de Shere Khan :	passage narratif
– Le peuple libre, qu'a-t-il à faire d'un petit d'homme ?	dialogue
Or, la Loi de la Jungle, en cas de dispute sur les droits d'un petit à l'acceptation du clan, exige que deux membres au moins du clan, qui ne soient ni son père ni sa mère, prennent la parole en sa faveur.	passage explicatif
– Qui parle pour celui-ci ? dit Akela. Du Peuple Libre, qui parle ?	dialogue
Il n'y eut pas de réponse, et mère Louve s'apprêtait pour ce qui serait son dernier combat, elle le savait bien, s'il fallait en venir à combattre. Alors, le seul étranger qui soit admis au Conseil du clan	passage narratif
– Baloo, l'ours brun endormi, qui enseigne aux petits la Loi de la Jungle, le vieux Baloo, qui peut aller et venir partout où il lui plaît, parce qu'il mange uniquement des noix, des racines et du miel – se leva sur son séant et grogna.	passage descriptif
– Le petit d'homme... Le petit d'homme ?... dit-il. C'est moi qui parle pour le petit d'homme. Il n'y a pas de mal dans un petit d'homme. Je n'ai pas le don de la parole, mais je dis la vérité. Laissez-le courir avec le clan, et qu'on l'enrôle parmi les autres. C'est moi-même qui lui donnerai des leçons. – Nous avons encore besoin de quelqu'un d'autre, dit Akela. Baloo a parlé, et c'est lui qui enseigne à nos petits. Qui parle avec Baloo ?	dialogue passage argumentatif passage injonctif

Une ombre tomba au milieu du cercle.	passage narratif
C'était Bagheera, la panthère noire. Sa robe est tout entière noire comme l'encre, mais les marques de la panthère y affleurent, sous certains jours, comme font les reflets de la moire. Chacun connaissait Bagheera et personne ne se souciait d'aller à l'encontre de ses desseins, car Tabaqui, le chacal, est moins rusé, le buffle sauvage moins téméraire, et moins redoutable l'éléphant blessé. Mais sa voix était plus suave que le miel agreste, qui tombe goutte à goutte des arbres, et sa peau plus douce que le duvet.	passage descriptif
– Ô Akela, et vous, Peuple Libre, ronronna sa voix persuasive, je n'ai nul droit dans votre assemblée. Mais la Loi de la Jungle dit que, s'il s'élève un doute dans une affaire, en dehors d'une question de meurtre, à propos d'un nouveau petit, la vie de ce petit peut être rachetée moyennant un prix. Et la Loi ne dit pas qui a droit ou non dc payer ce prix. Ai-je raison ?	passage argumentatif
– Très bien ! très bien, firent les jeunes loups, qui ont toujours faim. Écoutons Bagheera. Le petit peut être racheté. C'est la loi. – Sachant que je n'ai nul droit de parler ici, je demande votre assentiment. – Parle donc, crièrent vingt voix.	dialogue
– Tuer un petit nu est une honte. En outre, il pourra nous aider à chasser mieux quand il sera d'âge. Baloo a parlé en sa faveur. Maintenant aux paroles de Baloo, j'ajouterai l'offre d'un taureau, d'un taureau gras, fraîchement tué à un demi-mille d'ici à peine, si vous acceptez le petit d'homme conformément à la Loi. Y a-t-il une difficulté ?	passage argumentatif
Il s'éleva une clameur de voix mêlées parlant ensemble :	passage narratif
– Qu'importe ! Il mourra sous les pluies de l'hiver ; il sera grillé par le soleil... Quel mal peut nous faire une grenouille nue ? Qu'il coure dans le clan !... Où est le taureau, Bagheera ?... Nous acceptons.	passage argumentatif
Alors revint l'aboiement profond d'Akela.	passage narratif
– Regardez bien... Regardez bien, ô loups ! [...]	passage injonctif
Bagheera s'adressa à Mowgli, un soir, au plus profond de la Jungle, comme l'enfant couché reposait sa tête sur le beau pelage noir de la panthère :	passage narratif
– Petit frère ? Combien de fois t'ai-je averti que Shere Khan est ton ennemi ? Tabaqui te l'a dit lui-même...	dialogue
– Oh ! oh ! dit Mowgli, Tabaqui est venu à moi, il n'y a pas longtemps, me raconter je ne sais plus quelle impertinente histoire. J'étais un petit d'homme, un petit nu, pas même bon à déterrer des racines... Mais j'ai pris Tabaqui par la queue et je l'ai cogné à deux reprises contre un palmier pour lui apprendre de meilleures manières.	récit discours indirect libre

(D'après Rudyard Kipling, *Le Livre de la Jungle*,
Trad. L. Fabulet et R. d'Humières, Mercure de France.)

DIALOGUE

DISCOURS DIRECT (DD)

IDENTIFICATION

5ᵉ Ce type de texte transcrit les paroles et les entretiens de l'oral. Il est fréquemment intégré dans les narrations et les récits.

En dehors des situations de communication de l'oral, ce type de texte est parfaitement représenté dans les **pièces de théâtre**.

On peut encore rajouter la **lettre**, bien que l'interaction entre l'émetteur et le destinataire ne soit pas immédiate (interaction différée).

La situation d'énonciation

5ᵉ Celui qui rapporte le dialogue s'efface : la relation s'établit directement entre le locuteur et l'interlocuteur. Ceux-ci peuvent communiquer dans les situations les plus variées et sur des contenus très divers (ils peuvent se demander ou se donner des informations, se donner des ordres ou s'interdire quelque chose, exprimer des sentiments, des émotions, etc.).

Organisation du dialogue

5ᵉ Le dialogue est caractérisé par l'alternance du locuteur et de l'interlocuteur, chacun étant tour à tour locuteur et interlocuteur.

Ce type de texte renvoie au schéma de la communication (*cf.* p. 14).

Caractéristiques linguistiques

5ᵉ Le dialogue est ancré dans la situation d'énonciation :

Possessifs, pronoms personnels : présence de la **1ʳᵉ** et de la **2ᵉ** personnes.

Temps : présent, futur et passé (**passé composé** et imparfait...).

Indications de temps et de lieu **liées à la situation d'énonciation** : *hier, aujourd'hui maintenant, demain, la semaine prochaine, ici...*

Types de phrases **variés** : déclaratif, interrogatif, exclamatif, injonctif impératif.

Registres de langue **divers** liés aux interlocuteurs et à la situation.

Ponctuation particulière *(guillemets, deux points, tirets...)*, qui permet de repérer immédiatement le dialogue dans une narration.

Le *monologue* (quelqu'un s'adresse à lui-même), le *dialogue* (deux – parfois plusieurs ! – personnes s'entretiennent entre elles), la *harangue* (une personne s'adresse à plusieurs autres) sont des formes du discours direct.

EXEMPLE

B LOUISON. – Qu'est-ce que vous me voulez, mon papa ? Ma belle-maman m'a dit que vous me demandez.

A ARGAN. – Oui. Venez çà. Avancez là. Tournez-vous. Levez les yeux. Regardez-moi. Eh !

B LOUISON. – Quoi, mon papa ?

A ARGAN. – Là ?

B LOUISON. – Quoi ?

A ARGAN. – N'avez-vous rien à me dire ?

B LOUISON. – Je vous dirai, si vous voulez, pour vous désennuyer, le conte de *Peau d'âne* ou bien la fable du *Corbeau et du Renard*, qu'on m'a appris depuis peu.

A ARGAN. – Ce n'est pas là ce que je vous demande.

B LOUISON. – Quoi donc ?

A ARGAN. – Ah ! rusée, vous savez bien ce que je veux dire.

B LOUISON. – Pardonnez-moi, mon papa.

A ARGAN. – Est-ce là comme vous m'obéissez ?

B LOUISON. – Quoi ?

A ARGAN. – Ne vous ai-je pas recommandé de me venir dire tout ce que vous voyez ?

B LOUISON. – Oui, mon papa.

A ARGAN. – L'avez-vous fait ?

B LOUISON. – Oui, mon papa. Je vous suis venue dire tout ce que j'ai vu.

A ARGAN. – Et n'avez-vous rien vu aujourd'hui ?

B LOUISON. – Non, mon papa.

A ARGAN. – Non ?

B LOUISON. – Non, mon papa.

A ARGAN. – Assurément ?

B LOUISON. – Assurément.

A ARGAN. – Oh ! çà, je m'en vais vous faire voir quelque chose, moi.

B LOUISON. – Ah ! mon papa !

A ARGAN. – Ah ! ah ! petite masque, vous ne me dites pas que vous avez vu un homme dans la chambre de votre sœur ?

B LOUISON. – Mon papa !

A ARGAN. – Voici qui vous apprendra à mentir.

B LOUISON. – Ah ! mon papa, je vous demande pardon. C'est que ma sœur m'avait dit de ne pas vous le dire, et je m'en vais vous dire tout.

(Molière, *Le Malade imaginaire,* Acte II, scène 8.)

4

LIRE ET ÉCRIRE
Les types de textes

DISCOURS RAPPORTÉ

DÉFINITION

4e Tout dialogue est un acte d'énonciation produit dans une situation donnée, avec un locuteur et un interlocuteur parfaitement définis :

Marie *(à Pierre)* – Oh ! Pierre, tu n'as pas oublié ton maillot de bain ?

Ces paroles peuvent être rapportées plus tard dans un autre acte d'énonciation, dans une autre situation, avec des interlocuteurs différents :

Jean (à Paul) – Marie a demandé à Pierre s'il n'avait pas oublié son maillot de bain.

Le discours rapporté suppose donc deux actes d'énonciation distincts : c'est ce qui en fait la complexité. Il peut présenter **4 formes**.

LE RÉCIT DE PAROLES

4e Les paroles ne sont ni citées ni rapportées fidèlement, elles sont tout juste évoquées, ou résumées.

Marie a rappelé à Pierre son maillot de bain.

LE DISCOURS RAPPORTÉ DIRECTEMENT (DD)

Comme il allait partir, Marie lui demanda :
« Oh ! Pierre, tu n'as pas oublié ton maillot de bain ?
– Je l'ai mis dans mon sac, répondit-il, **mais je ne suis pas sûr que nous irons à la piscine aujourd'hui. »**
Il lui fit un signe de la main et referma la porte.

5e Les paroles rapportées directement constituent une rupture dans la narration ou le récit. Comme le discours direct est ancré dans la situation d'énonciation, l'emploi des temps, des pronoms et des adverbes peut être totalement différent de celui de la narration ou du récit.

Le discours direct est introduit par une ponctuation particulière *(deux points, guillemets, tirets)*.

Il permet de rapporter fidèlement les paroles : les phrases sont citées telles quelles, dans le registre de langue où elles ont été prononcées.

« *Je lui ai dit qu'il serait le bienvenu. Qu'en penses-tu ?* »
Ces phrases présentent deux manières de rapporter le discours : du discours direct entre guillemets et du discours indirect, *qu'il serait le bienvenu*, inséré dans le discours direct.

LE DISCOURS RAPPORTÉ INDIRECTEMENT (DI)

Comme il allait partir, Marie demanda à Pierre **s'il n'avait pas oublié son maillot de bain.** Pierre répondit **qu'il l'avait mis dans son sac, mais qu'il n'était pas sûr qu'ils iraient à la piscine ce jour-là.** Il lui fit un signe de la main et referma la porte.

Modification des paroles rapportées

4e Les paroles rapportées indirectement s'insèrent dans la narration sans rupture ni ponctuation particulière. Elles entrent dans une complétive COD. La proposition principale comporte alors un verbe introducteur (de déclaration ou d'opinion).

Lors du passage au discours indirect, les paroles rapportées sont modifiées, le registre de langue s'aligne sur celui du récit et l'énoncé peut subir d'importantes modifications grammaticales.

Les paroles rapportées peuvent être ancrées dans la situation d'énonciation. Dans ce cas, les modifications dépendent du rôle que celui qui rapporte les paroles a joué dans le dialogue.

Lorsque les paroles rapportées sont coupées de la situation d'énonciation, elles subissent de profondes modifications grammaticales.

Modification des possessifs et des pronoms personnels

4e Celui qui rapporte le discours n'a pas participé au dialogue → tous les possessifs et les pronoms personnels passent à la **3e** personne :

mon / ma, ton / ta, son / sa → son / sa
notre, votre, leur, le nôtre → leur, le leur
je, tu, il, elle → il, elle
nous, vous, ils, elles → ils, elles

Celui qui rapporte le discours a participé au dialogue → possessifs et pronoms personnels varient en fonction du rapporteur et de celui à qui il s'adresse :

Pierre rappelle leur dialogue à Marie :
Comme j'allais partir, tu m'as demandé **si je n'avais pas oublié mon maillot de bain.** Je t'ai répondu **que je l'avais mis dans mon sac, mais que je n'étais pas sûr que nous irions à la piscine ce jour-là**.

Marie rappelle à Pierre leur dialogue :
Comme tu allais partir, je t'ai demandé **si tu n'avais pas oublié ton maillot de bain.** Tu m'as répondu **que tu l'avais mis dans ton sac, mais que tu n'étais pas sûr que vous iriez à la piscine ce jour-là**.

Modification du temps et du mode des verbes

4e Cette modification suit la règle de la concordance des temps.

Verbe introducteur au passé

→ Verbes du discours indirect obligatoirement au passé.

présent, imparfait	→	imparfait
passé composé, passé simple plus-que-parfait, passé antérieur	→	plus-que-parfait
futur, futur antérieur	→	conditionnel présent et passé (futur du passé)

→ L'impératif est remplacé par le subjonctif ou l'infinitif.

« Viens ! » → Il ordonne **qu'il vienne**. Il lui ordonne **de venir**.

Modification de l'expression du temps et du lieu

4e

ici, dans cette maison-ci	→	là, dans cette maison-là
hier, aujourd'hui, demain	→	la veille, ce jour-là, le lendemain
dans trois jours, cette semaine	→	trois jours plus tard, cette semaine-là

L'INTERROGATION INDIRECTE

5e Le point d'interrogation et l'inversion du sujet disparaissent. Les possessifs et les pronoms personnels, les temps et les modes, les adverbes et circonstanciels de temps et de lieu sont modifiés. Les termes introducteurs varient en fonction de la nature de l'interrogation :

– pour l'interrogation totale : → *si*

– pour l'interrogation partielle : *que, qu'est-ce qui* → *ce que, ce qui*

quand, où, combien... → *quand, où, combien...*

LE DISCOURS INDIRECT LIBRE (DIL)

3e Comme Pierre allait partir, Marie le rappela. **Oh ! n'avait-il pas oublié son maillot de bain ?** Il la rassura : **il avait mis son maillot dans son sac, mais il n'était pas sûr qu'ils iraient à la piscine ce jour-là.** Il lui fit un signe de la main et referma la porte.

Le discours indirect libre est une forme intermédiaire.

Ainsi que le discours indirect, il présente les modifications grammaticales des possessifs et des pronoms personnels, des temps et des modes, etc.

Ainsi que le discours direct, il n'est pas introduit par une conjonction de subordination. Il peut conserver interjections, points d'exclamation et d'interrogation, etc.

Le discours indirect libre n'est pas signalé par des guillemets et, souvent, seul le sens permet de le distinguer du récit.

EXEMPLE

discours direct

« Si je portais la boîte ? » reprit la femme toute pâle après une hésitation.
Maheu, assis au bord de la table, les jambes pendantes et la tête sur la poitrine, s'était redressé.
« Non, je ne veux pas ! »
Péniblement, la Maheude se leva et fit le tour de la pièce. [Était-ce Dieu possible, d'en être réduit à cette misère ! Le buffet sans une miette, plus rien à vendre, pas même une idée pour avoir du pain ! Et le feu qui allait s'éteindre !] Elle s'emporta contre Alzire qu'elle avait envoyée le matin aux escarbilles, sur le terri, et qui était revenue les mains vides, en disant [que la Compagnie défendait la glane.] [Est-ce qu'on ne s'en foutait pas, de la compagnie ? Comme si l'on volait quelqu'un, à ramasser les brins de charbon perdus !]

discours indirect libre

La petite, désespérée, racontait [qu'un homme l'avait menacée d'une gifle] ; puis elle promit [d'y retourner, le lendemain, et de se laisser battre.]

discours indirect — récit de parole

« Et ce bougre de Jeanlin ? cria la mère, où est-il encore, je vous le demande ?... Il devait apporter de la salade : on en aurait brouté comme des bêtes, au moins ! Vous verrez qu'il ne rentrera pas. Hier déjà, il a découché. Je ne sais [ce qu'il trafique,] mais la rosse a toujours l'air d'avoir le ventre plein.
– Peut-être, dit Étienne, ramasse-t-il des sous sur la route. »
Du coup, elle brandit les deux poings, hors d'elle.
« Si je savais ça !... Mes enfants mendier ! J'aimerais mieux les tuer et me tuer ensuite. »

(Émile Zola, *Germinal.*)

NARRATION

Contes, romans, nouvelles, histoires...
sont des types de narrations.

LA SITUATION D'ÉNONCIATION

6e L'énonciateur peut être n'importe qui et il n'est pas impliqué dans ce qu'il écrit.

Il recrée un monde, souvent imaginaire, pour le seul plaisir de ses lecteurs.

Les destinataires (les lecteurs) peuvent être n'importe qui et tendent vers l'universel.

ORGANISATION DE LA NARRATION

6e La narration se définit habituellement comme le passage d'un état initial à un état final différent.

La structure de la narration peut être représentée, de façon simplifiée, par ce schéma :

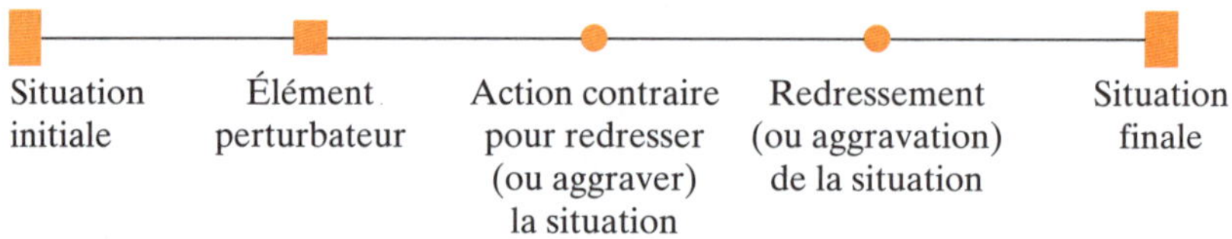

(voir exemple)

CARACTÉRISTIQUES LINGUISTIQUES

6e La narration est coupée de la situation d'énonciation.

Possessifs, pronoms personnels : **3e** personne, plus rarement **1re** personne.

Temps : passé (**passé simple**, imparfait...).

Indications de temps et de lieu **non liées à la situation** d'énonciation :

la veille, ce jour-là, le lendemain, la semaine suivante, là...

Essentiellement des phrases **déclaratives**.

Registre de langue plus ou moins **soutenu**.

EXEMPLE

Le vieux à la verrue sur la joue

Situation initiale 1	Un vieux bûcheron ayant une grosse verrue sur la joue gauche coupait du bois en montagne
Élément perturbateur 1	quand soudain pluie, orage, foudre, l'obligèrent à se cacher dans un tronc d'arbre. Il s'endormit. Plusieurs heures après, il fut réveillé par des chants et des cris. Des ogres buvaient et dansaient.
Action pour redresser la situation 1	Le bûcheron, mis en joie, sortit de son trou, et alla avec eux boire, chanter, danser.
Redressement de la situation 1	Sa danse agile plut aux ogres, qui lui arrachèrent sa verrue : « On te la met de côté, reviens danser demain et tu la reprendras. »
Situation finale 1	Le vieux rentra tout beau et tout content chez lui et raconta à sa femme son aventure.
Élément perturbateur 2	Celle-ci s'ébruita.
Situation initiale 2	Un autre vieux du même village, ayant une grosse verrue à la joue droite,
	appri l'histoire.
Action pour redresser la situation 2	Il voulut se débarrasser de sa verrue par la même méthode, alla en montagne, attendit la nuit dans un creux d'arbre, assista à la beuverie des ogres, se présenta pour danser. Il dansa mais très mal, perclus de rhumatismes qu'il était.
Aggravation de la situation 2	Les ogres enragèrent, lui plaquèrent sur sa joue vierge la verrue de l'autre vieux, qui était restée en consigne.
Situation finale 2	Le vieux redescendit de la montagne tout ballot, avec ses deux verrues qui ballottaient.

(D'après M. Bloch, *365 Contes*, Hatier.)

RÉCIT

Narrations orales (transcrites dans des dialogues, par exemple), mémoires, journaux intimes... rédactions... sont des types de récits.

Ce type de texte présente à la fois des caractéristiques du **dialogue** et des caractéristiques de la **narration**.

LA SITUATION D'ÉNONCIATION

6e Énonciateur et destinataires peuvent être ou ne pas être en interaction immédiate.

L'énonciateur peut être n'importe qui et il est impliqué dans ce qu'il écrit.

Il parle ou écrit pour recréer une situation présentée comme vécue, dans le but d'informer ou de distraire le(s) destinataire(s).

Le destinataire peut être n'importe qui, il est connu ou non de l'énonciateur.

ORGANISATION DU RÉCIT

6e La structure du récit s'apparente à celle de la narration.

Le récit est en général introduit. Son déroulement est le plus souvent chronologique. Il est conclu.

CARACTÉRISTIQUES LINGUISTIQUES

Le récit est en général ancré dans la situation d'énonciation.

6e Possessifs, pronoms personnels, des **1re** et **2e** personnes (comme pour le *discours),* ou possessifs, pronoms personnels de la **3e** personne (comme pour la *narration).*

Temps du passé, plus-que-parfait (parfois passé simple), comme pour la *narration,* mais aussi imparfait et **passé composé**, comme pour le *discours.*

Indications de temps et de lieu **liés à la situation** de production du récit : par exemple, si l'énonciateur raconte des faits passés depuis vingt-quatre heures, il emploiera *hier* ; pour des faits passés depuis quarante-huit heures, il emploiera *avant-hier,* etc.

Types de phrases variés, même si les phrases **déclaratives** dominent.

Registres de langue **courant** ou **soutenu**, selon les situations d'écriture.

EXEMPLES

Récit en langue soutenue

La blessure de **mon** genou était presque refermée ; **j'**avais même pu danser en rond la nuit de l'enfant ; cependant **j'**y souffrais par intervalles des douleurs inouïes. Il vint en tête au chirurgien du château, qui en savait un peu plus long que son confrère, que ces souffrances, dont le retour était si opiniâtre, ne pouvaient avoir pour cause que le séjour d'un corps étranger qui était resté dans les chairs, après l'extraction de la balle. En conséquence, il arriva dans **ma** chambre de grand matin ; il fit approcher une table de **mon** lit ; et lorsque **mes** rideaux furent ouverts, **je** vis cette table couverte d'instruments tranchants ; Denise assise à mon chevet, et pleurant à chaudes larmes ; sa mère debout, les bras croisés, et assez triste ; le chirurgien dépouillé de sa casaque, les manches de sa veste retroussées, et sa main droite armée d'un bistouri.

(Diderot, *Jacques le Fataliste.*)

Récit en langue courante

Je suis sorti un peu tard, à midi et demi, avec Emmanuel qui travaille à l'expédition. Le bureau donne sur la mer et **nous** avons perdu un moment à regarder les cargos dans le port brûlant de soleil. À ce moment, un camion est arrivé dans un fracas de chaînes et d'explosions. Emmanuel **m'**a demandé « si on y allait » et **je me** suis mis à courir. Le camion **nous** a dépassés et **nous nous** sommes lancés à sa poursuite. **J'**étais noyé dans le bruit et la poussière. **Je** ne voyais plus rien et ne sentais que cet élan désordonné de la course, au milieu des treuils et des machines, des mâts qui dansaient sur l'horizon et des coques que **nous** longions. **J'**ai pris appui le premier et **j'**ai sauté au vol. Puis **j'**ai aidé Emmanuel à s'asseoir. **Nous** étions hors de souffle, le camion sautait sur les pavés inégaux du quai, au milieu de la poussière et du soleil. Emmanuel riait à perdre haleine.

(Albert Camus, *L'Étranger*, Gallimard.)

Récit en langue familière

Le troisième jour après la rentrée, Mlle Iris **nous** a annoncé que le lendemain y aurait sortie au zoo. Elle a distribué des petits papiers ronéotypés à faire signer des parents. **J'**ai reniflé **le mien** pendant une heure. Elle a dit qu'on ferait un pique-nique mais que chacun devait apporter son déjeuner.

Le lendemain **je me** suis réveillé tôt, tout seul, **je m'**ai préparé tout seul **mon** petit déjeuner, du ketchup et une barre de Mars. Shrubs est passé **me** prendre, il a sonné à la porte et réveillé tout le monde. Toutes les classes de troisième année allaient ensemble au zoo. La classe de Mlle Hellman, celle de Mlle Craig et **la mienne**. On avait un autocar pour **nous**. Mlle Iris a compté tout le monde et puis elle est venue près de **moi**. [...] Au zoo, chacun devait avoir un p'tit copain qui était celui ou celle à côté de qui on était assis dans le car.

(Howard Buten, *Quand j'avais cinq ans, je m'ai tué,* trad. J.-P. Carasso, Le Seuil.)

7

LIRE ET ÉCRIRE

Les types de textes

TEXTE EXPLICATIF, INFORMATIF

LA SITUATION D'ÉNONCIATION

4e Selon le type de texte dans lequel il est inséré, le passage explicatif peut être ou non ancré dans la situation d'énonciation. Mais le texte explicatif, en tant que tel, est en général coupé de la situation d'énonciation.

L'énonciateur doit en principe disposer d'une certaine autorité en la matière. Il n'est pas, en général, impliqué dans ce qu'il écrit.

Il écrit pour faire comprendre, pour accroître ou modifier les connaissances de ses lecteurs.

Les destinataires (les lecteurs) peuvent être n'importe qui *(vulgarisation)*, un public ayant un savoir précis à acquérir, ou des spécialistes de la matière exposée.

ORGANISATION DU TEXTE EXPLICATIF

4e Le texte explicatif est solidement structuré : il présente les informations successivement, dans leur ordre logique ou dans un ordre préétabli (souvent répétitif, comme les pages de ce chapitre par exemple).

La structure du texte explicatif peut être présentée de façon simplifiée par ce schéma :

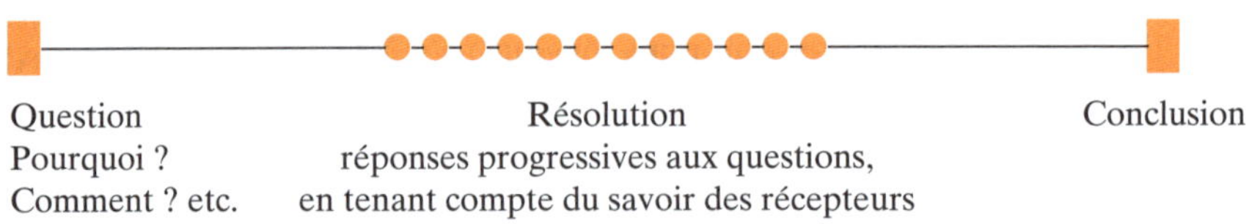

CARACTÉRISTIQUES LINGUISTIQUES

4e Possessifs, pronoms personnels de la **3e** personne (possibilité toutefois de la **1re** personne, si l'auteur construit son texte en relatant ses expériences et ses observations).

Temps : **présent** atemporel (qui n'est pas celui de l'auteur quand il écrit).

Organisateurs logiques : *premièrement, en second lieu, d'une part, d'abord, ensuite, enfin, parce que, car, donc, en conséquence...*

Paraphrase : reformulations, redéfinitions des termes employés.

Essentiellement des phrases **déclaratives**.

Registre de langue plus ou moins **soutenu**, d'une précision souvent technique.

Les textes scientifiques, les encyclopédies, les articles de revues, les manuels scolaires, des passages de romans (en particulier de *romans* policiers), etc., sont des exemples de textes explicatifs.

EXEMPLE

Drosera

Question *Qu'est-ce qu'un drosera ?*

Définition scientifique	**Le drosera –** mot grec qui veut dire « couvert de rosée » – est une plante dicotylédone de la famille des droséracées.
Espèce familière	**Le droséra à feuilles rondes**, le plus répandu en France, se présente sous l'aspect d'une petite plante vivace qui pousse
Milieu	dans les tourbières et les marécages.
Description	**Ses** feuilles, rougeâtres, ont la face supérieure recouverte de poils : elles sont étalées en couronne, au ras du sol. **Ses** petites fleurs blanches se regroupent tout en haut de la tige. **Son** fruit est une capsule qui renferme des graines riches en albumen.
Où on les trouve	**Les droseras** poussent dans toute l'Europe.
Utilisation	**Leurs** feuilles sont utilisées en médecine.

Question *Comment se nourrissent les droseras ?*

Besoins	Comme tous les êtres vivants, animaux ou végétaux, **les droseras** ont besoin d'azote.
Caractéristique du milieu	Or l'eau, dans laquelle **ils** baignent, est pauvre en sels azotés
Besoins	et **ils** doivent se procurer cet aliment essentiel, comme le font l'homme et de nombreux animaux, en devenant carnivores.
Méthode	**Leurs** feuilles, d'apparence inoffensive, sont de véritables pièges, et les « poils » qui les tapissent, des tentacules aptes à attirer et à emprisonner les proies qui passent à leur portée. Chaque poil est surmonté d'une goutte d'un liquide visqueux dans lequel s'engluent les petits insectes. Leur forfait accompli, les poils se referment et, la digestion terminée, ils se redressent prêts pour une nouvelle prise.

(J. Gabalda et R. Beaulieu,
Je sais tout sur les animaux et les plantes, Hachette.)

8

LIRE ET ÉCRIRE
Les types de textes

TEXTE DE CONSIGNE (TEXTE INJONCTIF)

LA SITUATION D'ÉNONCIATION

6e Énonciateur et destinataires ne sont pas en interaction immédiate, bien que **injonctions**, **consignes**, **ordres** ou **interdictions** se trouvent fréquemment dans le texte injonctif.

L'énonciateur dispose de l'autorité de sa compétence dans le domaine où il écrit. Il n'est en principe pas impliqué dans ce qu'il écrit.

Il écrit pour faire agir, avec le meilleur résultat possible, ses lecteurs.

Les destinataires (les lecteurs) sont considérés comme incapables d'agir convenablement sans ces consignes.

ORGANISATION DU TEXTE DE CONSIGNE

6e Le texte de consigne est solidement structuré, dans sa présentation elle-même, avec de nombreux retours à la ligne et paragraphes souvent numérotés. Il présente successivement les actions à exécuter dans leur ordre chronologique.

On pourrait schématiser ainsi ce type de texte :

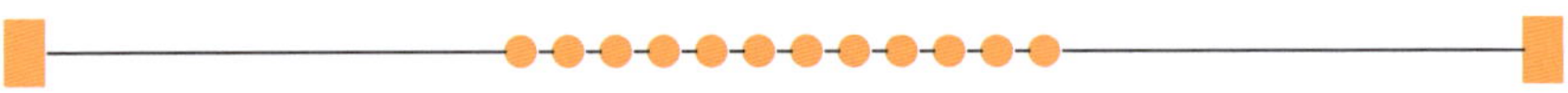

État initial Éléments éparpillés (bruts)	Suite chronologique d'opérations	État final Éléments rassemblés (transformés)

CARACTÉRISTIQUES LINGUISTIQUES

6e Possessifs, pronoms personnels de la **2e** personne ou indéfinis.

Modes et temps exprimant l'**ordre** : impératif, infinitif, futur ou présent de l'indicatif.
Nombreuses indications très précises de temps et de lieu : *premièrement, d'abord, ensuite, puis, enfin, pendant une heure, après cinq minutes..., à droite, à gauche, au centre, devant, derrière, en haut, en bas...*

Phrases injonctives (impératives ou **déclaratives**).

Registre **courant**, souvent technique.

Ce type de texte est souvent accompagné de tableaux, photographies, schémas, **illustrations**, etc.

Recettes, fiches de bricolage, de jardinage, modes d'emploi, notices d'installation d'appareils ou de montage de meubles, énoncés d'exercices ou de problèmes sont des textes de consigne.

EXEMPLE

Le poisson tropical (scalaire)

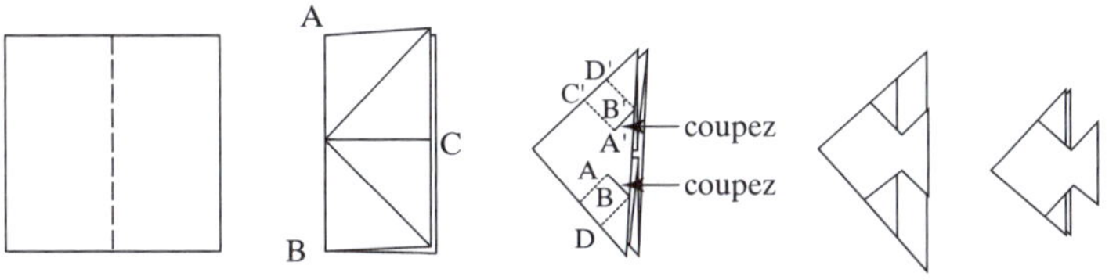

Fig. 1 — État initial · Fig. 2 · Fig. 3 · Fig. 4 · Fig. 5 — État final

État initial

1. Pliez le papier en deux parties égales, comme indiqué sur la Fig. 1.

2. Marquez des plis suivant les pointillés (Fig. 2).

3. Poussez les points A et B à l'intérieur à la rencontre du point C.

4. **Vous** obtenez ainsi la Fig. 3. Incisez comme indiqué sur la Fig. 3.

5. Pliez les deux pointes supérieures latérales, vers le bas, suivant AC et A'C', puis vers le haut, suivant BD et B'D'(Fig. 4).

6. Retournez le modèle.

7. Et répétez la dernière opération.

État final

Vous obtenez ainsi la Fig. 5.

9 LIRE ET ÉCRIRE
Les types de textes

TEXTE ARGUMENTATIF

LA SITUATION D'ÉNONCIATION

3e Selon le type de texte dans lequel il est inséré, le discours argumentatif peut être ou non ancré dans la situation d'énonciation.

L'énonciateur, convaincu de la justesse de ses arguments, peut être fortement impliqué dans ce qu'il écrit.

Il écrit pour convaincre, persuader ou dissuader ses lecteurs, pour changer leur point de vue sur une question.

Les destinataires (les lecteurs) peuvent être n'importe qui ou appartenir à une catégorie particulière à laquelle l'auteur s'adresse en priorité.

ORGANISATION DU TEXTE ARGUMENTATIF

3e Le texte argumentatif, pour jouer son rôle, doit être solidement structuré : les arguments sont présentés dans un ordre logique, clairement perceptible.

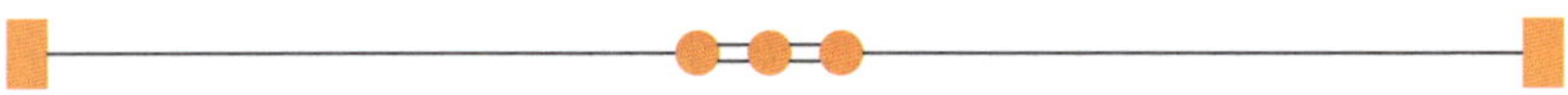

Thèse antérieure attaquée ou développée	Chaîne structurée d'arguments logiques	Nouvelle thèse
Introduction	Démonstration	Conclusion

CARACTÉRISTIQUES LINGUISTIQUES

3e Possessifs et pronoms personnels de la **1re** personne ou indéfinis.

Temps : **présent atemporel** (qui n'est pas celui de l'énonciateur quand il écrit).

Organisateurs logiques : présence forte d'indicateurs de la cause, de la conséquence, de l'opposition, de l'hypothèse et du but.

Possibilité de **tous** les types de phrases : déclaratif, interrogatif, exclamatif, injonctif, impératif.

Registres de langue **divers**, selon le ton, polémique ou non, du texte.

On trouve de l'argumentation dans les textes les plus variés : *passages de romans, dialogues, discours politiques, articles de journaux, exposés scientifiques, textes d'idées, dissertations, ouvrages polémiques, etc.*

Le respect familial

Thèse antérieure	De notre temps, on abuse de la familiarité ; on traite ses parents comme des camarades ; on leur parle sans façon ; on s'assied quand ils sont debout ; on discute librement avec eux comme avec des égaux.
	Ces excès de familiarité sont mauvais,
Argument 1	parce qu'ils sont des manques de respect et même de politesse.
Argument 2	Vous êtes polis avec des étrangers : combien, à plus forte raison, devez-vous l'être avec vos parents !
Argument 3	Les mauvaises manières annoncent de mauvais sentiments, ou les préparent...
Nouvelle thèse	La journée n'est bien commencée et finie, pour l'enfant, que s'il a salué poliment et affectueusement ses parents.

(G. Compayré, 1843-1913.)

Cinéma et lecture

Introduction	Le cinéma nous est précieux. Il offre à d'innombrables spectateurs le refuge de la fiction. Je le tiens pour un art et qui peut être grand.
	Mais... rien ne peut remplacer la lecture. Pourquoi ?
Argument 1	D'abord parce que le spectateur, emporté dans un mouvement continu, ne peut revenir à une séquence importante pour analyser et méditer. Le film et même le drame sont en cela semblables à la vie. Ils s'enfuient, irréparables. C'est une part de leur charme... Mais film et drame ne permettent pas les reprises et les réflexions.
Argument 2	Relire vaut mieux que lire.
Conclusion	Un lecteur véritable reprend les grands livres qu'il aime bien des fois au cours de sa vie.

(André Maurois.)

10

LIRE ET ÉCRIRE
Les types de textes

TEXTE DESCRIPTIF

IDENTIFICATION

5e La description n'est pas un type de texte à proprement parler, puisqu'on le trouve dans tous les autres types de textes :

– dans le **dialogue**, où le locuteur peut décrire un lieu, une personne, un objet, etc. ;

– dans la **narration**, où les passages descriptifs alternent avec les passages narratifs – la description pouvant être le fait du narrateur ou des personnages ;

– dans le texte **informatif** et le texte **injonctif**, où la description constitue un moyen privilégié d'aider le lecteur à comprendre ce qu'on lui explique ou ce qu'on lui apprend à faire – elle est alors souvent renforcée par des dessins, schémas, photographies, etc. ;

– dans le texte **argumentatif**, enfin, où la description peut servir à émouvoir, ridiculiser l'adversaire... Utilisée pour convaincre, elle figure alors dans la panoplie des arguments.

LA SITUATION D'ÉNONCIATION

5e Selon le type de texte dans lequel s'insère la description, l'énonciateur et le(s) destinataire(s) seront :

– en interaction immédiate (dialogue, récit, argumentation...) ;
– en interaction différée (narration, textes informatifs...).

La description peut être **subjective** : l'énonciateur s'implique dans la description ; il interprète ce qu'il décrit, fait part de ce qu'il ressent, et exprime des jugements (*beau, laid, trop grand, mal bâti...*).

La description peut se vouloir **objective** : l'énonciateur ne s'implique pas dans la description ; l'objet à décrire semble se présenter de lui-même, toutes les notations restent neutres.

Celui qui écrit le fait d'abord pour que les destinataires se représentent le plus clairement possible un lieu, un personnage – réel ou imaginaire –, un objet... qu'ils n'ont pas sous les yeux, mais il le fait aussi pour créer un climat, suggérer un trait de caractère, etc.

La façon de décrire est révélatrice : elle peut donc nous apprendre beaucoup – ce qui la justifie – sur le narrateur, ou sur le personnage par les yeux de qui est vu l'objet de la description (*focalisation*).

ORGANISATION DE LA DESCRIPTION

Décrire, c'est exposer successivement les divers éléments qui composent l'objet à décrire, ses qualités, ses propriétés. La structure de la description consiste à organiser ces éléments : choisir l'ordre de présentation, les regroupements, etc. On peut envisager plusieurs grands types d'organisation, pouvant se combiner entre eux dans une même description.

Organisation spatiale

Vue d'ensemble souvent statique, un élément pivot servant de repère pour situer les autres *(au centre, à gauche, à droite, derrière, au-dessus...)*.

À cette organisation spatiale, on peut assimiler une organisation « morphologique », quand il s'agit de décrire un être vivant *(tête, corps, membres, cheveux, poils, plumes...)*.

Organisation chronologique

Description souvent dynamique, qui se construit au fur et à mesure de la découverte progressive, réelle ou feinte, de celui qui décrit. La vue d'ensemble ne se construit que par un effort particulier du lecteur qui, autrement, se laisse conduire par une sorte de visite guidée *(d'abord, puis, ensuite, enfin... – on entre, dans la pièce suivante, si l'on s'approche...)*.

Organisation contrastive

Description souvent impressionniste qui regroupe les éléments constitutifs selon deux pôles sensoriels *(ombre/lumière, mouvement/immobilité, bruit/silence, couleurs)*.

CARACTÉRISTIQUES LINGUISTIQUES

Pronoms personnels de la **3e** personne, ou indéfinis. Mais, selon le type de texte dans lequel s'insère la description, les pronoms de la **1re** et de la **2e** personnes ne sont pas exclus.

Temps : imparfait, mais aussi présent.

Nombreux organisateurs logiques spatiaux et/ou temporels.

Présence forte de procédés stylistiques : abondance d'épithètes, images, comparaisons, métaphores...

Essentiellement des **phrases déclaratives**, mais phrases exclamatives et interrogatives possibles, si celui qui décrit s'implique dans sa description.

Registre de langue plus ou moins soutenu, souvent **littéraire**. Le registre familier peut toutefois caractériser, dans le discours ou le récit, certaines descriptions.

10

Lire et écrire
Les types de textes

EXEMPLES

Organisation spatiale

On quitte la grande route de La Boissière et l'on continue à plat jusqu'au haut de la côte des Leux, d'où l'on découvre la vallée.

Élément pivot	La rivière qui la traverse en fait comme deux régions de physionomies distinctes,
À gauche	tout ce qui est à gauche est en herbage,
À droite	tout ce qui est à droite est en labour.
À gauche	La prairie s'allonge sous un bourrelet de collines basses pour se rattacher par derrière aux pâturages du pays de Bray,
À droite	tandis que, du côté de l'est, la plaine, montant doucement, va s'élargissant et étale à perte de vue ses blondes pièces de blé.
Rappel de l'élément pivot Gauche/droite	L'eau qui court au bord de l'herbe sépare d'une raie blanche la couleur des prés et celle des sillons, et la campagne ainsi ressemble à un grand manteau déplié qui a un collet de velours bordé d'un galon d'argent.

(Gustave Flaubert, *Madame Bovary*.)

Organisation chronologique

① On entre d'abord dans un corridor large et bien éclairé, mais dont la largeur est diminuée par de vastes armoires de noyer sculpté où les paysans enferment le linge du ménage, et par des sacs de blé ou de farine déposés là pour les besoins journaliers de la famille.

② À gauche est la cuisine, dont la porte toujours ouverte laisse
③ apercevoir une longue table de bois de chêne entourée de bancs.
④ Rien ne décore la salle à manger qu'une table de sapin, quelques chaises et un de ces vieux buffets à compartiments, et à nombreuses étagères, meuble héréditaire dans toutes les vieilles demeures et que le goût actuel vient de rajeunir en les recherchant.
⑤ De la salle à manger, on passe dans un salon à deux fenêtres.
⑥ Un escalier, alors en bois, que mon père fit refaire en pierres
⑦ grossièrement taillées, mène à l'étage unique et bas où une
⑧ dizaine de chambres, presque sans meubles, ouvrent sur des cor-
⑨ ridors obscurs.

(Lamartine, *Les Confidences*.)

Organisation contrastive

Rouge	Toutes les femmes avaient des châles lâchés dans le dos, et dont elles tenaient les bouts sur leurs bras avec cérémonie. Ils étaient rouges, bigarrés, flamboyants, ces châles ; et leur éclat semblait étonner les poules noires sur le fumier, les canards au bord de la mare, et les pigeons sur les toits de chaume.
Vert	Tout le vert de la campagne, le vert de l'herbe et des arbres, semblait exaspéré
Vert et rouge	au contact de cette pourpre ardente, et les deux couleurs ainsi voisines devenaient aveuglantes sous le feu du soleil de midi.

(Guy de Maupassant, *Farce normande*.)

Organisation de type cinématographique

L'organisation de type cinématographique imite le procédé cinématographique du zoom :

plan général → plan moyen → plan rapproché → gros plan (ou ordre inverse).

Plan général	À peine eus-je fait une centaine de pas, que la gorge, s'élargissant tout à coup, me montra une espèce de cirque naturel parfaitement ombragé par la hauteur des escarpements qui l'entouraient. Il était impossible de rencontrer un lieu qui promît au voyageur une halte plus agréable.
Plan moyen	Au pied de rochers à pic, la source s'élançait en bouillonnant, et tombait dans un petit bassin tapissé d'un sable blanc comme la neige. Cinq à six beaux chênes verts, toujours à l'abri du vent et rafraîchis par la source, s'élevaient sur ses bords, et la couvraient de leur épais ombrage ;
Plan rapproché	enfin, autour du bassin, une herbe fine, lustrée, offrait un lit meilleur qu'on en eût trouvé dans aucune auberge à dix lieues à la ronde.
Gros plan	À moi n'appartenait pas l'honneur d'avoir découvert un si beau lieu. Un homme s'y reposait déjà, et sans doute dormait, lorsque j'y pénétrai. [...] Réveillé par le hennissement de son cheval, il s'était levé : c'était un jeune gaillard de taille moyenne, mais d'apparence robuste, au regard sombre et fier.

(Prosper Mérimée, *Carmen*.)

11

LIRE ET ÉCRIRE
Le thème et le propos

THÈME ET PROPOS

IDENTIFICATION

5e En général, tout énoncé se compose d'un thème et d'un propos. Le thème, c'est ce dont on parle et le propos, ce qu'on en dit. En français, le thème précède le plus souvent le propos.

La cour était grande. Dans cette cour, on avait remisé deux vieilles voitures.
Thème Propos Thème Propos

Le propos apporte donc les principales informations du texte, le thème représente ce qui est connu ou supposé connu. Le thème reprend souvent ainsi un élément déjà cité, ce qui assure la cohérence du texte.

LA PROGRESSION THÉMATIQUE

5e Selon la manière dont les thèmes s'enchaînent dans un texte ou un extrait, on distingue trois types de progressions.

La progression à **thème constant** : toutes les phrases du passage ont le même thème. C'est l'organisation la plus simple qui assure au texte une forte cohérence. Elle est très fréquente dans les narrations.

Thème A / Propos abc – Thème A / Propos def – Thème A / Propos ghi...

La progression **linéaire** : chaque thème reprend le propos de la phrase précédente, ou un de ses éléments. Cette progression, plus rare, se trouve surtout dans les descriptions.

Thème A / Propos abc – Thème B / propos def – Thème F / propos ghi – Thème I...

La progression à **thème éclaté** : toutes les phrases du passage ont des thèmes différents, mais ces thèmes sont liés entre eux par une idée commune – l'hyperthème (on décrira ainsi une pièce en consacrant une phrase à chaque élément du mobilier). Cette progression, très fréquente, se trouve dans tous les types de textes.

Hyperthème ABC → Thème A / Propos abc – Thème B / Propos def – Thème C / Propos ghi...

PHRASE PASSIVE ET PHRASE EMPHATIQUE

4e La transformation passive modifie la répartition du thème et du propos : le propos de l'actif devient le thème du passif (thématisation) et le thème de la phrase active, surtout quand il est faible, tend à être inclus dans le propos de la phrase passive.

On a construit un pont à cet endroit. → Un pont a été construit à cet endroit.

3e La mise en relief joue un rôle important dans la progression thématique du texte. Selon les procédés utilisés, elle accentue le thème ou le propos.

Il est méchant,	ce chien.	C'est ce chien qui	est méchant.
Propos	Thème	Propos	Thème
(inconnu : la méchanceté)	(connu : le chien)	(inconnu : le chien)	(connu : la méchanceté)

Lors de la mise en relief, l'ordre thème + propos peut donc être inversé.

EXEMPLES

Progression à thème constant

J'aime l'âne si doux
Marchant le long des houx.
Il a peur des abeilles
Et bouge ses oreilles.
Il va près des fossés
d'un petit pas cassé.
Il réfléchit toujours.
Ses yeux sont en velours.
Et il reste à l'étable,
Fatigué, misérable...
Ayant bien fatigué
Ses pauvres petits pieds,
Il a fait son devoir
Du matin jusqu'au soir.
Il a tant travaillé
Que ça vous fait pitié.
L'âne n'a pas eu d'orge,
Car le maître est trop pauvre.

(F. Jammes, *De l'angélus de l'aube à l'angélus du soir*, Mercure de France.)

Progression linéaire

Sur une sombre, sombre colline,
se dressait une sombre, sombre ville.
Dans la sombre, sombre ville,
serpentait une sombre, sombre rue.
Dans la sombre, sombre rue,
s'élevait une sombre, sombre maison
Dans la sombre, sombre maison,
il y avait un sombre, sombre escalier.
Au pied de ce sombre, sombre escalier,
se trouvait une sombre, sombre cave.
Et dans cette sombre, sombre cave,
vivaient quelques squelettes.

(D'après J. et A. Ahlberg, *Bizardos*, Le Centurion.)

Progression à thème éclaté

Un arbre tremble sous le vent.
Les volets claquent.
Comme il a plu, l'eau fait des flaques,
Des feuilles volent sous le vent
Qui les disperse.
Et, brusquement, il pleut à verse.

(F. Carco, « L'averse », in *Poésies*, Albin Michel.)

QUELQUES NOTIONS DE VERSIFICATION

Enjambement :
*« Tranquilles cependant, Charlemagne et ses preux
Descendaient la montagne et se parlaient entre eux. »* (Vigny)

MÉTRIQUE

5e Le vers comporte un nombre déterminé de **syllabes**. Ce nombre constitue la mesure, ou **mètre**, du vers.

Toutes les syllabes sont articulées.

Le *e* muet compte à l'intérieur du vers quand il se trouve placé entre deux consonnes *(petite fille, reviens !)*.

Le *e* muet ne compte jamais à la fin du vers, ni quand, suivi d'une voyelle ou d'un *h* muet, il s'élide.

Un groupe de deux voyelles peut être articulé en 2 syllabes (**diérèse** : ***vi/o/****lon*) ou en une seule (**synérèse** : *re/****nouer***).

Les vers les plus courants sont les vers pairs de 12 syllabes (**alexandrins**), de 10 syllabes (**décasyllabes**), de 8 syllabes (**octosyllabes**), etc.

RYTHME

4e Le rythme du vers résulte des pauses et des accents d'intensité. Chaque type de vers est frappé d'accents obligatoires fixes, et éventuellement d'accents secondaires mobiles.

L'**alexandrin**, par exemple, est divisé en deux **hémistiches** de 6 syllabes, séparés par une pause, la **césure** : il comporte donc deux accents obligatoires, sur la 6e et la 12e syllabes. Chaque hémistiche comporte de surcroît un accent mobile, qui met en relief le mot sur lequel il tombe. Ces accents mobiles permettent des combinaisons variées, qui donnent au vers des lignes mélodiques différentes.

Le **jour** n'est pas plus **pur** // que le **fond** de mon **cœur**. (Racine)

Le **tétramètre** est l'alexandrin au rythme régulier accentué sur les 3e, 6e, 9e et 12e syllabes.

Son beau **corps** a rou**lé** // sous la **va**gue **marine**. (Chénier)

On parle d'**enjambement** quand la proposition enjambe, et par là même, supprime la pause de la fin d'un vers, pour se poursuivre sur le vers suivant. L'enjambement élargit et ralentit le rythme du vers.

Un effet particulier d'enjambement consiste à rejeter un mot (deux au plus) au début du vers suivant. On appelle cela un **rejet**.

La proposition peut également commencer à la fin d'un vers pour se poursuivre dans le vers suivant. On parle alors de **contre-rejet**.

Rejet et contre-rejet cassent le rythme du vers et, en général, l'accélèrent.

Rejet :
« *Le vent impétueux qui soufflait dans les voiles*
L'enveloppe. *Étonnée et loin des matelots...* » (Chénier)
Contre-rejet :
« *Et, pour sa voix, lointaine, et calme, et grave,* ***elle a***
L'inflexion des voix chères qui se sont tues. » (Verlaine)

RIMES

5e La rime est la répétition d'une même voyelle accentuée, plus les sons-consonnes qui la suivent, à la fin de deux vers.

Alternance : on alterne généralement les rimes de deux façons :

rimes féminines (terminées par un *e* muet)	et	**rimes masculines**
lu**ne**/commu**ne**		charm**ant**/diam**ant**
rimes vocaliques (terminées par un son-voyelle)	et	**rimes consonantiques** (terminées par un son-consonne)
gen**oux**/hib**oux**		eff**ort**/acc**ord**

Qualité : les rimes sont **pauvres** si elles n'ont en commun qu'un seul son (gen**oux**/hib**oux**), **suffisantes** si elles en présentent deux (eff**ort**/acc**ord**), **riches** si elles en présentent trois ou plus (fant**astique**/él**astique**).

Disposition : les rimes sont dites **plates** (aa bb), **croisées** (ab ab), ou **embrassées** (ab ba).

SONORITÉS

4e On appelle **assonance** la répétition plus ou moins fréquente d'un son-voyelle, **allitération** celle d'un son-consonne.

LE POÈME

5e **Strophes**

Les strophes d'un poème régulier sont construites sur le même modèle. La strophe est à la fois un ensemble rythmique et un cadre logique.

2 vers = **distique** 3 vers = **tercet** 4 vers = **quatrain** 5 vers = **quintil**
6 vers = **sizain** 7 vers = **septain** 8 vers = **huitain** 9 vers = **neuvain** 10 vers = **dizain**.

Poèmes à forme fixe

Le rondeau : 13 vers, sur 2 rimes, répartis en 3 strophes. Les premiers mots du premier vers constituent le *refrain* des deux dernières strophes.

La ballade : 3 strophes, ou *couplets,* construites sur les mêmes rimes, plus un *envoi* de 4 vers. Toutes les strophes se terminent par le même vers.

Le sonnet : 14 vers répartis en 2 quatrains et 2 tercets. Les rimes, dans le sonnet régulier, sont ainsi disposées : abba abba ccd ede (ou eed).

Il existe bien d'autres types de poèmes : le **triolet**, la **villanelle**, le **lai**, le **virelai**, et aussi l'**ode**, l'**élégie**, la **satire**, etc.

FIGURES DE RHÉTORIQUE

4e **Allégorie** : La mort représentée par **une personne portant une faux.**
Idée générale ou abstraite mise en scène sous une représentation concrète.

Alliance de mots (oxymore, oxymoron) : « Cette **obscure clarté** qui tombe des étoiles. » (Corneille)
Rapprochement de deux mots au sens apparemment inconciliable.

Anacoluthe : « Mais, **seule** sur la proue, [...] le vent impétueux [...] **l'**enveloppe. » (Chénier)
Rupture de la construction d'une phrase, souvent contraire aux règles de la grammaire.

Anaphore : « **Mon bras** qui tant de fois a sauvé cet empire,
Mon bras qu'avec respect toute l'Espagne admire... » (Corneille)
Répétition d'un même mot dans une phrase ou au début de chaque phrase, de chaque vers.

Antiphrase : Comme c'est **intelligent**, tu risquais de te tuer !
Procédé ironique visant à dire le contraire de ce qu'on veut suggérer.

Antithèse : « Ton bras est **invaincu** mais non pas **invincible**. » (Corneille)
Mise en relief de deux expressions en les opposant.

Antonomase : Un **hercule** de foire. Cette fille est une **cruche**.
Substitution de mots par laquelle on emploie un nom propre pour un nom commun et inversement. L'antonomase consiste encore à désigner un individu par un animal ou un objet symbole.

Chiasme : « Pleurez, doux alcyons, ... / doux alcyons, pleurez ! » (Chenier)
a b b a
Disposition symétrique (ab/ba) des éléments constitutifs des deux groupes d'une antithèse, d'un parallélisme, etc.

Ellipse : Il fait un froid**... !** On **les** met. *(familier)*
Effet d'intensité créé par le sous-entendu (inachèvement de la phrase, utilisation d'un pronom, etc.).

Euphémisme : « Elle **a vécu**, Myrto... » (*pour* : Elle est morte.) (Chénier)
Type particulier de périphrase visant à atténuer l'expression d'une réalité brutale ou blessante.

Gradation : « **Va, cours, vole**... » (Corneille)
Énumération par coordination ou juxtaposition de plusieurs termes de force croissante.

Hypallage : « Le *marchand* accoudé sur son comptoir **avide**. » (Hugo)
Déplacement grammatical de la détermination sur un autre mot que celui attendu.

Hyperbole : « ... Celui *(le chêne)* de qui la tête **au ciel était voisine**,
et dont les pieds **touchaient à l'empire des morts**. » (La Fontaine)
Exagération dans les termes que l'on emploie, pour insister sur une idée.

Litote : « Va, je **ne te hais point**. » (*pour* : Je t'adore.) (Corneille)
Procédé (inverse de l'hyperbole) qui consiste à dire peu pour suggérer beaucoup.

Métaphore : « ... Vous êtes resté immobile au bord de **l'océan des hommes** et vous avez regardé dans **les eaux** la **réflexion** de votre propre **lumière**. » (Musset)
Image qui consiste à identifier deux termes par le biais d'une comparaison dont on a supprimé le terme introducteur.

Métonymie, synecdoque : Une fine lame (= un *escrimeur habile*)
Trente voiles (= *trente bateaux*)
Désignation d'un objet par l'une de ses parties ou remplacement d'un mot par un autre auquel il est habituellement associé.

Paradoxe : Quand on sait faire une chose, on la fait, quand on ne sait pas la faire, on **l'enseigne**.
Proposition surprenante, qui va à l'encontre de ce que l'on attend.

Paronomase : Qui **se ressemble s'assemble**.
Qui **vivra verra**.
Jeu sur la paronymie : mots dont la forme se ressemble, mais dont le sens est différent.

Périphrase : Le roi des animaux (= *le lion*)
Le conseiller des grâces (= *le miroir, chez les Précieux*)
Utilisation d'un groupe de plusieurs mots pour évoquer quelque chose sans utiliser son nom.

Pléonasme, redondance : Descendre **en bas** Calme et paisible...
Utilisation de deux termes dont l'un est superflu.

Prétérition : « Il n'est pas bon que vous **sachiez combien il vous aimait**...
Mieux vaut que vous ne **sachiez** pas **que vous êtes ses héritiers**,
car, si vous le **saviez**, qu'adviendrait-il ? » (Shakespeare)
Dire quelque chose en affirmant précisément qu'on ne veut pas le dire.

Prolepse : Je l'ai déjà dit, **me direz-vous. Mais c'est assez important pour que j'insiste**.
Façon de prévenir une objection en se la faisant soi-même et en la détruisant d'avance.

Prosopopée : **Elle** (***la nature***) **me dit** : « Je suis l'impassible théâtre
Que ne peut remuer le pied de ses acteurs... » (Vigny)
Action de faire parler un mort ou un inanimé.

Syllepse : **On** est bien **gentille**, ce matin !
Accord selon le sens et non selon les règles de la grammaire.

Zeugma, attelage : « Plus tard, il devint empereur. Alors il **prit du ventre et beaucoup de pays**. » (Prévert)
Construction d'un mot polysémique avec deux compléments n'appartenant pas aux mêmes catégories d'emploi de ce mot.

14

LIRE ET ÉCRIRE
Exprimer...

LIENS LOGIQUES DE BASE

Quand je parle, je communique mon expérience de la réalité. Quand établit entre les deux faits une relation temporelle.

RÉALITÉ : EXPÉRIENCE COMMUNE ENTRE LE LOCUTEUR ET L'INTERLOCUTEUR

4e La réalité offre des faits bruts, sur le même plan, souvent sans liens entre eux. Notre société, notre culture, nos savoirs, les expériences communes que nous pouvons avoir avec nos interlocuteurs ou nos lecteurs établissent des relations entre certains de ces faits : chronologie, raison / effet, intervention volontaire ou non...

Pour rapporter cette expérience, vécue globalement, le locuteur est obligé de relater les faits un à un, en établissant entre eux les liens logiques de son choix.

Le fait que Pierre siffle déclenche le chant de l'oiseau.

Locuteur et interlocuteur le savent.

Pierre siffle.
Fait A
Avant
Raison →
Intervention volontaire de Pierre →
...

L'oiseau chante.
Fait B
Après
Effet

LANGUE : INTERPRÉTATION ET TRANSMISSION DE LA RÉALITÉ

4e La langue, par divers moyens, permet d'expliciter ces relations en subordonnant l'un des faits par rapport à l'autre, selon des éclairages différents. Cette présentation dépend fondamentalement, non de la réalité, qui ne hiérarchise pas et présente tout en même temps, mais de l'intention et du choix de celui qui rapporte cette réalité.

L'indépendance de la langue par rapport au réel est telle que, pour surprendre, amuser, provoquer, un énoncé peut aller à l'encontre des relations communément admises (**paradoxe**), jusqu'à impliquer des lois physiques surprenantes :

La pierre a coulé bien que je l'aie jetée à l'eau.

La pierre a coulé avant que je l'aie jetée à l'eau !

La pierre a coulé pour que je la jette à l'eau.

Pour interpréter les relations logiques établies par un énoncé, il faut donc se référer aux outils, grammaticaux ou non, utilisés par la langue, et non au réel.

LA SUBORDINATION

4e La subordination grammaticale permet ainsi à celui qui parle d'exprimer diverses relations.

Temps

Le locuteur met en évidence la chronologie.
– répétition : Chaque fois que Pierre siffle, l'oiseau chante.
– simultanéité : Pendant que Pierre siffle, l'oiseau chante.
– antériorité : Avant que l'oiseau chante, Pierre siffle.

Cause/conséquence

Le locuteur insiste sur la relation de cause à effet entre les deux actions, sans tenir compte de l'intention de Pierre :
– cause : Comme Pierre siffle, l'oiseau chante.
– conséquence (effet obtenu) : Pierre siffle, si bien que l'oiseau chante.

But

Le locuteur insiste sur l'intention de Pierre :

Pierre siffle pour que l'oiseau chante.

Opposition, concession

Le locuteur insiste sur la relation de cause à effet, en mettant en évidence que l'effet attendu n'est pas obtenu :

Bien que Pierre siffle, l'oiseau ne chante pas.

Condition, hypothèse

Le locuteur insiste sur l'interdépendance des deux faits :

Si Pierre siffle, l'oiseau chante.
Si Pierre sifflait, l'oiseau chanterait.

Comparaison

La subordination logique n'est plus au premier plan. Le locuteur met les deux faits en parallèle pour les évaluer l'un par rapport à l'autre :

Pierre siffle comme l'oiseau chante.
Pierre siffle mieux que l'oiseau ne chante.

15

LIRE ET ÉCRIRE

Exprimer…

MOYENS OFFERTS PAR LA LANGUE

LA PARAPHRASE

4e Les moyens offerts par la langue pour exprimer les relations, logiques ou non, entre les faits, sont d'une très grande variété. Chaque fois qu'un locuteur choisit un moyen de rendre compte d'une relation, il dispose encore de nombreuses autres possibilités pour le dire ou l'écrire.

On appelle **paraphrase** les énoncés différents qui peuvent être produits pour exprimer une même réalité.

Les pêcheurs n'ont pu sortir en raison du mauvais temps.
Le mauvais temps a empêché les pêcheurs de sortir.
Le temps n'a pas permis aux pêcheurs de sortir.
La sortie des pêcheurs a été empêchée par le mauvais temps.
Comme il faisait mauvais, les pêcheurs n'ont pu sortir.
Le temps était si mauvais que les pêcheurs n'ont pu sortir.
Il a fait trop mauvais temps pour que les pêcheurs sortent.
S'il avait fait beau, les pêcheurs seraient sortis.
Le temps est très mauvais, les pêcheurs n'ont pu sortir.
Il fait mauvais et (alors, donc…) les pêcheurs ne sont pas sortis.

UTILISATION DE MOTS DE LIAISON

4e Ces outils logiques ont des rôles et des fonctionnements différents.

Les prépositions

Servant à introduire des compléments circonstanciels, elles font partie des **moyens grammaticaux** :

L'oiseau chante **en raison du** sifflement de Pierre. (cause)
Pierre siffle **pour** faire chanter l'oiseau. (but)

Les conjonctions de subordination

Servant à introduire des propositions subordonnées circonstancielles, elles font également partie des **moyens grammaticaux** :

Pierre siffle, **si bien que** l'oiseau chante. (conséquence)
Bien que Pierre siffle, l'oiseau ne chante pas. (concession)

Les conjonctions de coordination

N'établissant pas de subordination grammaticale entre les mots, les groupes ou les propositions, elles relèvent des procédés de **construction** :

Pierre siffle, **donc** (**par conséquent**) l'oiseau chante. (conséquence)
Pierre siffle **mais** (**or**) l'oiseau ne chante pas. (opposition)

Il fait sombre : j'allume la lumière.
Comme il fait sombre, j'allume la lumière.
J'allume la lumière car il fait sombre.

Ces trois phrases communiquent la même information, mais utilisent des procédés différents pour exprimer un rapport de causalité.

UTILISATION DU SENS DES MOTS

4e Ce sont les moyens **lexicaux** :

Pierre **compte obtenir** que l'oiseau chante.	(but)
Pierre **fait chanter** l'oiseau.	(but, conséquence)
Le **résultat** du sifflement de Pierre est le chant de l'oiseau.	(conséquence)

RÉFÉRENCE IMPLICITE À L'EXPÉRIENCE COMMUNE

3e Dans ce cas, la relation logique n'est exprimée par aucun mot. Celui qui parle ou écrit estime que celui auquel il s'adresse comprendra, parce que ce dernier établit la même relation que lui entre les faits.

Juxtaposition ou parataxe *(construction)*

Pierre siffla, l'oiseau chanta. (cause / conséquence, temps)

Ponctuation *(construction)*

Pierre sifflait : l'oiseau chantait. (conséquence)
L'oiseau chantait : Pierre sifflait. (cause)

Dans une autre situation, ces deux dernières phrases pourraient être interprétées de façon diamétralement opposée.

Pierre sifflait : (= parce que) l'oiseau chantait. (cause)
L'oiseau chantait : (= si bien que) Pierre sifflait. (conséquence)

Apposition *(construction)*

L'oiseau, qui a entendu siffler Pierre, chante. (cause)

Proposition participiale *(moyens grammaticaux)*

Pierre ayant sifflé, l'oiseau chanta. (cause)

Pour aider le lecteur à déchiffrer les relations non explicitées, on peut encore utiliser le **temps** ou le **mode** des verbes *(emploi des temps et des modes)* :

Pierre **a sifflé**, l'oiseau **chante**. (temps, conséquence)
Pierre **sifflerait**, l'oiseau **chanterait**. (condition)

UTILISATION DES FIGURES DE RHÉTORIQUE

5e Les figures de rhétorique, qui utilisent les différents moyens déjà énumérés, permettent de mettre en relief certaines de ces relations *(moyens stylistiques)*.

Métaphore : Pierre, **merle siffleur**... (comparaison, assimilation)

PROCÉDÉS D'INSISTANCE

Un exemple des exagérations de Matamore :
« Si tu paraissais pendant le paroxysme de ma fureur, le tonnerre de mes narines suffirait à t'envoyer au-delà des mondes parmi les feux élémentaires... » (T. Gautier)

4e La langue dispose de multiples moyens pour mettre en relief certains éléments d'un énoncé.

MOYENS GRAMMATICAUX

La forme emphatique permet d'insister sur un élément de la phrase :

C'est la nuit **que** le hibou chasse.
Quant à l'aigle, **il** chasse le jour.
Ce faucon, il **l'**a dressé, lui-même.
Du ciel, il fond sur sa proie.

INTONATION OU TYPOGRAPHIE

À l'oral, l'intonation permet d'insister sur un mot ou une syllabe.

Cette insistance peut être rendue, à l'écrit, par certaines conventions typographiques :

Nous avons vu un film **TERR ifiant, EX-TRA-OR-DI-NAIRE**.
Nous avons vu un film **terrifiant**, **extraordinaire**.

MOYENS LEXICAUX

L'emploi de mots beaucoup trop forts par rapport à la notion exprimée est un des moyens privilégiés pour insister à l'oral. C'est d'ailleurs cet emploi abusif qui explique l'évolution et l'affaiblissement du sens de certains mots :

Il avait une mine **épouvantable** !

L'oral familier fait également une grande consommation de préfixes superlatifs :

Cette bande dessinée est **hyper-drôle** !

MOYENS STYLISTIQUES

L'insistance peut aussi se traduire par l'amplification au niveau du mot (**hyperbole**) ou du ton. Le risque est alors d'être taxé d'exagération (style **emphatique** ou **ampoulé**) :

Je me meurs, je suis mort, je suis enterré. (Molière, *L'Avare*.)

PROCÉDÉS D'ATTÉNUATION

« Je ne vous dirai point que je n'ai pas vu l'attachement que vous avez eu pour moi... » (Mme de La Fayette)
pour : *« Je sais que vous m'aimez... »*

4e Comme l'insistance, l'atténuation peut être obtenue par des procédés divers.

MOYENS GRAMMATICAUX

Emploi du *nous* de modestie :

C'est pourquoi **nous écrivons** que...

Emploi du conditionnel :

Tu **pourrais** te dépêcher.

Je **voudrais** un verre d'eau.

Emploi du futur ou du futur antérieur :

Ils **se seront** encore **perdus** !

Accepterez-vous un jus de fruit ?

MOYENS TYPOGRAPHIQUES

Des conventions typographiques permettent à l'auteur de prendre ses distances par rapport à ce qu'il écrit.

Cela peut aller jusqu'à la réserve totale, exprimée à l'aide de... *(?)*, ... *(sic)*, etc. :

Le pauvre petit *(?)* souffre de surmenage intellectuel *(sic)* !

MOYENS LEXICAUX

Pour atténuer une réalité pénible, on utilise l'**euphémisme**, qui consiste à remplacer par une périphrase le mot jugé trop dur :

Il **n'est plus**. Il **nous a quittés**. pour : Il est mort.

On peut encore insérer dans l'énoncé des formules qui le nuancent :

Le candidat, **à ce qu'il semble**, peut gagner les élections.

MOYENS STYLISTIQUES

Le procédé de la **litote**, qui consiste à dire moins pour suggérer plus, combine l'atténuation littérale et le renforcement de l'idée exprimée :

Mon tableau est **assez** réussi.

pour : Il est superbe ! (J'en suis très fier.)

18

LIRE ET ÉCRIRE
Exprimer...

ORDRE ET ATTÉNUATION DE L'ORDRE

Tenir les chiens en laisse.
C'est ici l'infinitif qui est utilisé pour exprimer l'ordre.

ORDRE (INJONCTION)

4e En plus de l'impératif, moyen privilégié d'exprimer l'ordre et la défense, la langue française dispose d'autres procédés pour enjoindre quelque chose.

Mode des verbes :
– l'infinitif : Éplucher les carottes et les couper en rondelles.
– le subjonctif (surtout aux personnes où l'impératif n'existe pas) :
Qu'il épluche les carottes, les coupe...
– l'indicatif (surtout lorsque plusieurs ordres sont donnés à la suite) :
futur : Vous éplucherez les carottes, vous les laverez, les couperez...
présent : Tu épluches les carottes, tu les laves, tu les coupes...

Verbes de volonté :
J'exige que tu épluches les carottes.

Fausse interrogation :
Éplucheras-tu enfin les carottes !

Tournure faussement hypothétique :
(Et) Si tu épluchais les carottes !...

Certains mots, des interjections en particulier :
Vite ! Au travail ! En voiture !

ATTÉNUATION DE L'ORDRE

3e Il peut être grossier d'exprimer l'ordre de manière brutale. Pour des raisons de courtoisie, certains usages ont pour but d'atténuer le commandement.

On peut par exemple employer
– des formules de politesse :
Épluchez, s'il vous plaît, les carottes.
Prière de s'essuyer les pieds.
– le conditionnel, combiné ou non à certaines formules :
Je vous serais obligé d'éplucher les carottes.
Pourriez-vous les laver ?
– la *1re* personne du pluriel à la place de la *2e* personne :
Allons, dépêchons-nous un peu, je vous prie !
– une tournure interrogative :
Tu n'épluches pas les carottes ?

MANIÈRE, MOYEN

Souple et agile, il se hissa sur le mur à la force des poignets.

Les adjectifs apposés *Souple* et *agile* traduisent la manière, *à la force des poignets* le moyen.

MANIÈRE

6e Moyens grammaticaux

Complément circonstanciel de manière :

Vous passerez facilement **en rampant**.

3e Proposition participiale :

Ses yeux fuyant ceux de ses interlocuteurs, il poursuivit son récit.

5e Moyens lexicaux

L'idée de manière peut être exprimée par d'autres procédés que le complément circonstanciel, comme

– le sens des mots :

Sa manière de parler choquait tout le monde.

– l'emploi d'adjectifs qualificatifs :

Silencieux, les enfants **étonnés** trouvaient le spectacle **merveilleux**.

OUVRIR L'OEIL

Attention ! Méfiez-vous de certaines locutions qui n'indiquent pas la manière.

À la façon de..., à la manière de... introduisent la **comparaison.**

De façon à..., de manière à..., de façon (à ce) que..., de manière (à ce) que introduisent le **but** ou la **conséquence**.

MOYEN OU INSTRUMENT

6e Moyens grammaticaux

Complément circonstanciel de moyen ou d'instrument :

Il a creusé sa piscine **avec une simple bêche**.

Moyens lexicaux

L'idée de moyen ou d'instrument peut être exprimée par d'autres procédés que le complément circonstanciel, comme

– le sens des verbes :

Il **a utilisé** une épingle à cheveux pour forcer la serrure.

– l'emploi de certains noms :

Travailler est un bon **moyen** pour y parvenir.

20 LIRE ET ÉCRIRE
Exprimer...

ACCOMPAGNEMENT

J'irai avec toi voir le directeur.
avec toi exprime l'accompagnement.

MOYENS GRAMMATICAUX

5e Complément circonstanciel d'accompagnement :

Il revient de la piscine **sans ses camarades**.

Dans certains exemples, la frontière peut être délicate entre le lieu et l'accompagnement :

Il marche **avec son père** *(accompagnement)*./ Il marche **à côté de son père** *(lieu)*.
Toute la France est **derrière lui** *(= avec lui)*.
Cent hommes partirent **aux côtés du capitaine** *(= avec le capitaine)*.

MOYENS LEXICAUX

5e L'idée d'accompagnement peut être exprimée par d'autres procédés que le complément circonstanciel, comme

– le sens de certaines conjonctions de coordination :

Jean **et** son frère sont allés au cinéma.

– le sens des mots :

Jean **accompagnera** son frère à la gare.
Sa **compagnie** est agréable.

OUVRIR L'OEIL

5e Ne pas confondre les compléments circonstanciels de manière, moyen et accompagnement, très proches par le sens, introduits par *avec, sans...*

Le complément circonstanciel de **manière** est souvent un nom abstrait :

L'enfant écrivait **avec application**.

Le complément circonstanciel de **moyen**, d'**instrument** est souvent un nom concret :

L'enfant écrivait **avec un crayon** (de la main gauche).

Le complément circonstanciel d'**accompagnement** est souvent un nom animé :

L'enfant écrivait **avec son père**.

Cette distinction n'est toutefois pas absolue :

L'enfant écrivait **avec la tête inclinée sur le côté.** *(manière et non moyen)*
Ils avaient formé une équipe de football **avec leurs petits-enfants.**
(moyen et/ou accompagnement)

3e Il n'est pas recommandé, à moins de vouloir produire un effet particulier, le plus souvent comique, de coordonner ces trois types de compléments dans la même phrase **(attelage)** :

L'enfant écrivait **avec application, un crayon et son père**.

LIEU ET TEMPS

Napoléon est mort à Sainte-Hélène en 1821.

à Sainte-Hélène exprime le lieu, *en 1821* le temps.

LIEU

5e Moyens grammaticaux

Complément circonstanciel de lieu :

Ils reviennent **de la piscine, par la rue principale**.

Moyens lexicaux

L'idée de lieu peut être exprimée par d'autres procédés que le complément circonstanciel, comme

– les verbes de mouvement :

Après **avoir quitté** sa famille, il **partit rejoindre** ses amis.

– le sens des noms, des adjectifs, des adverbes :

L'**Angleterre** est un **pays** proche de la **France**.

Les côtes **anglaises** ne sont pas **loin** *(éloignées)*.

TEMPS

5e Moyens grammaticaux

Complément circonstanciel de temps :

L'an dernier, **vers cette époque**, elle recevait des lettres **tous les jours**.

Proposition subordonnée circonstancielle de temps :

Les escargots sortent **quand il pleut**.

Les chasseurs partent **avant qu'il ne fasse jour**.

Proposition participiale :

Le jour levé, nous pourrons partir.

Moyens lexicaux

L'idée de temps peut être exprimée par d'autres procédés que le groupe ou la proposition subordonnée compléments circonstanciels, comme

– le sens des mots :

La nuit était silencieuse. Le silence **nocturne** les impressionnait.

– la coordination :

Un éclair jaillit, **puis** la lumière s'éteignit.

– le temps des verbes :

Je le **ferai** si tu **veux**.

Nous **parlions** tranquillement : la lumière **s'éteignit** brusquement.

– des périphrases verbales :

Le spectacle **va reprendre**, l'entracte **vient de se terminer**.

22

LIRE ET ÉCRIRE
Exprimer...

CAUSE

On l'a réprimandé pour son manque d'assiduité.
pour son manque d'assiduité exprime la cause.

MOYENS GRAMMATICAUX

5e Complément circonstanciel de cause :
On ne l'a pas puni **en raison de son jeune âge**.

Proposition subordonnée circonstancielle de cause :
Elle ne peut pas se déplacer, **parce qu'elle s'est cassé la jambe**.

3e Proposition participiale :
La fièvre étant tombée, vous pourrez reprendre le travail.

MOYENS LEXICAUX

5e Sens de certains mots :
Les raisons de son absence restent mystérieuses.
Un court-circuit **a causé** l'incendie.
Un court-circuit est **responsable** de l'incendie.
Il avait soif, **tant** il avait parlé.

Sens de certaines conjonctions de coordination :
La lampe s'est éteinte **car** les piles étaient usées.

CONSTRUCTION

5e Juxtaposition et ponctuation :
La lampe s'est éteinte : les piles étaient usées.
La lampe s'éteignit – les piles étaient usées – au moment où nous entrâmes dans la grotte.

3e Apposition :
Bon camarade, il lui a offert son goûter.
Vexé, il s'est enfermé dans sa chambre.
Ne sachant où aller, il s'assit sur un banc.

CONSÉQUENCE

Il gèle à pierre fendre.
à pierre fendre exprime la conséquence.

MOYENS GRAMMATICAUX

5e Complément circonstanciel de conséquence :

Il avait peur, **au point de trembler de tous ses membres**.

Proposition subordonnée circonstancielle :

Les ordres étaient contradictoires, **si bien qu'on ne savait où aller**.
La chaleur était **si** intense **que personne ne sortait l'après-midi**.

MOYENS LEXICAUX

5e Sens de certains mots :

Son retard scolaire est **la conséquence** de ses absences répétées.
La disparition de nombreux animaux **résulte de** la pollution.

Sens de certaines conjonctions de coordination :

Les piles sont épuisées, **donc (alors)** la lampe s'est éteinte.
Les piles sont épuisées, **aussi** la lampe s'est-elle éteinte.

CONSTRUCTION

4e Juxtaposition et ponctuation :

Les piles étaient usées **:** la lampe s'est éteinte.

3e Apposition :

Un coup de vent assaillit le voilier, **qui se retourna**.
Le bruit fit sursauter l'enfant, **soudain terrorisé**.

EXEMPLE

Remarquez bien que les nez ont été faits pour porter des lunettes, **aussi avons-nous des lunettes**. Les jambes sont visiblement instituées pour être chaussées, et **nous avons des chausses**. Les pierres ont été formées pour être taillées, et pour faire des châteaux, **aussi monseigneur a un très beau château** ; le plus grand baron de la province doit être le mieux logé ; et, les cochons étant faits pour être mangés, **nous mangeons du porc toute l'année** : **par conséquent ceux qui ont avancé que tout est bien** ont dit une sottise ; il fallait dire que tout est au mieux.

(Voltaire, *Candide*.)

24

LIRE ET ÉCRIRE
Exprimer...

UN PEU DE LOGIQUE : CAUSE/CONSÉQUENCE

CAUSE ET CONSÉQUENCE DANS LA RÉALITÉ

3e La cause et la conséquence sont les deux faces complémentaires d'une seule et même relation entre deux faits.

Le verre est tombé.
(cause)

Le verre s'est cassé.
(conséquence)

CAUSE ET CONSÉQUENCE DANS LA LANGUE

3e La langue peut choisir de mettre en évidence, à l'aide de procédés grammaticaux, l'une ou l'autre des faces de la relation.

Cause — Le verre s'est cassé **parce qu'**il est tombé.

Conséquence — Le verre est tombé, **si bien qu'**il s'est cassé.

Selon la manière dont le locuteur envisage la situation, la langue permet d'exprimer la cause ou la conséquence

– en conservant le rapport logique de la réalité :

Comme / **Puisque** / **Du moment qu'...** | il est tombé, le verre s'est cassé.
(cause)

Le verre est tombé, | **si bien qu'...** / **de sorte qu'...** | il s'est cassé.
(conséquence)

– en inversant le rapport logique de la réalité, dans la déduction :

Puisque / **Comme** / **Du moment que...** | le verre est cassé, il est certainement tombé.
(cause)

Le verre est cassé, | **si bien qu'...** / **de sorte qu'...** | il est certainement tombé.
(conséquence)

Le bris du verre est la cause logique de la **déduction** que j'en tire : *le verre est certainement tombé*, conséquence logique de mon raisonnement.

Puisque le verre est cassé, — j'en conclus qu'il est certainement tombé.
postulat (*cause*) — déduction (*conséquence*)

BUT

Le bébé pleure toutes les nuits pour qu'on le prenne, si bien que ses parents n'arrivent pas à dormir.
pour qu'on le prenne exprime le but, *si bien que ses parents n'arrivent pas à dormir,* la conséquence.

MOYENS GRAMMATICAUX

4e Complément circonstanciel de but :

Il a emporté un caban **pour ne pas avoir froid sur le bateau.**
Il a emporté un caban, **de peur d'avoir froid sur le bateau.**

Proposition subordonnée circonstancielle de but :

J'ai vidé la chambre **pour que tu puisses la peindre**.
Partez tôt, **de peur qu'il n'y ait des embouteillages**.

MOYENS LEXICAUX

4e Sens de certains mots :

Il **veut** gagner la course.
Son intention est d'enseigner.
Instruire est **le but** de sa vie.

UN PEU DE LOGIQUE : BUT / CONSÉQUENCE

3e Le but suppose une **intention**

– pour obtenir quelque chose : Il crie pour que je l'entende.
– pour éviter quelque chose : Il crie de peur que je ne l'entende pas.

Le but n'inscrivant pas l'action dans la réalité, mais dans le désir du sujet, le mode lié à l'expression du but est toujours le **subjonctif**.

La conséquence constate simplement le **résultat** de l'action : elle inscrit donc le fait dans la réalité. Le mode lié à la conséquence est alors principalement **l'indicatif**.

Il crie, **si bien que je l'entends**.
(Il crie, c'est un fait, je l'entends, c'est un autre fait, qui est la conséquence du premier. L'intention de celui qui crie n'est pas précisée : il peut crier pour de multiples raisons autres que de se faire entendre de moi.)

C'est le choix de l'**indicatif** ou du **subjonctif** qui permet le plus souvent de différencier les propositions subordonnées circonstancielles de but et de conséquence introduites par *de sorte que.*

La foule poussait, de sorte que les grilles **cédèrent** (ont cédé, avaient cédé, cédaient).
(*Conséquence* ⟶ Les grilles ont effectivement cédé, la foule ne le désirait peut-être pas, mais cela a été le résultat de la poussée.)

La foule poussait de sorte que les grilles **cédassent** (cèdent).
(*But* ⟶ Les grilles ne céderont pas nécessairement, mais la foule le souhaite, c'est dans ce but qu'elle pousse.)

26

LIRE ET ÉCRIRE
Exprimer...

OPPOSITION OU CONCESSION

La pièce était très vaste, bien que mal éclairée.
bien que mal éclairée exprime l'opposition.

MOYENS GRAMMATICAUX

3e Complément circonstanciel d'opposition ou de concession :

Au lieu de te promener, tu restes enfermé toute la journée.

Malgré un temps pluvieux, nous avons passé d'excellentes vacances.

Proposition subordonnée circonstancielle d'opposition ou de concession :

Il pleut à Paris, **alors qu'il fait beau en Corse**.

Bien qu'il nous ait vus, le lièvre ne s'enfuit pas.

Emploi de l'impératif dans certaines constructions :

Parle toujours, je ne t'écoute pas.

Emploi du conditionnel dans certaines constructions :

Tu **parlerais**, je ne t'écouterais pas.

ou dans la langue familière : Tu **parlerais** que je ne t'écouterais pas.

MOYENS LEXICAUX

3e Sens de certains mots :

Tu **peux** crier, tu ne me fais pas peur.
Son caractère était **tout l'opposé** de celui de son frère.

Emploi de locutions figées : Il **a beau** se dépêcher, il manquera le train.

Emploi de contraires : Il est grand, son frère est petit.

CONSTRUCTION

3e Juxtaposition et ponctuation :

Le professeur continue son cours : les élèves ne l'écoutent pas.

Coordination : Il est tombé, **mais** il ne s'est pas blessé.

Apposition : **Malheureux**, il souriait encore.

MOYENS STYLISTIQUES

4e La figure de style qui consiste à utiliser et exploiter des oppositions s'appelle **l'antithèse** :

Par une rue étroite, au cœur du vieux Paris,
Au milieu des passants, du tumulte et des cris,
La tête dans le ciel, et les pieds dans la fange,
Cheminait à pas lents une figure étrange. (T. Gautier)

UN PEU DE LOGIQUE : OPPOSITION / CONCESSION ET CONSÉQUENCE

OPPOSITION / CONCESSION ET CONSÉQUENCE

L'opposition et la concession consistent à rapprocher deux faits pour les opposer. Bien que les notions d'opposition et de concession ne soient pas grammaticalement différenciées, le sens permet de les distinguer.

L'opposition oppose deux faits relativement indépendants :

Il est blond, tandis que son frère est très brun.

La concession s'oppose à une relation logique, souvent de cause à effet :

Tu prends ton temps, bien que nous soyons en retard.

Tu te dépêches, bien que nous ne soyons pas en retard.

Les relations de cause à effet alors impliquées sont :

Puisqu'	on est en retard,		on ne devrait pas prendre son temps.
Puisqu'	on n'est pas en retard,		on ne devrait pas se dépêcher.
Puisque	(causes)	donc	(conséquences)

Dans les deux cas, la conséquence logique n'est pas réalisée, la cause logique n'est pas suivie d'effet.

Le rapport logique présenté par la concession peut s'établir à partir d'idées communément admises, mais pas forcément justes. Il convient donc, pour comprendre, d'examiner non seulement les faits opposés mais la mise en relation même de ces faits.

EXEMPLES

Concession	Relation de cause à effet sous-jacente
Il était, quoique riche, à la justice enclin. (Hugo)	*Quand on est riche, on n'est pas enclin à la justice.*
Il appela Eugénie qu'il ne voyait pas quoiqu'elle fût agenouillée devant lui. (Balzac)	*Quand quelqu'un est agenouillé devant soi, on devrait le voir.*
Quelque ressemblance qu'il y eût entre Henry et lui, c'étaient deux hommes fort distincts. (Flaubert)	*Quand deux hommes présentent des ressemblances, ils devraient être peu distincts.*
Si pauvre qu'il fût, il trouvait moyen d'apporter un souvenir à chacun. (Rolland)	*Quand on est très pauvre, on ne peut rapporter un souvenir à chacun.*
Nul ne se soucie, pour brave qu'il soit, d'affronter le lion en son antre même. (Gautier)	*Quand on est très brave, on pourrait oser attaquer le lion dans son antre même.*
Bien que Bertrand conduisît très vite, Élisabeth n'éprouvait aucune crainte à son côté. (Troyat)	*Quand quelqu'un conduit très vite, son passager devrait éprouver de la crainte à son côté.*

28

LIRE ET ÉCRIRE
Exprimer...

HYPOTHÈSE ET CONDITION

*Si La Palisse n'était pas mort, **il serait encore en vie.***
Si La Palisse n'était pas mort exprime la condition.

MOYENS GRAMMATICAUX

4e Complément circonstanciel de condition :

Avec un peu de chance, il réussira l'ascension.
Sans son chien, il se serait perdu.

Proposition subordonnée circonstancielle de condition :

Si tu as froid, mets ton manteau.
Ils emportèrent des fruits, **au cas où les magasins seraient fermés**.

Proposition participiale :

Leur torche s'éteignant, ils n'auraient pu retrouver la sortie.

Proposition subordonnée au **conditionnel** ou au **subjonctif**, à valeur hypothétique :

Un promeneur qui **serait passé** par là nous aurait crus fous.
J'espère que tu me l'**aurais dit**.
Un vieil ami qui l'**eût rencontré** ne l'aurait pas reconnu.

MOYENS LEXICAUX

4e Sens de certains mots :

Supposons qu'il reste des places.
Il reste **une condition** à notre sortie.

Emploi de la structure figée *n'était...* :

N'était le manque de chauffage, nous aurions voyagé très confortablement.

Emploi, dans certaines structures figées, d'un pronom relatif sans antécédent :

Qui veut noyer son chien l'accuse de la rage.

CONSTRUCTION

4e Juxtaposition ou coordination

– de certaines indépendantes au conditionnel, au subjonctif, ou à l'imparfait de l'indicatif :

Le train **arrivait** à l'heure, nous le **manquions**.
L'arbitre **aurait été** impartial et nous **aurions gagné** la partie.
Il l'obtiendra, **dût**-il attendre quatre ans.

– d'une phrase interrogative ou impérative avec une phrase déclarative :

Manque-t-il quelqu'un ? Il s'en aperçoit tout de suite.
Donnez-lui des conseils, il ne vous écoute même pas.

Apposition :

Nettoyé, ce vêtement aurait encore beaucoup d'allure.

UN PEU DE LOGIQUE : CONDITION ET HYPOTHÈSE

DÉFINITIONS

3e La condition et l'hypothèse consistent à mettre en relation deux faits, en faisant dépendre la réalisation de l'un de la réalisation de l'autre.

Dans la réalité

Fait A : Disposer d'une voiture **Fait B** : Partir pour la Bretagne

Condition

Le fait B ne peut se réaliser que si le fait A (**condition**) se réalise.

A → B et B → A non A → non B

L'action est présentée comme réalisable :

Si je dispose d'une voiture, je pars (partirai) pour la Bretagne.

→ Si je ne dispose pas d'une voiture, je ne partirai pas pour la Bretagne.

L'action est présentée comme non réalisable :

Si je disposais d'une voiture, je partirais pour la Bretagne.

→ Je ne dispose pas d'une voiture, je ne partirai pas pour la Bretagne.

Hypothèse

Le fait B, posé comme non réel, purement envisagé par la pensée (**hypothèse**), impliquerait obligatoirement la réalisation du fait A :

B → A mais ~~A → B~~ ~~non B → non A~~

L'action est présentée comme réalisable :

Si je pars pour la Bretagne, je prends la voiture.

L'action est présentée comme non réalisable, ou moins réalisable :

Si je partais pour la Bretagne, je prendrais la voiture.

→ ~~Si je ne pars pas pour la Bretagne, je no prends pas la voiture.~~

→ Que je parte ou non pour la Bretagne, je prendrai de toute façon la voiture, pour aller ailleurs par exemple, mais je n'irai pas en Bretagne sans la voiture.

UNE FORME PARTICULIÈRE D'HYPOTHÈSE

3e Si tu veux partir pour la Bretagne, la voiture est au garage.

~~B → A~~ et ~~A → B~~ ~~non B → A~~

→ Que tu partes ou non pour la Bretagne, la voiture sera de toute façon au garage.

Ce type d'hypothèse, elliptique, implique une chaîne de faits en relation les uns avec les autres. Ces faits implicites, connus des deux locuteurs, ne sont pas exprimés :

Si tu veux partir pour la Bretagne, tu auras donc besoin de la voiture et cette voiture est au garage.

Ce qui, en fonction de la situation, peut signifier :

Tu peux partir, la voiture est disponible : elle t'attend au garage.

Tu ne peux pas partir, la voiture n'est pas disponible : elle est en réparation au garage.

30

LIRE ET ÉCRIRE
Exprimer...

COMPARAISON

Malin comme un singe, mais jaloux comme un tigre, il pleurait comme un veau.

La langue est riche en comparaisons, mais il ne faut pas en abuser.

MOYENS GRAMMATICAUX

4e Complément circonstanciel de comparaison :

À la façon des femmes d'autrefois, elle porte la coiffe.
Sa voix claqua **telle un fouet** (tel un fouet).

Complément du comparatif et complément du superlatif :

Il est *plus* agile **qu'un chat**.
C'est l'enfant *le plus* agile **de l'équipe**.

Proposition subordonnée circonstancielle de comparaison :

Ils jouent dans l'eau **comme s'ébattent des dauphins**.

Proposition subordonnée complément du comparatif ou du superlatif :

Il a *autant* de billes **que son frère a de timbres**.
Il nage *mieux* **que ne le ferait un champion**.
C'est le *meilleur* nageur **que j'aie jamais vu**.

MOYENS LEXICAUX

4e Sens de certains mots :

Ce poisson **ressemble à** une pierre, et cette **ressemblance** est source d'accidents.
Ils portaient des chemises **identiques**.
Pierre est grand, son frère **également** *(aussi)*.

CONSTRUCTION

4e Juxtaposition :

Pierre est grand, son frère un peu moins.

Coordination :

Pierre est grand **et** *(mais, or)* son frère l'est moins.

Constructions parallèles :

Autant Pierre est grand, **autant** son frère est petit.
Plus je sors, **mieux** je me porte.

MOYENS STYLISTIQUES

5e Images, comparaisons, métaphores sont les procédés privilégiés pour établir des relations entre les choses, les êtres, etc. :

Cela vous soit un exemple certain
Que vos beautés, bien qu'elles soient **fleuries**,
En peu de temps **cherront** toutes **flétries**,
Et comme fleurs périront tout soudain. (Ronsard)

IMAGE : DE LA COMPARAISON À LA MÉTAPHORE

COMPARAISON

La comparaison comporte obligatoirement trois éléments :
- ce qui est comparé, le **comparé** ;
- le **terme introducteur** de la comparaison ;
- ce à quoi on compare, le **comparant**.

Sur le clocher jauni,	la lune (comparé)	comme (terme de comparaison)	un point sur un i. (comparant)

MÉTAPHORE

Le procédé consistant à comparer sans terme de comparaison s'appelle la **métaphore**. Le passage à la métaphore suppose une identification à des degrés variés :

Sur le clocher jauni,	**la lune**	**semble**	**un point sur un i.**
Sur le clocher jauni,	la lune	est	un point sur un i.
Sur le clocher jauni,	la lune,		point sur un i,...

Le point de la lune sur le i du clocher...

La métaphore peut se prolonger pendant plusieurs images successives. C'est la métaphore filée.

Les astres *émaillaient* le ciel profond et sombre ;
Le croissant fin et clair parmi ces **fleurs** de l'ombre
Brillait à l'occident, et Ruth se demandait

Immobile, ouvrant l'œil à moitié sous ses voiles,
Quel Dieu, **quel moissonneur de l'éternel été,**
Avait, en s'en allant, négligemment jeté
Cette faucille d'or dans **le champ** des étoiles.

(Victor Hugo, *Booz endormi.*)

OUVRIR L'ŒIL

Tout élément de la phrase peut devenir métaphorique. La métaphore tire sa valeur de l'originalité et du bonheur de l'image qu'elle évoque.

Cela va des clichés de la langue courante, où l'image n'est même plus perçue (tous les sens figurés du dictionnaire) :

Son cœur **se fend** devant la misère. Il **a fondu** en sanglots.

aux innombrables réussites des écrivains et des poètes :

... Et **des parcelles d'or**, ainsi qu'un sable fin,
Étoilent vaguement leurs prunelles mystiques.

(Baudelaire, *Les Chats.*)

MODES DU VERBE

« Qu'il batte le record ne serait pas étonnant », a dit son entraîneur.
batte est au mode subjonctif, *serait* au mode conditionnel et *a dit* au mode indicatif.

QUATRE MODES PERSONNELS

6e Ils se conjuguent en temps et en personne, d'où leur nom.

3e Lorsqu'ils sont choisis par celui qui parle ou écrit, les modes traduisent la manière dont celui-ci envisage l'action.

6e **L'indicatif** présente l'action dans sa réalité et la situe dans une chronologie.

Comme il **a plu**, la terre **est** mouillée et nous **mettrons** des bottes.

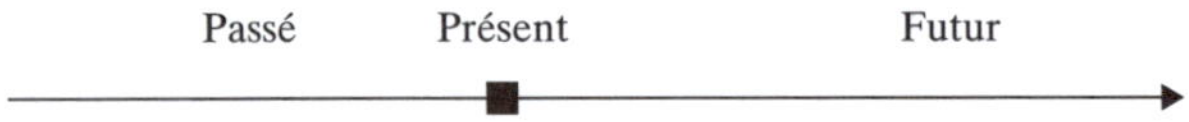

3e Le **conditionnel** est le mode de l'imaginaire. Il présente l'action hors de la réalité ou soumise à la réalisation d'une autre action, elle-même réalisable ou non.

Je **serais** le roi et tu **serais** mon chevalier...

Le subjonctif présente l'action comme éventuelle, envisagée par l'esprit, qu'elle soit réalisable ou non.

Qu'elle **vienne** et je lui dirai ce que je pense !

L'impératif est le mode de l'ordre, de l'exhortation, du conseil, de l'interdiction, etc.

Approche et ne **traîne** pas les pieds.

TROIS MODES IMPERSONNELS

6e Les modes impersonnels ne se conjuguent qu'en temps et non en personne, d'où leur nom. Pour cette raison, bien qu'à tort, on exclut les verbes à ces modes quand on parle de verbes conjugués.

L'infinitif : **Aller chercher** du pain ne peut **prendre** autant de temps.

Le participe : **Ayant fini** son travail et **désirant** dormir, il se coucha.

Le gérondif : Elle s'est piqué le doigt **en cousant** un bouton.

Certains grammairiens ne considèrent pas le gérondif comme un mode à part entière et préfèrent le traiter comme un participe présent précédé de la préposition en : c'est pour cette raison qu'on ne le trouve pas dans les tableaux de conjugaison.

TEMPS OU VERBE : ASPECT

Le téléphone sonnait quand il entra.
sonnait envisage l'action dans sa durée,
entra l'envisage dans sa ponctualité.

EMPLOI DES TEMPS

Celui qui parle ou celui qui écrit choisit le temps des verbes d'une part en fonction du **sens** (il relate un événement présent, passé ou futur) et d'autre part selon la manière dont il veut **présenter l'action** (dans sa durée ou sa ponctualité, achevée ou non).

SENS

5e Selon ce que l'on a à communiquer, on choisit le temps en fonction de la chronologie (présent, passé, futur).

Passé		Présent	Futur	
passé composé plus-que-parfait passé antérieur	imparfait passé simple	présent	futur antérieur	futur

MANIÈRE DONT LE NARRATEUR VEUT PRÉSENTER L'ACTION

3e Le narrateur peut envisager l'action

– dans sa durée *(aspect duratif)* :

Les enfants **marchaient** lentement dans la campagne, avant de rentrer.

– ou dans sa globalité, comme un moment du passé, comme un point sur l'axe du temps *(aspect ponctuel)* :

Les enfants **marchèrent** lentement dans la campagne, avant de rentrer.

Le narrateur peut envisager l'action

– comme terminée *(aspect accompli)* :

J'ai bu un verre d'eau.
Les enfants **avaient bu** à la fontaine.

– ou comme en train de se produire *(aspect inaccompli)* :

Je **bois** un verre d'eau.
Les enfants **buvaient** à la fontaine.

Le narrateur peut envisager l'action

– comme se répétant régulièrement *(aspect itératif)* :

L'été, je me **lève** à huit heures et **me couche** à dix heures.

– comme commençant *(aspect inchoatif)* :

Fini de lire, je **travaille**.

34

Lire et écrire
Emploi des temps et des modes

EMPLOI DU PRÉSENT DE L'INDICATIF

Pendant les vacances, elle ne travaille pas, mais lit et se promène.
travaille, lit, se promène sont des verbes au présent.

PRÉSENT ACTUEL OU PERMANENT

6e Le présent est le temps de référence des temps de l'indicatif, c'est par rapport à lui que se situent les temps du passé et du futur. Il présente l'action dans sa durée, comme inaccomplie :

Le livre qu'il **lit est** très amusant.

On utilise le présent pour exprimer des actions qui se déroulent au moment où l'on parle. C'est donc par excellence le temps de référence du **discours direct** :

« Tu **veux** un fruit ?

– Oui, merci, j'**ai** un peu faim ! »

Le présent peut aussi présenter l'aspect itératif pour évoquer des actions qui se répètent *(présent d'habitude)* :

Le jeudi, il **va** au cinéma.
Je **dors** très peu, **me couche** tard et **me lève** de bonne heure.

On utilise le présent pour exprimer des vérités générales, vraies à toutes les époques *(présent atemporel)*. Il est, pour cela, le temps privilégié des textes informatifs et des définitions, dictons, proverbes, etc. :

Le cochon de lait **est** un petit cochon qui **tète** encore sa mère.
Qui **veut** voyager loin **ménage** sa monture.

PRÉSENT DANS UN CONTEXTE PASSÉ OU FUTUR

6e Il exprime des vérités générales ou permet au narrateur de donner son point de vue :

Elle riait à tout propos, comme on **rit** à quinze ans.

Employé dans les textes historiques, il peut présenter comme actuelle une situation passée *(présent historique)* :

Henri VIII mourut en 1547. Ses trois enfants **se succèdent** alors sur le trône, mais chacun **impose** à ses sujets une politique religieuse particulière. En quinze ans, les Anglais **changent** ainsi trois fois de religion.

Effet stylistique, il donne à la narration plus de vie *(présent de narration)* en plaçant les actions dans le présent du narrateur et du lecteur :

Il appuyait son large genou contre la poitrine de son adverse partie. Le récollet **pousse** des hurlements qui **font** retentir l'église. On **accourt** au bruit, on **voit** le catéchumène qui gourmait le moine au nom de Saint-Jacques le Mineur. (Voltaire)

Enfin le présent peut traduire le passé proche et le futur proche, surtout dans la langue orale :

Vous l'avez manqué de peu, il **sort** à l'instant. *(passé proche)*
Sortons-nous ensemble, la semaine prochaine ? *(futur proche)*

EMPLOI DU FUTUR DE L'INDICATIF

Quand je serai grand, je deviendrai pilote d'avion.
serai, *deviendrai* sont deux verbes au futur.

LE FUTUR, TEMPS DU DISCOURS

6e On utilise le futur pour exprimer des actions non encore réalisées, qui se situent dans l'avenir :

Le vingt-et-unième siècle **sera**-t-il très différent du vingtième siècle ?

Temps du **discours direct**, le futur peut être employé en relation avec le passé, le présent ou le futur. Il situe alors l'action dans l'avenir de celui qui parle :

Je pense qu'il **arrivera** bientôt.
La maison où nous vivions **sera restaurée** l'an prochain.
Quand tu **feras** le café, j'en **prendrai** une tasse.

Le futur peut être encore utilisé pour établir une distance entre celui qui parle et ce qu'il dit

– pour atténuer (politesse) :

« **Voudrez**-vous un peu de thé ?
– J'**avouerai** que je préfère de l'eau. »

– pour exprimer une supposition *(valeur modale)* :

Il **se perdra** encore, dans cette foule !

LE FUTUR DANS LA NARRATION

3e Temps de la **narration**, le futur est utilisé comme moyen stylistique, pour envisager l'avenir d'un personnage, par exemple *(futur prophétique)* :

Durant son enfance, il se montra extrêmement violent et coléreux et il le **restera** d'ailleurs tout au long de sa vie.

LE FUTUR POUR EXPRIMER L'ORDRE

5e Le futur s'emploie souvent à la place de l'impératif *(valeur modale),* pour exprimer l'ordre ou la suggestion, dans les recettes, modes d'emploi, etc.

Vous **prendrez** deux œufs, **séparerez** les jaunes des blancs...
Tu ne **bougeras** pas de ta place...

36

LIRE ET ÉCRIRE
Emploi des temps et des modes

EMPLOI DE L'IMPARFAIT DE L'INDICATIF

L'IMPARFAIT, TEMPS DU PASSÉ

3e L'imparfait est un temps du passé qui présente l'action dans son déroulement, en train de s'accomplir, sans début ni fin (*aspect duratif* et *inaccompli*). On peut le comparer au présent, un présent en cours dans le passé :

J'**étais** en retard, pourtant je ne me **pressais** pas.

L'imparfait narratif insiste donc ou sur la durée et l'absence de chronologie, ou sur la répétition de l'action :

Les passants **s'arrêtaient** aux vitrines, **entraient** et **sortaient** des boutiques en un flot ininterrompu.

L'IMPARFAIT DANS LA NARRATION

6e On utilise généralement l'imparfait

– pour les descriptions :

La mer **était** agitée, les vagues **battaient** violemment contre la digue.

– pour les événements qui se répètent *(aspect itératif)* :

Elle **partait** vers huit heures, **prenait** le train de 8 h 12 et **arrivait** vers 9 heures.

3e – pour exprimer certaines valeurs circonstancielles :

L'enfant buta contre une racine : l'obscurité **était** épaisse. *(cause)*

– pour exprimer qu'une action aurait pu se produire :

Un geste de plus et il **hurlait**.

– pour noter dans le passé un futur proche :

Il était rassuré ; ses parents **rentraient** bientôt.

Effet de style : on emploie parfois l'imparfait, à la place du passé simple, pour exprimer la ponctualité de l'action, dans le but d'attirer l'attention du lecteur. L'imparfait montre ainsi l'action en train de se produire et donne une sorte de prolongement à la narration. La phrase comporte alors toujours des indications de temps, souvent très précises. Cet emploi de l'imparfait, condamné par les puristes, est relativement récent (1850) et de plus en plus fréquent, surtout dans la presse. On lui donne des noms divers, imparfait *pittoresque*, imparfait *de rupture*, imparfait *flash*, imparfait *cinéma*, etc. :

Tout à coup ils s'arrêtèrent, ils avaient fini les figures de la danse. Pendant quelques secondes, ils restèrent debout l'un devant l'autre, grimaçant de façon surprenante ; puis ils s'embrassèrent en sanglotant.

Je **partais**, trois jours après, pour la province. (Maupassant)
(= Je *partis*, trois jours après...)

L'été, il se levait à six heures, déjeunait et partait à sept heures pour son travail.

Les verbes *se levait*, *déjeunait* et *partait* sont des verbes à l'imparfait de l'indicatif.

L'IMPARFAIT DANS LE DISCOURS DIRECT

4e On peut utiliser l'imparfait
- pour donner un cadre au récit :
  Le train **avait** du retard, mais je ne le **savais** pas et j'ai couru jusqu'à la gare.
- pour exprimer qu'une action aurait pu se produire :
  Un geste de plus et je **hurlais**.
- pour exprimer l'hypothèse, en rejetant les faits dans l'irréel du présent :
  Si j'**étais** riche, je m'achèterais une maison.
- pour atténuer (politesse) :
  « Vous **désiriez** ?
  – Je **voulais** vous demander... »
- dans de nombreuses formes affectives :
  Comme il **avait faim** ce bébé ! (= Comme *il a faim...*)

L'IMPARFAIT DANS LE DISCOURS INDIRECT

3e L'imparfait peut alors perdre sa valeur de temps et correspondre, selon la règle de la concordance des temps, au présent du discours direct.

Discours direct :

Il murmura : « Je ne me sens pas bien, j'ai sans doute un peu de fièvre. »

Discours indirect :

Il murmura qu'il ne **se sentait** pas bien, qu'il **avait** sans doute un peu de fièvre.

OUVRIR L'OEIL

Attention, au discours indirect, l'imparfait est ambigu.

La phrase : Il disait que la maison **était** fermée.

peut correspondre à : Il disait : « La maison **est** fermée (en ce moment). »

ou à : Il disait : « La maison **était** fermée (à ce moment-là). »

Puisque l'imparfait peut alors correspondre à deux temps (l'imparfait ou le présent), on dit qu'il perd sa valeur de temps.

37

LIRE ET ÉCRIRE
Emploi des temps et des modes

EMPLOI DU PASSÉ SIMPLE DE L'INDICATIF

LE PASSÉ SIMPLE, TEMPS DU PASSÉ

6e Temps privilégié de la narration, le passé simple est un temps du passé qui appartient essentiellement à la langue écrite.
Il cite la durée sans la décrire *(aspect ponctuel)* et présente l'action comme achevée *(aspect accompli)* :

Il **courut** tout le long du chemin.

LE PASSÉ SIMPLE DANS LA NARRATION

6e Le passé simple est le temps de référence de la narration. Quel que soit le sens du verbe, il présente les actions dans leur ponctualité, avec une rigueur un peu sèche. Une sorte de distance s'établit entre le texte et le narrateur : ce dernier relate historiquement les faits, dont il ne se donne que comme le rapporteur.

L'homme **s'approcha** du comptoir et **commanda** une limonade.

Plusieurs verbes au passé simple traduisent, le plus souvent, des actions qui se succèdent dans le temps :

Il se **leva**, **prit** son manteau, **sortit** son portefeuille et **paya**.

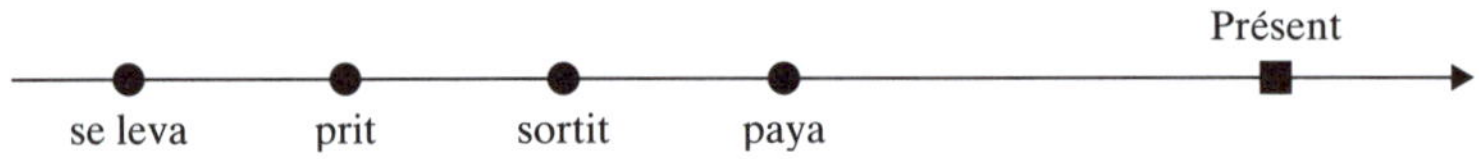

Il **sortit** son portefeuille, **prit** son manteau, **paya** et **se leva**.

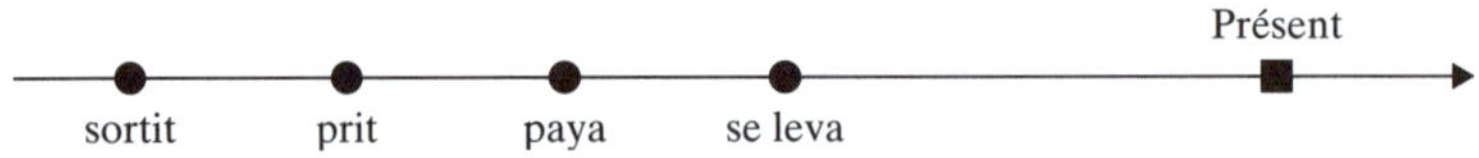

3e Le passé simple peut aussi exprimer

– une action qui se répète *(aspect itératif)* :

Pendant vingt ans, il **se leva** au chant du coq et **se coucha** avec le soleil.

– une vérité générale :

Qui ne sait se borner ne **sut** jamais écrire. (Boileau)

Le cheval rua, se cabra et désarçonna son cavalier.
rua, se cabra, désarçonna sont des verbes au passé simple.

LE PASSÉ SIMPLE DANS LE DISCOURS DIRECT

3e En français classique, on pouvait utiliser le passé simple dans le discours direct, à condition que les faits relatés soient complètement révolus et accomplis au moins vingt-quatre heures avant qu'on en parle :

Hier, nous **déjeunâmes** chez Mme de...

Cet emploi, aujourd'hui impossible, paraît maladroit, affecté et un peu ridicule.

5e En français moderne, le passé simple est remplacé par le passé composé :

Hier, nous **avons déjeuné** chez Mme de...

Dans la langue écrite, surtout lorsque les faits relatés ont eu lieu dans un passé lointain, le passé simple s'emploie encore dans des récits à la première personne :

Je **fus** impressionné alors par la façon dont tu **annonças** ton mariage.

OUVRIR L'ŒIL

L'emploi du passé simple dans le discours, même dans le style soutenu, est de nos jours parfaitement comique, surtout à certaines personnes. Il fait alors la joie des humoristes, comme le montre ce « poème » d'Alphonse Allais :

Oui, dès l'instant ou je vous vis,
Beauté féroce, vous me plûtes ;
De l'amour qu'en vos yeux je pris,
Sur-le-champ, vous vous aperçûtes.
Mais de quel air froid vous reçûtes
Tous les soins que pour vous je pris.
Combien de soupirs je rendis ?
De quelle cruauté vous fûtes ?
Et quel profond dédain vous eûtes
Pour les vœux que je vous offris !
En vain, je priai, je gémis,
Dans votre dureté vous sûtes
Mépriser tout ce que je fis ;
Même un jour je vous écrivis
Un billet tendre que vous lûtes,
Et je ne sais comment vous pûtes,
De sang-froid voir ce que je mis [...]

38

Lire et écrire
Emploi des temps et des modes

EMPLOIS COMPARÉS DE L'IMPARFAIT ET DU PASSÉ SIMPLE

IMPARFAIT OU PASSÉ SIMPLE, UN CHOIX DU NARRATEUR

6e L'emploi du passé simple ou de l'imparfait ne dépend ni du sens du verbe, ni de la durée ou de la brièveté de l'action relatée. Le choix du temps est fonction de **l'intention** de celui qui écrit.

Toute l'année, le vent, froid et sec, **balayait** la plaine.
Toute l'année, le vent, froid et sec, **balaya** la plaine.

PASSÉ SIMPLE OU IMPARFAIT EMPLOYÉS SEULS

4e Quelle qu'ait été la durée des actions, le passé simple présente les actions comme achevées, l'imparfait les présente dans leur durée :

Ils **attendirent** au péage.

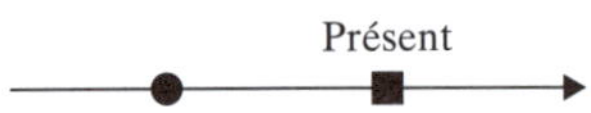

Ils **attendaient** au péage.

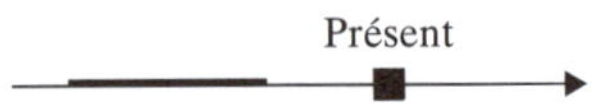

L'imparfait **étale** ainsi les durées les plus courtes et le passé simple **résume** les périodes les plus longues :

Ils **mettaient** moins de deux minutes pour changer une roue.
Ils **mirent** plus d'une demi-heure pour changer une roue.

Plusieurs verbes à l'imparfait évoquent souvent la **simultanéité** des actions :

Des poules **couraient** dans la cour, **caquetaient**, **picoraient** çà et là.

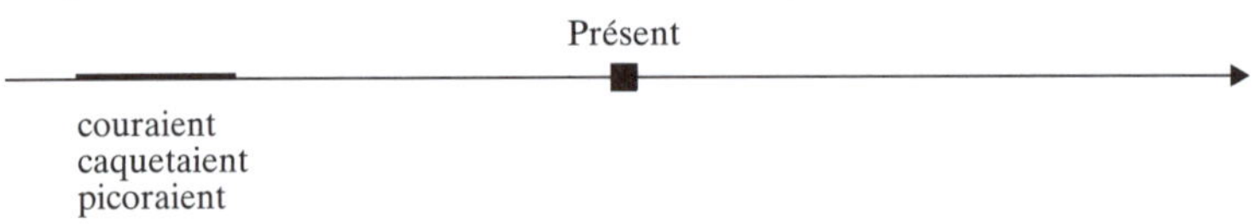

Plusieurs verbes au passé simple évoquent souvent, au contraire, la **successivité** des actions :

Des poules **coururent** dans la cour, **caquetèrent**, **picorèrent** çà et là.

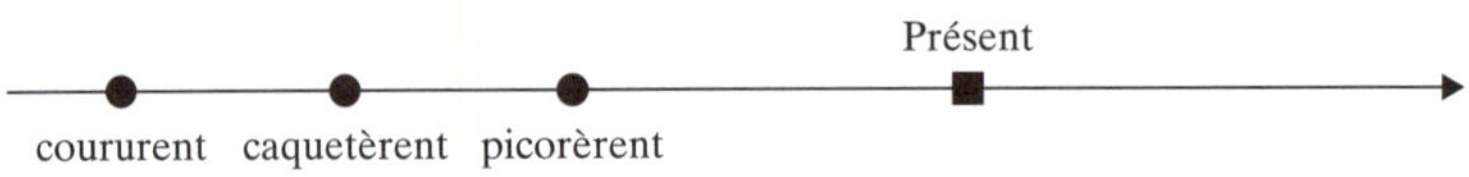

L'inspecteur interrogea toutes les personnes qui se trouvaient dans la pièce.

interrogea, verbe au passé simple, fait avancer l'action de la narration, *se trouvaient*, verbe à l'imparfait, évoque l'arrière-plan.

PASSÉ SIMPLE ET IMPARFAIT EMPLOYÉS EN CONCURRENCE DANS LA NARRATION

6e L'imparfait est utilisé pour évoquer l'arrière-plan, le cadre, le décor, sur lequel se détachent les passés simples qui font avancer l'action :

La nuit **était** paisible, un rossignol **chantait**, aussi le voyageur **resta**-t-il plus longtemps dans le jardin.

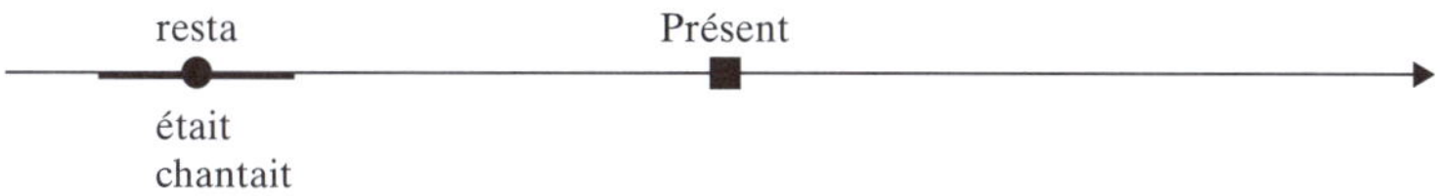

Comparez :

Il **s'approcha** des jeunes filles, qui lui **tournaient** le dos.

avec :

Il **s'approcha** des jeunes filles, qui lui **tournèrent** le dos.

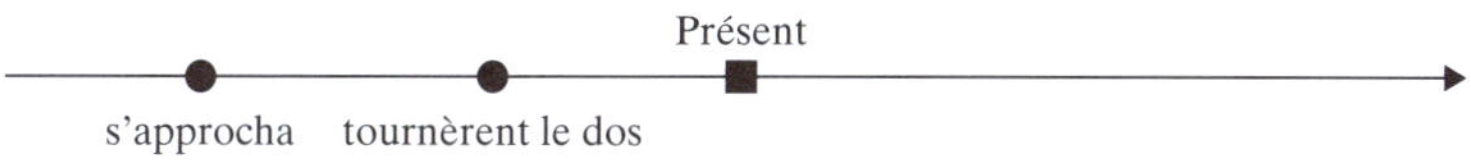

4e Utilisé de cette manière en opposition avec l'imparfait, le passé simple peut aussi exprimer la soudaineté d'une action.

Je **travaillais** paisiblement, le téléphone **sonna.**

Dans ce passage narratif, les passés simples font avancer l'action tandis que les imparfaits, descriptifs et duratifs, évoquent l'arrière-plan psychologique :

Célia ne **put** soutenir cette épreuve inattendue, elle **se retourna** rapidement vers ses oiseaux et **se mit** à les soigner ; mais elle *tremblait* au point qu'elle *versait* l'eau qu'elle leur *distribuait*, et Fabrice *pouvait* voir parfaitement son émotion ; elle ne **put** supporter cette situation, et **prit** le parti de se sauver en courant.

(Stendhal, *La Chartreuse de Parme.*)

39

Lire et écrire
Emploi des temps et des modes

EMPLOI DES TEMPS COMPOSÉS DE L'INDICATIF

PASSÉ COMPOSÉ

4e Employé seul, le passé composé évoque une action passée, achevée :

Ils **ont sauté**, ils **ont dansé**, ils **ont** bien **ri**.

On utilise le passé composé
– dans les textes historiques :

Napoléon **est né** en Corse, il **a fait** ses études à Brienne...

– dans les proverbes, dictons, vérités générales, etc. :

Qui **a bu** boira. Paris ne s'**est** pas **fait** en un jour.

6e Dans le discours direct, on emploie le passé composé
– quand les effets de l'action se prolongent dans le présent :

J'**ai fermé** la porte. (Elle est donc encore fermée.)

– à la place du passé simple :

Un homme **est entré**, il s'**est approché** du comptoir et **a commandé** une limonade.

– familièrement, pour exprimer le futur proche :

Attends-moi, j'**ai fini** dans cinq minutes.

5e En relation avec le présent, le passé composé exprime l'antériorité :

Le poulet que tu **as acheté** *cuit* en ce moment.

FUTUR ANTÉRIEUR

Comme le futur, le futur antérieur est un temps du discours direct.

4e Employé seul, le futur antérieur exprime une action achevée dans le futur. L'aspect accompli ne concerne donc pas seulement les temps du passé.

Dans un an, il **aura terminé** ses études.

Mieux encore que le futur, le futur antérieur exprime la supposition :

Quelqu'un lui **aura dit** que vous veniez.

5e En relation avec le futur, le futur antérieur exprime l'antériorité :

Quand j'**aurai lu** ce livre, je vous le *prêterai*.

Il avait fini. Quand il eut rangé ses affaires, il sortit.
Les verbes à un temps composé expriment l'**accompli** lorsque le temps composé est employé seul, l'**antériorité** lorsque le temps composé est employé en relation avec un temps simple.

PLUS-QUE-PARFAIT

4e Employé seul, le plus-que-parfait exprime une action passée achevée mais, comme l'imparfait, il présente les faits dans leur durée :

Le paysage **avait changé**.

On emploie aussi le plus-que-parfait pour atténuer *(politesse)* :

J'**étais venu** vous demander...

5e En relation avec l'imparfait ou le passé simple, le plus-que-parfait exprime l'antériorité :

La porte qu'ils **avaient fermée** en sortant *était* ouverte quand ils *revinrent.*

3e Dans l'hypothèse, le plus-que-parfait exprime l'irréel du passé :

Si j'**avais été** riche à vingt ans, je me serais acheté une voiture.

PASSÉ ANTÉRIEUR

3e Le passé antérieur est un temps peu employé qu'on ne trouve qu'à l'écrit, dans la narration surtout.

Rarement employé seul, il exprime une action achevée, et, comme le passé simple, présente les faits dans leur ponctualité :

Le drôle **eut lapé** le tout en un moment. (La Fontaine)

5e Employé en relation avec le passé simple, le passé antérieur marque l'antériorité :

Quand il **eut compris**, il *éclata* de rire.

40

LIRE ET ÉCRIRE
Emploi des temps et des modes

VALEUR RELATIVE DES TEMPS DE L'INDICATIF

DEUX GRANDES CATÉGORIES DE TEMPS

3e **Les temps du discours direct**, appelés aussi temps *primaires* ou temps *absolus*, se situent par rapport au présent et s'inscrivent dans la chronologie du locuteur :

présent, futur, passé composé, imparfait, plus-que-parfait.

Les temps de la narration, appelés aussi temps *rétrospectifs* ou temps *relatifs*, s'organisent par rapport au passé ou par rapport au sujet du verbe principal :

imparfait, passé simple, plus-que-parfait, futur du passé.

TEMPS DU DISCOURS DIRECT

« J'**avoue** que j'**ai reconnu** le vase d'olives que j'**ai repris** dans votre magasin pour celui que j'y **avais mis** : mais avec les olives, j'y **avais mis** mille pièces d'or que je n'y **trouve** pas. [...] Vous me les **rendrez** quand il vous **sera** possible. » *(Les Mille et une Nuits)*

5e Les **présents** *(avoue, trouve)* représentent le présent du locuteur.

Les **passés composés** *(ai reconnu, ai repris)* représentent l'antériorité par rapport au présent.

Le **plus-que-parfait** *(avais mis)* représente l'accompli et une antériorité plus grande par rapport au présent (antériorité par rapport à un passé composé non exprimé : *que j'y avais mis quand je vous ai donné le vase)*.

Les **futurs** *(rendrez, sera)* renvoient à l'avenir du locuteur.

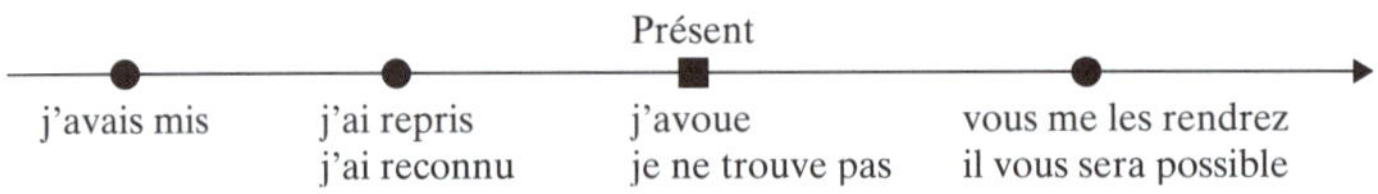

TEMPS DE LA NARRATION

Ils ne **s'aperçurent** du silence qu'après quelques minutes ; leurs oreilles **bourdonnaient**. Ils **levèrent** les yeux ; le ciel **était** sinistre ; d'énormes nuages lourds et livides l'**avaient rempli** ; ils **arrivaient** de tous côtés comme un galop de cavalerie. (R. Rolland)

5e Les **passés simples** *(s'aperçurent, levèrent)* relatent des actions passées dans leur ponctualité.

Les **imparfaits** : les uns sont descriptifs *(était, bourdonnaient)*, l'autre *(arrivaient)* a l'aspect purement duratif (action en train de se produire décrite dans sa durée).

Le **plus-que-parfait** *(avaient rempli)* marque l'accompli et l'antériorité, par rapport aux passés simples et aux imparfaits.

EMPLOI DU SUBJONCTIF

Nathalie souhaite pour Noël une poupée qui ait une robe bleue.
ait est un verbe au subjonctif.

MODE SUBJONCTIF

3e Le subjonctif n'a une réelle valeur de mode que s'il correspond à un choix de celui qui l'emploie *(emploi libre)*. Si, au contraire, le subjonctif est imposé par le contexte *(emploi imposé)*, il perd alors son sens et sa valeur de mode.

EMPLOI LIBRE DU SUBJONCTIF

3e Dans une proposition **indépendante** ou **principale**, le subjonctif peut exprimer

– le souhait :

(Pourvu) Qu'il **fasse** beau demain ! (Que) Le Ciel vous **entende** !

– l'ordre, l'exhortation, en particulier aux personnes de la conjugaison qui n'existent pas à l'impératif :

Qu'il le **dise** ! Qu'elles **se fassent** vacciner rapidement.

– la supposition, l'éventualité, l'hypothèse :

Soit un angle de 45°... Vous **fussiez-vous perdus**, je vous aurais retrouvés.

Dans certaines propositions **subordonnées**, en concurrence avec l'indicatif qui insiste sur la réalité du fait, le subjonctif exprime son éventualité :

On cherche une petite fille qui **ait** *(≠ a)* un tablier rouge.
Je ne pense pas qu'il **mente** *(≠ ment, mentira)*.

EMPLOI IMPOSÉ DU SUBJONCTIF

5e Dans les propositions subordonnées **complétives**, le subjonctif est obligatoire après les verbes exprimant le doute, l'attente, l'ordre, la défense et le sentiment :

Je souhaite qu'il me le **dise**.
Je suis heureux que vous **soyez** là.

Dans les propositions subordonnées **circonstancielles**, le subjonctif est obligatoire après de nombreuses conjonctions et locutions conjonctives

– de temps : *avant que, jusqu'à ce que...*

– de but : *pour que, de peur que...*

– d'opposition : *sans que, bien que, quoique...*

Bien qu'il l'**ait interdit**, vous l'avez fait sans qu'il l'**apprenne**.

42

Lire et écrire
Emploi des temps et des modes

EMPLOI DU CONDITIONNEL

Annie voudrait partir en vacances cet été.
voudrait est un verbe au conditionnel.

MODE CONDITIONNEL

3e Le conditionnel n'a une réelle valeur de mode que s'il correspond à un choix de celui qui l'emploie *(emploi libre)*. Si, au contraire, le conditionnel est imposé par la concordance des temps *(emploi imposé)*, il perd alors son sens et sa valeur de mode.

EMPLOI LIBRE DU CONDITIONNEL

5e Dans une proposition **indépendante** ou **principale**, le conditionnel peut exprimer

– l'imaginaire :

Nous **aurions** un petit singe et il **grimperait** partout. Un jour, il **se serait échappé**, nous le **chercherions** partout...

– la condition :

Dans ce cas, je ne **serais** pas venu.

Il peut aussi servir à atténuer une affirmation. Il exprime alors

– la politesse :

Je **reprendrais** bien un peu de chocolat.

– l'ordre atténué :

Tu **devrais** te coucher.

– l'incertitude (information dont on n'est pas sûr) :

Une nuée de sauterelles **se dirigerait** vers le Midi.

Dans une proposition **subordonnée**, en concurrence avec l'indicatif, il exprime un fait incertain, imaginé, ou lié à une condition :

Nous avons visité une maison qui **daterait** *(≠ date)* du XIIIe siècle.
Je crois qu'il **pourrait** *(≠ pourra)* le faire.
Il n'est pas venu parce qu'il **serait** *(≠ est)* malade.

EMPLOI IMPOSÉ DU CONDITIONNEL

4e En raison de la règle de la concordance des temps, le conditionnel est d'emploi obligatoire, lorsque, par rapport à une principale au passé, on veut exprimer le futur dans la subordonnée. C'est le **futur du passé**.

Je sais bien que le feu s'éteindra et que la pièce sera glaciale.
→ Je *savais* bien que le feu **s'éteindrait** et que la pièce **serait** glaciale.

L'action qu'exprime le conditionnel est donc postérieure à l'action du verbe de la principale.

Elle peut se situer

– dans le passé du narrateur :

Tu m'avais à l'époque promis que tu me **rejoindrais** *quelques jours plus tard.*

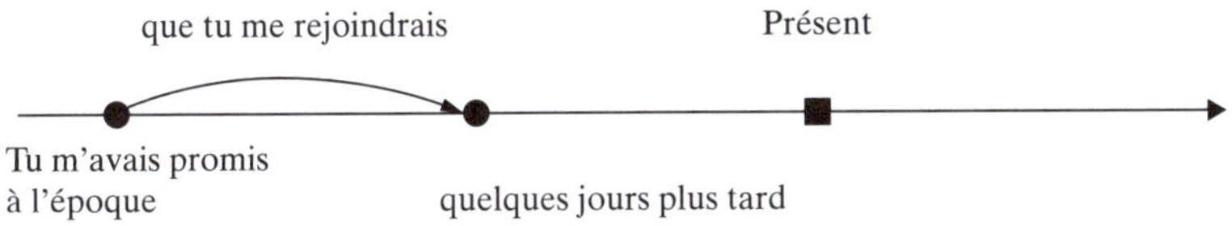

– dans le présent du narrateur :

Tu m'avais à l'époque promis que tu me **rejoindrais** *aujourd'hui.*

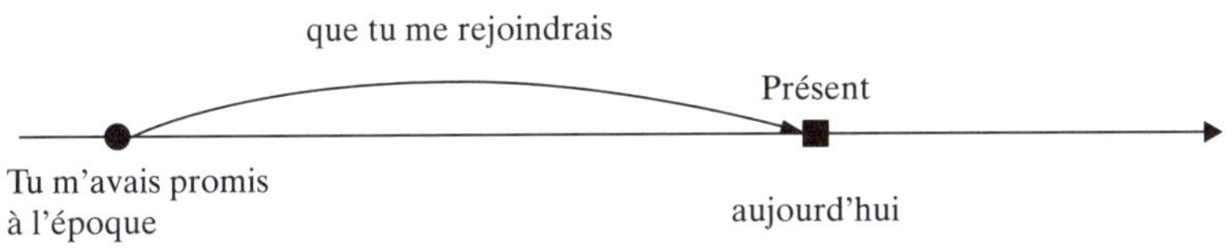

– dans le futur du narrateur :

Tu m'avais à l'époque promis que tu me **rejoindrais** *l'été prochain.*

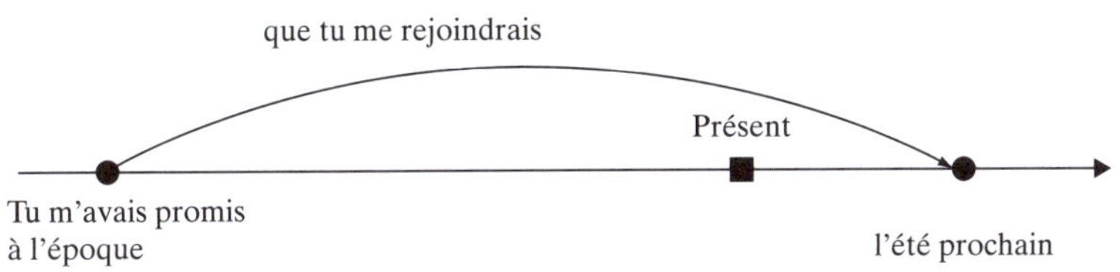

CONCORDANCE DES TEMPS

DÉFINITION

4e C'est le rapport existant entre les temps des différents verbes de la phrase complexe qu'on appelle la concordance des temps. Outre la chronologie des faits à relater, l'emploi des temps dans les propositions subordonnées dépend en effet du temps du verbe de la principale.

VERBE DE LA PRINCIPALE AU PRÉSENT OU AU FUTUR

6e Dans les subordonnées à l'**indicatif**, les temps sont employés, en fonction du sens, par rapport au temps du verbe de la principale :

Comme il **a plu** et qu'il y **a** du soleil, il **pense** qu'il **trouvera** des champignons dès qu'il **sera entré** dans le bois.

5e Dans les subordonnées au **subjonctif**,

– le présent du subjonctif exprime une action présente ou future :

Je *désire* qu'il **vienne** au plus tôt.
Bien qu'il ne **dise** rien, il *est* très mécontent.

– le passé du subjonctif exprime une action accomplie, passée ou future :

J'attendrai qu'ils **aient déchargé** le camion.
Bien qu'il **n'ait** rien **dit**, il *est* très mécontent.

VERBE DE LA PRINCIPALE AU PASSÉ

4e Dans les subordonnées à l'**indicatif**, les temps, toujours employés en fonction de la chronologie, sont tous des temps du passé :

Comme il **avait plu** et qu'il y **avait** du soleil, il **pensait** qu'il **trouverait** des champignons dès qu'il **serait entré** dans le bois.

Attention !

La phrase :	Je **sais** qu'il **viendra**.
donne au passé :	Je **savais** qu'il **viendrait**.
et non :	Je **savais** qu'il **venait**.
qui est la transposition de :	Je **sais** qu'il **vient**.

Dans les subordonnées au **subjonctif**, le verbe de la subordonnée est théoriquement à l'imparfait ou, pour marquer *l'antériorité*, au plus-que-parfait :

Je *désirais* qu'il **vînt** au plus tôt.
Bien qu'il ne **dît** rien, il *était* très mécontent.
J'attendais qu'ils **eussent déchargé (déchargeassent)** le camion.

43

LIRE ET ÉCRIRE
Emploi des temps et des modes

Il demanda que tout le monde se levât dès qu'elle entrerait dans la salle.
Les verbes de cette phrase suivent tous la règle de la concordance des temps.

LIMITES DE LA CONCORDANCE DES TEMPS

4e La langue conserve toutefois certaines libertés vis-à-vis de la concordance des temps ; ainsi, un présent de vérité générale reste un présent même dans un récit au passé :

Il *savait* pourtant que le courant **est** toujours violent à cet endroit.

Dans la langue courante, imparfait et plus-que-parfait du subjonctif sont souvent remplacés par présent et passé du subjonctif *(Arrêté de 1901) :*

Je *désirais* qu'il **vienne** au plus tôt.
Bien qu'il ne **dise** rien, il *était* très mécontent.
J'*attendais* qu'ils **aient déchargé** (**déchargent**) le camion.

TEMPS DE L'INDICATIF ET CONCORDANCE DES TEMPS

4e

Temps du verbe de la subordonnée	Principale au présent (ou au futur)	Principale au passé	Temps du verbe de la subordonnée
présent	Je sais qu'il gèle.	Je savais qu'il gelait.	imparfait
imparfait	Je sais qu'il gelait.	Je savais qu'il gelait.	imparfait
passé simple	Je sais qu'il gela.	Je savais qu'il avait gelé.	plus-que-parfait
futur	Je sais qu'il gèlera.	Je savais qu'il gèlerait.	conditionnel présent
passé composé	Je sais qu'il a gelé.	Je savais qu'il avait gelé.	plus-que-parfait
plus-que-parfait	Je sais qu'il avait gelé.	Je savais qu'il avait gelé.	plus-que-parfait
		Dès qu'il eut gelé, elle rentra.	passé antérieur
futur antérieur	Je sais qu'il aura gelé.	Je savais qu'il aurait gelé.	conditionnel passé

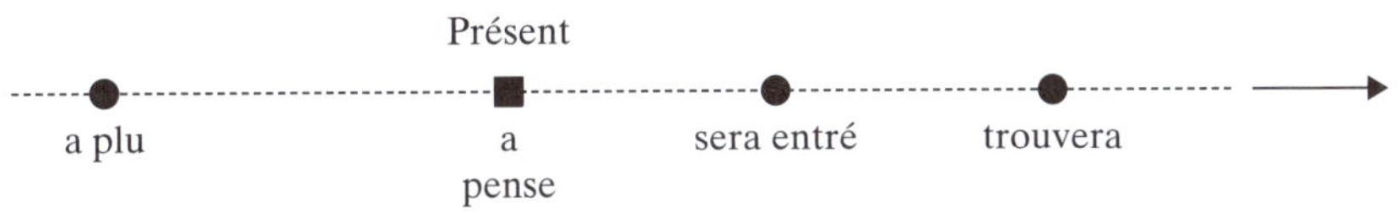

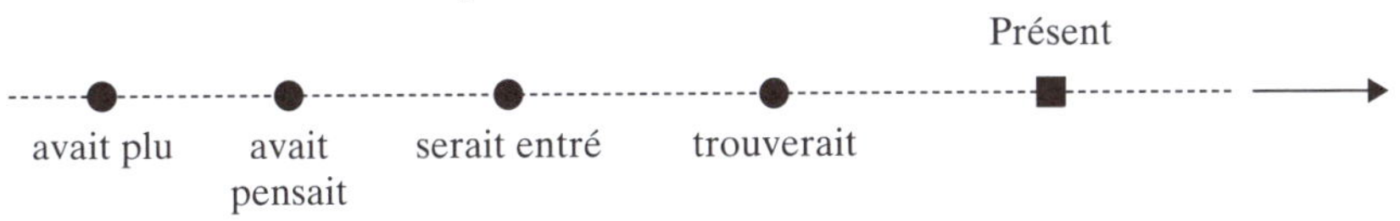

44

LIRE ET ÉCRIRE
Emploi des temps et des modes

EMPLOI DE L'IMPÉRATIF

Rangez vos affaires et sortez.
Rangez et *sortez* sont des verbes à l'impératif.

MODE IMPÉRATIF

3e L'impératif est toujours d'emploi libre. On ne peut l'employer que dans des propositions indépendantes ou principales.

L'IMPÉRATIF POUR EXPRIMER L'ORDRE

6e On emploie l'impératif pour exprimer

– l'ordre ou la défense :

Mettez-vous en rang.

Ne **bougez** plus.

– l'exhortation :

Allons, il faut manger.

Pensez-y, quand vous écrirez.

– le conseil, la recommandation :

Utilisez plutôt une spatule en bois.

Ne **jetez** pas les fanes de radis, elles vous serviront...

– la prière, l'invitation :

Pardonnez-moi de vous déranger.

Asseyez-vous, je vous prie.

3e L'impératif peut encore avoir une valeur ironique de fausse exhortation :

Riez, **riez**, rira bien qui rira le dernier.

L'IMPÉRATIF POUR EXPRIMER LA CONDITION

3e Enfin, l'impératif a souvent une valeur de condition, si le verbe de la proposition avec laquelle il est coordonné ou juxtaposé est au futur.

Donnez, et vous *serez récompensés.*

Semez le vent, vous *récolterez* la tempête.

Cette valeur existe aussi quand l'impératif est opposé à d'autres temps que le futur de l'indicatif :

Chassez le naturel, il *revient* au galop.

INFINITIF

Nous ne pensons pas partir pour l'Italie cette année.
partir est un verbe à l'infinitif.

MODE INFINITIF

Selon son emploi, le verbe à l'infinitif est soit un verbe à part entière, soit une forme intermédiaire entre le verbe et le nom.

INFINITIF, FORME VERBALE

L'infinitif est une forme purement verbale lorsqu'il est centre de proposition. Il n'a pas alors de fonction dans la phrase, et joue le même rôle qu'un verbe conjugué à un mode personnel :

Ne pas **marcher** sur la pelouse. — P. indépendante
Comment **sortir** d'ici ? — P. indépendante

Ne pas **oublier** que les nuits sont froides. — P. principale

Je ne sais **où aller**. — P. interrogative indirecte
J'ai entendu **les oiseaux chanter**. — P. infinitive

INFINITIF, FORME NOMINALE DU VERBE

Dans ses emplois les plus fréquents, l'infinitif joue un double rôle, à la fois de nom et de verbe.

En tant que nom, l'infinitif a une fonction dans la phrase :

Nager est agréable. — Sujet
J'aime **nager**. — COD
L'idée de **nager** me plaît. — Ct du nom

En tant que verbe, l'infinitif donne des fonctions spécifiques à d'autres éléments de la phrase :

Je préfère **nager** dans la mer.
(dans la mer : Ct circ. ; nager dans la mer : COD)

Lancer le disque est difficile.
(le disque : COD ; Lancer le disque : Sujet)

Mon souci était de leur **offrir** mon aide sans les **vexer**.
(leur : COI ; mon aide : COD ; sans les vexer : Ct circ. ; de leur offrir mon aide sans les vexer : Attribut du sujet)

PARTICIPE

Vos amis n'arrivant pas, vous sortirez tout seuls.
arrivant est un verbe au participe présent.

MODE PARTICIPE

3e Selon son emploi, le verbe au participe est soit un verbe à part entière, soit une forme intermédiaire entre le verbe et l'adjectif.

PARTICIPE, FORME VERBALE

3e Le participe est une forme purement verbale lorsqu'il est centre de la proposition participiale :

Le vent ayant soufflé en tempête, tous les arbres sont dépouillés.
P. participiale

PARTICIPE, FORME ADJECTIVE DU VERBE

3e Dans ses emplois les plus fréquents, le participe joue un double rôle, à la fois d'adjectif et de verbe.

En tant qu'adjectif, le participe a une fonction dans la phrase. Il est en apposition, ou épithète :

L'eau, **coulant** sur le sol, y avait creusé de profondes rigoles.
Apposition

Les vaches **regardant** les trains me font toujours rire.
Épithète

En tant que verbe, le participe donne des fonctions spécifiques à d'autres éléments de la phrase :

L'eau, **coulant** sur le sol, y avait creusé de profondes rigoles.
Ct circ.
Apposition

Les vaches **regardant** les trains me font toujours rire.
COD
Épithète

Ne **voyant** pas les enfants sur la plage, elle s'est inquiétée.
COD Ct circ.
Apposition

PARTICIPE, SIMPLE ADJECTIF QUALIFICATIF

Dans de nombreux emplois, le participe a perdu tout rôle de verbe et est devenu un simple adjectif qualificatif.

Le participe passé est alors un **adjectif qualificatif** :

Les toits **couverts** de neige brillaient au soleil.
Ct de l'adjectif
Groupe de l'adjectif

Le participe présent donne naissance à **l'adjectif verbal**, qui, lui, s'accorde en genre et en nombre avec le nom qu'il détermine.

L'adjectif verbal peut également avoir une terminaison différente du participe présent dont il est issu :

Ces journées **fatigantes** l'ont épuisé.

Ces gâteaux sont **excellents**.

FORME RÉDUITE DU PARTICIPE PASSÉ

La forme réduite du participe passé est aussi un élément de la conjugaison du verbe. Élément des temps composés :

Il a **chanté**.
Passé composé

J' avais **ouvert** les yeux.
Plus-que-parfait

Nous serons **partis**.
Futur antérieur

Élément du passif :

Ils étaient **soulevés** par les vagues.
Imparfait passif

Elle a **été élue**.
Passé composé passif

OUVRIR L'ŒIL

Attention, le terme de « participe passé » est employé pour désigner aussi bien la forme réduite en **-é**, **-i**, **-u**... que la forme complète.

GÉRONDIF

Il chantait en travaillant.
en travaillant est un gérondif.

MODE GÉRONDIF

3e Le gérondif est souvent considéré comme un participe présent précédé de la préposition *en*.

Son sujet étant toujours le même que celui du verbe conjugué, le gérondif ne peut jamais être centre de proposition.

Le gérondif joue un double rôle, à la fois de verbe et d'adverbe.

GÉRONDIF, FORME ADVERBIALE DU VERBE

5e **Comme l'adverbe**, le gérondif a une fonction de complément circonstanciel :

Il a déchiré son maillot **en jouant** au football.
Ct circ. de manière

En entrant dans la pièce, il découvrit un désordre inhabituel.
Ct circ. de temps

Vous seriez mieux installé **en prenant** ce fauteuil.
Ct circ. de condition

En tant que verbe, le gérondif donne des fonctions spécifiques à d'autres éléments de la phrase :

Il a déchiré son maillot **en jouant** au football.
COI
Ct circ. de manière

En entrant dans la pièce, il découvrit un désordre inhabituel.
Ct circ. de lieu
Ct circ. de temps

Vous seriez mieux installé **en prenant** ce fauteuil.
COD
Ct circ. de condition

Grammaire

48

GRAMMAIRE
La phrase

PHRASE VERBALE PHRASE NON VERBALE

Le jardinier taille la haie. est une phrase verbale.
Quel artiste ! est une phrase non verbale.

DÉFINITION

6e Ni les moyens grammaticaux ni la ponctuation ne suffisent pour reconnaître une phrase. Seule notre connaissance de la langue permet de dire que :

Dans le jardinier en jardin visite la citrouille avec.

n'est pas une phrase.

La phrase présente, à la fois, une certaine organisation grammaticale à laquelle nous sommes habitués et un sens complet.

Le jardinier fait pousser des citrouilles dans son jardin.

PHRASE VERBALE

6e La phrase verbale est construite autour d'un verbe
– conjugué :

Le jardinier **enlève** les mauvaises herbes.

– à l'infinitif :

Pourquoi **enlever** les mauvaises herbes ?

PHRASE NON VERBALE

6e La phrase non verbale est construite autour d'un autre mot que le verbe, c'est-à-dire un nom (phrase nominale), un adjectif, un adverbe, etc. :

Quel beau jardin !
Ça, un jardin ?

La phrase non verbale peut être
– une phrase présentative :

Voici un nouveau désherbant.

– une phrase exclamative :

Quel travail !

C'est souvent un titre ou un slogan :

Nouvelle attaque du gel dans le Midi.
Plus de pucerons sur vos rosiers.

LES CONSTITUANTS DE LA PHRASE

LES CONSTITUANTS OBLIGATOIRES

La phrase verbale comporte toujours deux groupes obligatoires, le **groupe sujet** et le **groupe verbal** :

Le petit écureuil roux	ramasse une grosse noisette.
G. Sujet	G. Verbal

sauf la phrase impérative :

Regardez l'écureuil.
G. Verbal

Les compléments du verbe ne sont, en principe, ni déplaçables ni supprimables :

Le petit écureuil roux ramasse **une grosse noisette**.

→ ~~Le petit écureuil roux ramasse,~~

→ ~~Une grosse noisette le petit écureuil roux ramasse.~~

*Ces compléments sont parfois appelés compléments **essentiels**.*

LES CONSTITUANTS FACULTATIFS

Déplaçables et supprimables, ces compléments de la phrase sont souvent appelés **compléments circonstanciels** :

Au pied d'un pin	le petit écureuil roux	ramasse une grosse noisette.
Ct de la Phrase	G. Sujet	G. Verbal

La notion de complément circonstanciel fait référence au sens (temps, lieu, etc.). Certains compléments circonstanciels, qui ne sont ni déplaçables ni supprimables, font partie du groupe verbal.

Groupes obligatoires et groupes facultatifs sont les constituants de la phrase verbale. La phrase minimale ne comporte que les éléments grammaticalement nécessaires :

L'écureuil	ramasse une noisette.
G. Sujet	G. Verbal

50

GRAMMAIRE

La phrase

TYPES ET FORMES DE PHRASES

Ne faites donc pas de bruit.

Cette phrase est injonctive impérative (**type**) et négative (**forme**).

LES QUATRE TYPES DE PHRASES

6e Une phrase est nécessairement d'un de ces quatre types

– type déclaratif : Le jardinier taille la haie.

– type interrogatif : Le jardinier taille-t-il la haie ?

– type injonctif impératif : Taillez la haie.

– type exclamatif : Comme il la taille bien !

Ces types, obligatoires, ne peuvent se combiner entre eux : une phrase est *ou* déclarative, *ou* interrogative, *ou* impérative, *ou* exclamative.

LES TROIS FORMES DE PHRASES

6e À ce type unique peuvent s'ajouter une ou plusieurs formes facultatives

– la forme négative : Le jardinier ne taille pas la haie.

– la forme passive : La haie est taillée par le jardinier.

– la forme emphatique : C'est le jardinier qui taille la haie.

Les formes de phrases peuvent donc se combiner entre elles et se combinent toujours avec un seul type obligatoire.

(1) Il a cassé une assiette.

(2) Que voulez-vous ?

(3) Que de temps il vous faut !

(4) Montrez-moi votre livre.

(5) Le car ne sera pas lavé par Jean.

(6) N'est-ce pas toi que j'ai vu hier ?

(7) Lui, il n'aurait pas été interrogé !

(8) Ne faites donc pas de bruit.

	déclarative	interrogative	exclamative	injonctive impérative
	(1)	(2)	(3)	(4)
négative	(5)	(6)	(7)	(8)
passive	(5)		(7)	
emphatique		(6)	(7)	

LES MANIPULATIONS DE LA PHRASE

Elles peuvent entraîner ou non un changement de sens.

Addition, expansion : Le jardinier taille la haie.
→ **En mai**, le jardinier taille la haie **avec soin**.

Suppression, réduction : Ce matin, puisqu'il fait beau, le jardinier taille la haie.
→ Le jardinier taille la haie.

Déplacement : En mai, le jardinier taille la haie avec soin.
→ Le jardinier, **avec soin**, taille la haie **en mai**.

Permutation : Le jardinier invite un ami.
→ **Un ami** invite **le jardinier**.

Commutation : Le jardinier taille la haie.
→ Le jardinier taille **les arbres fruitiers**.

Substitution : Le jardinier taille la haie.
→ **Il** taille la haie.

Transformation : Le jardinier taille la haie.
→ La haie **est taillée par** le jardinier.
(transformation passive)
→ Le jardinier **ne taille pas** la haie.
(transformation négative)
→ **C'est** le jardinier **qui** taille la haie.
(transformation emphatique)

OUVRIR L'OEIL

Les phrases injonctives ne sont pas toutes des phrases impératives. Le verbe noyau de certaines phrases injonctives peut être :

• un verbe au subjonctif, aux personnes qui n'existent pas à l'impératif :
Qu'il (on) taille la haie tous les ans. Qu'ils taillent les rosiers.

• un verbe à l'infinitif : Tailler la haie tous les ans.

L'ordre peut toutefois être exprimé par d'autres types de phrases

• des phrases déclaratives : Tu tailles tout de suite la haie.
Vous éplucherez les carottes, les couperez en rondelles...

• des phrases interrogatives : Veux-tu bien tailler la haie immédiatement ?

• Le point d'exclamation n'est pas réservé aux phrases exclamatives. On peut ainsi le rencontrer dans les phrases injonctives impératives : Viens donc !

51

GRAMMAIRE
La phrase

PHRASE INTERROGATIVE

Avez-vous appris vos leçons ?
Cette phrase est une phrase interrogative.

DÉFINITION

6e La phrase interrogative pose une question. Elle est caractérisée par une intonation particulière à l'oral et un **point d'interrogation** à l'écrit.

Elle peut présenter trois formes différentes, selon le registre de langue.

Inversion :
Avez-vous acheté vos cahiers ?
Les élèves ont-ils acheté leurs cahiers ?

Est-ce que... ? :
Est-ce que les élèves ont acheté leurs cahiers ?

Intonation, ponctuation :
Les élèves ont acheté leurs cahiers ?

INTERROGATION TOTALE

6e L'interrogation est totale si on peut y répondre par *oui, si* ou *non :*

Avez-vous acheté vos cahiers ?	OUI / NON
N'avez-vous pas acheté vos cahiers ?	SI / NON

INTERROGATION PARTIELLE

6e L'interrogation est partielle si on ne peut pas y répondre par *oui*, *si* ou *non* : dans ce cas elle ne porte que sur un élément de la phrase.

Qui a acheté les cahiers ?	**Les élèves** ont acheté...
Qu'ont-ils acheté ?	Ils ont acheté **des cahiers**.
Quand ont-ils acheté leurs cahiers ?	Ils les ont achetés **hier**.
Où les ont-ils achetés ?	Ils les ont achetés **au supermarché**.
Qu'est-ce qu'ils font ?	**Ils achètent leurs cahiers**.

PHRASE INJONCTIVE IMPÉRATIVE

Cesse immédiatement de ranger tes affaires.
Cette phrase est une phrase injonctive impérative.

DÉFINITION

La phrase injonctive impérative exprime
– un ordre, quand elle est affirmative :
Ouvrez la fenêtre.
– une interdiction, quand elle est négative :
N'ouvrez pas la fenêtre.
Quand on veut insister sur l'ordre ou l'interdiction, on peut mettre un point d'exclamation, bien que la phrase ne soit pas exclamative :
Taisez-vous !

VERBE DE LA PHRASE IMPÉRATIVE

Le verbe est au mode impératif. Il ne se conjugue qu'à trois personnes, et son sujet est effacé :
– 2e personne du singulier : Parle plus fort.
– 1re personne du pluriel : Parlons plus fort.
– 2e personne du pluriel : Parlez plus fort.

L'impératif présent est formé sur le radical du subjonctif présent pour les verbes *être (sois, soyons, soyez)*, *avoir (aie, ayons, ayez)*, *savoir (sache, sachons, sachez)* et *vouloir (veuille, veuillons, veuillez*, à côté des formes : *veux, voulons, voulez).*

OUVRIR L'ŒIL

Attention, la terminaison de la 2e personne du singulier est :

-e, à la différence du présent de l'indicatif pour les verbes du 1er groupe et pour les verbes *couvrir, cueillir, offrir, ouvrir, souffrir...*
Entre en silence. Mange du pain. Ouvre la boîte. Offre-lui du feu.

mais **-es**, si l'impératif est immédiatement suivi des pronoms en et y :
Entres-y sans bruit. Manges-en. Offres-en.

-s, comme au présent de l'indicatif, pour les verbes des 2e et 3e groupes :
Prends-en une. Sors le bras. Crois-le. Écris-moi.

Les terminaisons des autres personnes sont **-ons**, **-ez**.
Prenons-en une. Sortons le bras. Croyez-le. Écrivez-moi.

53

GRAMMAIRE
La phrase

PHRASE EXCLAMATIVE

Comme tu as bien joué ce match !
Cette phrase est une phrase exclamative.

DÉFINITION

6e La phrase exclamative exprime un sentiment ou une émotion.

Elle est caractérisée par une intonation particulière à l'oral et un **point d'exclamation** à l'écrit.

Comme c'est beau !
Quel beau spectacle !

LES DIFFÉRENTES CATÉGORIES

6e La phrase exclamative peut être un simple cri, une interjection, une onomatopée, un mot ou un groupe de mots :

Aïe !
Allô !
Coucou !
Toi !
(Une) drôle d'histoire !

La phrase exclamative est souvent une phrase non verbale :

Quelle aventure !
Intéressant, ce roman d'anticipation !

4e La phrase exclamative peut être une phrase verbale. Le verbe est alors

– à l'indicatif :

Combien je l'**ai regretté** !

– au conditionnel :

Le vent l'**aurait fait** tomber !

– au subjonctif :

Que nous **nous laissions** ainsi insulter !

– à l'infinitif :

Vous, **poser** une telle question !

OUVRIR L'OEIL

Attention, on peut trouver le point d'exclamation à la fin d'autres phrases que les phrases exclamatives. Il renforce l'ordre, en particulier, dans certaines phrases injonctives impératives.

Ne bougez donc pas !
Circulez !

PHRASE ACTIVE/PASSIVE

La randonnée sera conduite par un guide.
Cette phrase est une phrase passive.

DÉFINITION

La phrase passive insiste sur le résultat de l'action plus que sur l'action elle-même. Une phrase, qu'elle soit déclarative, interrogative, ou plus rarement, injonctive impérative ou exclamative, peut être aussi passive.

Phrases actives :

Les braconniers exterminent les éléphants.
Les braconniers exterminent-ils les éléphants ?

Phrases passives :

Les éléphants sont exterminés par les braconniers.
Les éléphants sont-ils exterminés par les braconniers ?

TRANSFORMATION PASSIVE

La transformation passive n'est possible que si le verbe, transitif direct, est suivi d'un complément d'objet direct.

À la dixième minute,	un arrière	a marqué	un but.
Ct Circ.	G. Sujet	Vb actif passé composé	COD

À la dixième minute,	un but	a été marqué	par un arrière.
Ct Circ.	G. Sujet	Vb passif passé composé	Ct d'Agent

Phrase active		**Phrase passive**
Verbe à la voix active	devient →	Verbe à la voix passive être au même temps + participe passé
Groupe sujet	devient →	Complément d'agent
Groupe COD	devient →	Groupe sujet
Cts circonstanciels	= restent =	Cts circonstanciels

OUVRIR L'ŒIL

L'auxiliaire *être* peut ne pas être exprimé :

Le but, **marqué par un arrière**, changea le cours de la partie.

Lorsque le sujet de la phrase active est *on*, la phrase passive n'a pas de complément d'agent.

On a marqué un but. → Un but a été marqué.

55

GRAMMAIRE
La phrase

PHRASE AFFIRMATIVE/NÉGATIVE

Le débat ne sera pas animé par ce journaliste.
Cette phrase est une phrase négative.

DÉFINITION

6e Une phrase, qu'elle soit déclarative, interrogative, impérative ou même, parfois, exclamative, peut devenir négative par l'addition d'une locution adverbiale *(ne ... pas, ne ... point, ne ... plus, etc.)*.

Phrases affirmatives :
Vous partirez demain. Partirez-vous demain ? Partez demain.

Phrases négatives :
Vous **ne** partirez **pas** demain. **Ne** partirez-vous **pas** demain ? **Ne** partez **pas** demain.

L'omission de *ne* est caractéristique de l'oral familier.
J'en veux **pas**. C'est **pas** bon. Vous avez **pas** bien cherché.

LA NÉGATION PORTE SUR TOUTE LA PHRASE

6e La négation concerne alors le verbe, noyau de la phrase.
Je **ne** veux **pas** y aller. Vous **n**'avez **pas** bien cherché.

LA NÉGATION PORTE SUR UN SEUL ÉLÉMENT DE LA PHRASE

6e Elle peut, selon le sens, présenter des formes variées.

Affirmation	Négation 1	Négation 2
Il réussit toujours.	Il ne réussit pas toujours.	Il ne réussit jamais.
Il réussit encore.	Il ne réussit pas encore.	Il ne réussit plus.
Il réussit bien.	Il ne réussit pas bien.	Il ne réussit guère.
Il a tout réussi.	Il n'a pas tout réussi.	Il n'a rien réussi.
Il a réussi tous les tests.	Il n'a pas réussi tous les tests.	Il n'a réussi aucun test.
Tous ont réussi.	Tous n'ont pas réussi.	Personne n'a réussi.

5e La restriction est également une forme de négation : elle oppose un élément 1, qui est nié à un élément 2 qui, lui, n'est pas nié.
Il n'a réussi **que** le premier test.
⟶ Il n'a pas réussi tous les tests, mais il a réussi le premier test.
1 2

NÉGATION LEXICALE

Une phrase grammaticalement affirmative peut avoir un sens négatif, grâce à l'emploi de **préfixes**, qui jouent, du point de vue du sens, le même rôle qu'une négation :

Affirmation	Négation grammaticale	Négation lexicale
C'est lisible.	Ce **n'**est **pas** lisible.	C'est **il**lisible.
C'est mangeable.	Ce **n'**est **pas** mangeable.	C'est **im**mangeable.
C'est plaisant.	Ce **n'**est **pas** plaisant.	C'est **dé**plaisant.
C'est conforme.	Ce **n'**est **pas** conforme.	C'est **non** conforme.

Elle peut également prendre un sens négatif grâce à l'emploi de **contraires** :

Affirmation	Négation grammaticale	Négation lexicale
Il réussit beaucoup.	Il **ne** réussit **pas** beaucoup.	Il réussit **peu**.
Il sait.	Il **ne** sait **pas**.	Il **ignore**.
C'est joli.	Ce **n'**est **pas** joli.	C'est **laid**.

DOUBLE NÉGATION

Souvent difficile à comprendre, la double négation équivaut en principe à une affirmation. Mais on n'utilise pas indifféremment les deux structures dans la communication. Comparez :

Vous n'ignorez pas... *et* Vous savez...
Ce n'est pas illisible... *et* C'est lisible...
Je ne veux pas que tu ne manges rien. *et* Je veux que tu manges quelque chose.

Cet emploi de la double négation peut constituer une figure de style, qui consiste à atténuer une affirmation pour mieux la renforcer. C'est la **litote** :

Je ne te hais point. *pour* Je t'aime.

56

GRAMMAIRE
La phrase

PHRASE NEUTRE/EMPHATIQUE

Quant à Cathérine, elle dessine très bien.
Cette phrase est une phrase emphatique.

DÉFINITION

3e La phrase emphatique permet d'insister sur un élément de la phrase. Une phrase, qu'elle soit déclarative, interrogative, impérative, ou exclamative, peut être aussi emphatique.

Phrases neutres :

Vous avez rangé votre chambre.
Avez-vous rangé votre chambre ?
Rangez votre chambre.
Vous avez rangé votre chambre !

Phrases emphatiques :

C'est vous **qui** avez rangé votre chambre.
Votre chambre, l'avez-vous rangée ?
Vous, rangez votre chambre.
Vous, avoir rangé votre chambre !

LA TRANSFORMATION D'EMPHASE

3e L'emphase peut être obtenue par

– l'utilisation d'un présentatif :
C'est la nuit **que** le hibou chasse.

– l'utilisation de *pour*, *quant à*, avec reprise par un pronom :
Quant à l'aigle, **il** chasse le jour.

– la reprise par un pronom personnel :
Ce faucon, il **l'**a dressé **lui-même**.

3e – la modification de l'ordre habituel des mots :
De la caverne surgit un énorme lion.

IDENTIFIER LES FONCTIONS DANS LA PHRASE

LE GROUPE DÉPEND DU NOM (OU DU PRONOM)

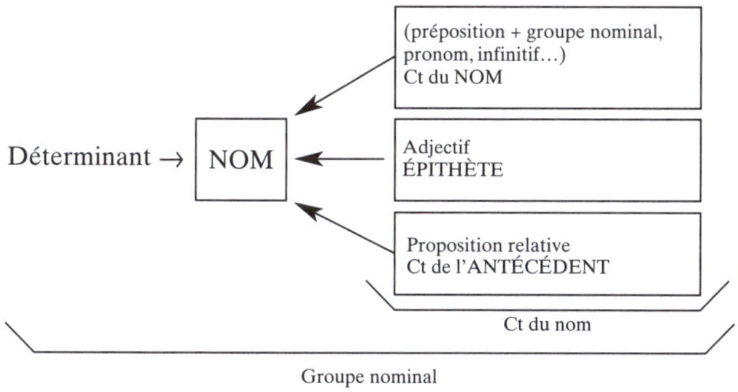

… la nouvelle règle **de ce jeu** qu'on n'avait pas comprise…

… la **nouvelle** règle de ce jeu qu'on n'avait pas comprise…

… la nouvelle règle de ce jeu **qu'on n'avait pas comprise**…

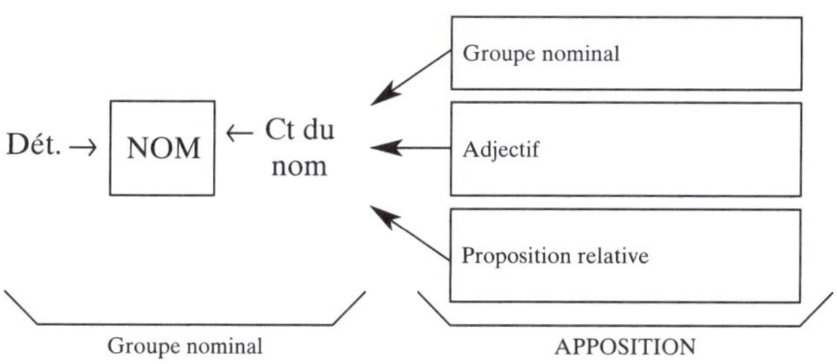

… la nouvelle règle de ce jeu, **un vrai casse-tête**…

La règle de ce jeu, **nouvelle**, n'avait pas été comprise.

La règle de ce jeu, **laquelle était très difficile**, dut être répétée.

LE GROUPE DÉPEND DE L'ADJECTIF (OU DE L'ADVERBE)

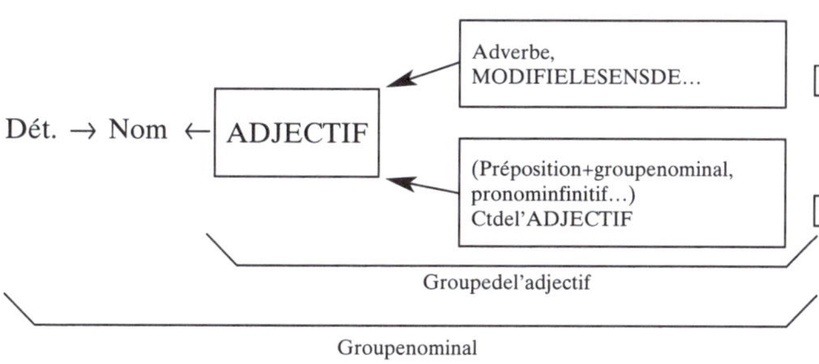

…unerègle **bien** difficileàcomprendre.

…unerèglebien difficile **à comprendre**.

57

GRAMMAIRE
Les fonctions dans la phrase

LE GROUPE DÉPEND DU VERBE

Verbe à la voix active

SI...	ALORS	
Remplaçable par ON, QUI EST-CE QUI... Souvent avant le verbe.	SUJET	Dans la cour **Jean** a expliqué en quelques mots la règle de ce jeu à ses camarades.
Remplaçable par LE, LA , L', LES… Peut devenir sujet de la phrase au passif.	COD	Dans la cour Jean a expliqué en quelques mots **la règle de ce jeu** à ses camarades.
Relation de sens avec le COD par l'intermédiaire d'un verbe transitif. Devient attribut du sujet de la phrase passive.	attribut du COD	Ils ont trouvé *la règle du jeu* **difficile**. (Ils *l'*ont trouvée **difficile**).
Remplaçable par LUI, LEUR... Introduit par une préposition.	COI COS*	Dans la cour Jean a expliqué en quelques mots la règle de ce jeu **à ses camarades**.
QUAND ? OÙ ? COMMENT ? POURQUOI ?...	Ct CIRC.	**Dans la cour** Jean a expliqué **en quelques mots** la règle de ce jeu à ses camarades.

* Le COS d'un verbe dont le sens attribue ou retire quelque chose est appelé **complément d'attribution**.

Verbe à la voix passive

(*être* + participe passé)
Le sujet se reconnaît de la même façon qu'à la voix active.

SI...	ALORS	
Seulement au passif. Devient sujet de la phrase à l'actif. →	Ct d'AGENT	La règle de ce jeu a été expliquée en quelques mots **par Jean** à ses camarades.
Remplaçable par LUI... Introduit par une préposition. →	COI COS	La règle de ce jeu a été expliquée en quelques mots par Jean **à ses camarades**.
QUAND ? OÙ ? COMMENT ? POURQUOI ?... →	Ct CIRC.	La règle de ce jeu a été expliquée **en quelques mots** par Jean à ses camarades.

Dans la phrase passive, il ne peut plus y avoir de COD.

Verbe attributif

être, paraître, devenir, sembler, rester...

Le sujet et les COI/COS se reconnaissent de la même façon que précédemment.

SI...	ALORS	
Relation de sens avec le sujet par l'intermédiaire d'un verbe. →	attribut du sujet	La règle de ce jeu reste **une énigme** malgré les explications.
QUAND ? OÙ ? COMMENT ? POURQUOI ? →	Ct CIRC.	La règle de ce jeu reste une énigme **malgré les explications**.

Il ne peut pas y avoir de COD.

TABLEAU RÉCAPITULATIF

	Fonctions	Constituant de...	Introduit par une préposition	Déplaçable ? Supprimable ?	Remplaçable par...	Verbe de la phrase	Observations	Classe grammaticale
Le journaliste part en reportage. → Qui est-ce qui part en reportage ?	**Sujet**	la phrase	non	non déplaçable, non supprimable	pronoms : *je, tu, il, on, ils* + *qui est-ce qui ?*	tout type de verbe	commande l'accord du verbe	G. Nominal, pronom, infinitif, subordonnée
Le journaliste est **ce gros homme** qui passe pour **très intelligent**.	**Attribut du Sujet**	G. Verbal	non, parfois oui	non déplaçable, non supprimable	adjectif	attributif, remplaçable par *être*	relation de sens avec le sujet par l'intermédiaire du verbe	adjectif, adverbe, G. Nominal, pronom, infinitif, subordonnée
Le journaliste interroge **le témoin**. → *Le témoin* est interrogé par le journaliste	**COD**	G. Verbal	non	non déplaçable. en général, non supprimable.	pronoms : *le, la, les, l'*	transitif direct	devient sujet de la phrase passive	G. Nominal, pronom, infinitif, subordonnée
Tous ont trouvé le reportage **intéressant**. Tous ont trouvé **intéressant** le reportage. → Le reportage a été trouvé *intéressant* par tous.	**Attribut du COD**	G. Verbal	non	déplaçable dans le G. Verbal, non supprimable		transitif direct	relation de sens avec le COD par l'intermédiaire du verbe, devient attribut du sujet de la phrase passive	G. Nominal, adjectif
Le journaliste veille **à publier cette photo**. Le journaliste la sépare **des autres photos**. On a confié l'enquête **au journaliste**.	**COI** **COS** **Attribution**	G. Verbal	oui	en général, non déplaçable. en général, non supprimable.	pronoms : *lui, leur, en, y*	transitif indirect	la préposition est étroitement liée au verbe	G. Nominal, pronom, infinitif, subordonnée
Un témoin est interrogé **par le journaliste**. → Le *journaliste* interroge un témoin.	**Ct d'Agent**	G. Verbal	oui *par, de*	non déplaçable, supprimable		transitif direct au passif	devient sujet de la phrase active	G. Nominal, pronom, subordonnée

	Fonctions	Constituant de...	Introduit par une préposition	Déplaçable ? Supprimable ?	Remplaçable par...	Verbe de la phrase	Observations	Classe grammaticale
Chaque soir, s'il le peut, le journaliste rentre **chez lui, pour dîner**.	**Ct Circons-tanciel**	la phrase parfois du G. Verbal	oui parfois non	déplaçable, supprimable parfois non		tout type de verbe	indique les circonstances de l'action : où ? quand ? comment ? etc.	G. Nominal, pronom, gérondif, infinitif, adverbe, subordonnée
Essoufflé, le journaliste, **un homme un peu gros,** arrive sur les lieux de l'incendie, **qu'un fou semble avoir allumé**.	**Apposition**	la phrase ou du G. Nominal	non	déplaçable, supprimable	adjectif		séparée par une virgule du groupe qu'elle précise ou reprend	G. Nominal, pronom, adjectif, participe présent, subordonnée relative
Monsieur, avez-vous vu quelque chose ?	**Apostrophe**	la phrase	non	déplaçable, supprimable			interpelle l'interlocuteur	G. Nominal, pronom
L'article **du journaliste** occupe la première page **du quotidien**.	**Ct du Nom**	G. Nominal	oui	non déplaçable, supprimable	adjectif		détermine un nom	G. Nominal, pronom, infinitif, adverbe, subordonnée
Un **grave** incendie s'est déclaré dans un quartier **périphérique** de la ville.	**Épithète**	G. Nominal	non	souvent déplaçable dans le G. Nominal, supprimable	P. relative		détermine un nom	Adjectif
L'incendie **qui s'est déclaré** n'a pas fait de victimes.	**Ct de l'Antécé-dent**	G. Nominal	parfois oui	non déplaçable, supprimable	adjectif		détermine un nom	Subordonnée relative
Satisfait **de l'article**, le rédacteur en chef le publiera en première page.	**Ct de l'Adjectif**	Groupe de l'adjectif	oui	non déplaçable, souvent non suppri-mable			détermine un adjectif	G. Nominal, pronom, infinitif, subordonnée

59

GRAMMAIRE

Les fonctions qui dépendent du verbe

SUJET

Un renard a traversé le jardin.
Un renard est sujet du verbe *a traversé.*

DÉFINITION

6e Le groupe sujet est un constituant obligatoire de la phrase, sauf dans la phrase impérative. Il ne peut donc pas être supprimé.
En général, le sujet se place avant le verbe.

[Un merle] siffle sous la fenêtre.
G. Sujet

Il donne au verbe ses marques de personne :

Les merles siffl**ent** sous la fenêtre.
Tu les entendr**as**, demain matin.

COMMENT RECONNAÎTRE LE SUJET ?

6e On peut le remplacer par *on* ou *ils* ou *qui est-ce qui... ?* :

Ils sifflent sous ma fenêtre.
On (Qui est-ce qui) les entendra, demain matin.

On peut le mettre en relief par la tournure *c'est (ce sont)... qui* :

Ce sont les merles **qui** sifflent sous la fenêtre.
C'est toi **qui** les entendras demain matin.

CLASSE GRAMMATICALE DU SUJET

6e Le sujet peut être

– un groupe nominal :		**Un merle** siffle.
– un pronom personnel :		**Il** siffle.
	possessif :	**Le tien** siffle mieux.
	démonstratif :	**Celui-ci** vient du jardin voisin.
	indéfini :	**Quelqu'un** lui a appris à siffler.
	relatif :	Le merle **qui** siffle...
	interrogatif :	**Qui** siffle ?
– un verbe à l'infinitif :		**Siffler** est interdit.
4e – une proposition relative :		**Qui vivra** verra.
– une proposition complétive :		**Qu'il siffle** m'agace.

INVERSION DU SUJET

Interrogation par inversion :

Siffle-**t-il** tous les matins ?

Propositions incises :

« Je t'entends ! » murmura-**t-elle**.

La phrase commence par certains adverbes :

Sans doute est-**il** affamé.

La phrase commence par un complément circonstanciel :

Sous la fenêtre siffle **un merle**.

Dans certaines propositions subordonnées, pour des raisons de rythme :

(Le salon) où s'entassaient **les visiteurs**...

Lorsque tombait **la nuit**...

SUJET GRAMMATICAL ET SUJET RÉEL

Certains pronoms sujets *(il, ce, c')* ne présentent parfois aucune relation de sens avec le verbe : ils ne servent qu'à remplir la fonction grammaticale de sujet. On les appelle alors **sujets grammaticaux** ou, parfois, **sujets apparents**.

Un autre groupe dans la phrase remplit, par le sens, la fonction de sujet.

On l'appelle **sujet réel** ou, parfois, **sujet logique** :

Il est venu **un merle**. (= un merle est venu.)

C'est (c'était) **un merle**. Ce sont (c'étaient) **des merles**.

Il est également possible qu'aucun groupe de la phrase ne remplisse, par le sens, la fonction de sujet :

Il fait froid.

Il pleut.

ATTRIBUT DU SUJET

Ce livre semble passionnant.
passionnant est attribut du sujet *ce livre.*

DÉFINITION

6e L'attribut du sujet présente une étroite relation de sens avec le sujet. Cette relation se fait par l'intermédiaire d'un verbe :

Cet oiseau est noir. (Attribut) Cet oiseau semble un merle. (Attribut)

Il se place ordinairement après le verbe, mais peut parfois être permuté avec le sujet : Noir était l'oiseau.

On ne peut ni le déplacer ni le supprimer et on peut toujours le remplacer par un adjectif.

Il s'accorde en genre et en nombre avec le sujet :

Ces oiseaux sont noirs. Ses plumes sont noires.

Le groupe nominal attribut, cependant, peut ne pas s'accorder :

Cet oiseau est **une mésange**. Les éléphants sont **une espèce menacée**.

CLASSE GRAMMATICALE

L'attribut du sujet peut être

6e	– un adjectif qualificatif :	Cet oiseau est **noir**, il semble **effrayé**.
	– un adverbe :	Ces gens semblent **bien**.
	– un groupe nominal :	Cet oiseau est **un merle**.
	– un pronom possessif :	Cet oiseau est **le mien**.
	personnel :	Étourdi, il **l'**est.
	démonstratif :	Notre merle est **celui-ci**.
	relatif :	L'étourdi **qu'**il est...
	interrogatif :	**Qui** êtes-vous ?
	indéfini :	Il est devenu **quelqu'un**.
4e	– un verbe à l'infinitif :	Chanter n'est pas **siffler**.
	– une proposition relative :	Il n'est pas **qui il paraît**.
	– une proposition complétive :	Ma crainte est **qu'il arrive trop tard**.

LES VERBES QUI L'INTRODUISENT

6e Le verbe *être* et les verbes du même type (appelés aussi **verbes d'état**) *sembler, devenir, paraître, avoir l'air, passer pour...* :

L'arbre **paraît** malade. Elles **avaient l'air** inquiètes.

Des verbes intransitifs, dans certains emplois :

Leurs enfants **sont tombés** malades.

Des verbes transitifs au passif :

La récolte **a été estimée** insuffisante par les agriculteurs.

COMPLÉMENT D'AGENT

Le spectacle a été très applaudi par le public.
par le public est complément d'agent du verbe *a été applaudi.*

DÉFINITION

5e Lors de la transformation passive, le groupe sujet de la phrase active devient complément d'agent. On ne rencontre donc ce type de complément que dans les phrases passives :

Le règlement est accepté par les concurrents.
(par les concurrents : Ct d'Agent)

→ Les concurrents acceptent le règlement.

Le complément d'agent est en général introduit par la préposition *par* :

Le joueur fut sifflé **par tout le public.**

Dans certains cas, il est possible d'utiliser la préposition *de* :

Le joueur est très apprécié **de tout le public.**

COMMENT LE RECONNAÎTRE

5e Pour reconnaître qu'un groupe est complément d'agent, il suffit de mettre la phrase à la forme active. Le complément d'agent devient alors sujet de la phrase active :

Le joueur est très apprécié des spectateurs.
(des spectateurs : Ct d'Agent)

→ Les spectateurs apprécient beaucoup le joueur.
(Les spectateurs : G. sujet)

CLASSE GRAMMATICALE

Le complément d'agent peut être

5e
- un groupe nominal : Le règlement est accepté **par les joueurs**.
- un pronom personnel : Le match a été filmé **par nous**.
  - possessif : Le plus beau but a été marqué **par la nôtre**. *(par notre équipe)*
  - démonstratif : J'ai été bousculé **par celui-ci**.
  - indéfini : Le règlement est contesté **par quelques-uns**.
  - relatif : Le joueur **par qui** il sera suivi...
  - interrogatif : **Par qui** le règlement est-il contesté ?

62

GRAMMAIRE

Les fonctions qui dépendent du verbe

COMPLÉMENT D'OBJET DIRECT DU VERBE (COD)

Un groupe d'enfants a découvert le coupable.
le coupable est COD du verbe *a découvert.*

DÉFINITION

6e Le COD fait partie du groupe verbal : on ne peut, en principe, ni le déplacer ni le supprimer.

Les enfants | ont nourri le merle. COD | G. Verbal

~~Le merle les enfants ont nourri.~~
~~Les enfants ont nourri.~~

Les verbes qui introduisent le COD sont dits **transitifs directs**.

On reconnaît le COD parce qu'il peut être remplacé par les pronoms personnels COD *le, l', la, les* (parfois *en)* :

Les enfants **l'**ont nourri.

Le COD peut également devenir le sujet de la même phrase au passif :

Le merle a été nourri par les enfants.

CLASSE GRAMMATICALE

Le COD peut être

6e – un groupe nominal :	Les enfants ont nourri **le merle**.
4e – un pronom personnel :	Les enfants **le** nourrissent.
possessif :	Connaissez-vous **le sien** ?
démonstratif :	Je préfère **celui-ci**.
indéfini :	Il sait **tout** !
relatif :	L'oiseau **que** je préfère...
interrogatif :	**Qui (que)** préférez-vous ?
– un verbe à l'infinitif :	Je préfère **siffler**.
3e – une proposition complétive :	Je préfère **que vous siffliez**.
– une proposition relative :	J'aime **qui m'aime**.

PLACE DU COD

6e Groupe nominal, le COD se place après le verbe : Vous appellerez **vos amis**.
Pronom personnel, le COD se place avant le verbe : Vous **les** appellerez.

4e sauf à l'impératif forme affirmative : Appelez-**les**. (mais : Ne **les** appelez pas).
La règle reste la même dans le cas d'un verbe conjugué suivi d'un verbe à l'infinitif.
Le pronom COD se place par rapport au verbe dont il dépend :

Je **le** vois venir. Je vais **le** chercher.

ATTRIBUT DU COD

Nathalie a trouvé le film passionnant.
passionnant est attribut du COD *le film.*

DÉFINITION

3e L'attribut du COD présente une étroite relation de sens avec le COD.
Avec le COD, il fait partie du groupe verbal et ne peut être supprimé sans changer radicalement le sens de la phrase :

Les enfants	ont trouvé le merle	amusant.
	COD	Attribut du COD

G. Verbal

L'attribut du COD s'accorde en genre et en nombre avec le COD :
Les enfants ont trouvé les pies **amusantes.**
Pour le différencier de l'adjectif épithète, on peut placer l'attribut du COD avant le COD : Les enfants ont trouvé **amusant** le merle.
Si l'on remplace le COD par un pronom personnel, l'attribut du COD reste seul après le verbe : Les enfants l'ont trouvé **amusant**.
L'attribut du COD devient attribut du sujet à la forme passive :
Le merle a été trouvé **amusant** par les enfants.

CLASSE GRAMMATICALE

3e L'attribut du COD peut être
- un adjectif qualificatif : Les enfants ont trouvé le merle **amusant**.
- un groupe nominal
  le plus souvent sans déterminant : On a nommé Jean **trésorier du club**.
  parfois avec déterminant : Je le crois **un trésorier compétent**.

LES VERBES QUI L'INTRODUISENT

3e L'attribut du COD est toujours introduit par des verbes transitifs directs. Le sens de ces verbes indique le plus souvent une transformation, un jugement, une perception, une désignation, etc.
Certains entraînent une construction directe (sans préposition) :
Ils ont trouvé le merle **amusant**.
D'autres une construction indirecte (avec une préposition) :
On considère les éléphants **comme une espèce menacée**.
Certains verbes pronominaux peuvent introduire un attribut du COD :
Jean se dit **compétent**. (= Jean dit Jean compétent.)

64

GRAMMAIRE

Les fonctions qui dépendent du verbe

COMPLÉMENT D'OBJET INDIRECT DU VERBE (COI)

Le chat appartient à la mère Michel.
à la mère Michel est COI du verbe *appartient.*

DÉFINITION

6e Le COI fait partie du groupe verbal : on ne peut, en principe, ni le déplacer ni le supprimer.

L'arbitrage | incombe à François. (COI) |
G. Verbal

→ ~~L'arbitrage incombe.~~
~~À François, l'arbitrage incombe.~~

Il est le plus souvent introduit par une préposition :

Un joueur s'empare **de la balle**.
Il se déguisera **en pingouin**.

Les verbes qui introduisent le COI sont dits **transitifs indirects**.

COMMENT RECONNAÎTRE LE COI

6e On reconnaît le COI parce qu'il peut être remplacé par les pronoms personnels COI *lui*, *leur* (et pour les groupes nominaux inanimés, *en* et *y*).

L'arbitrage **lui** incombe.
Je pense **à lui**.
J'**y** pense.

Il ne devient pas le sujet de la même phrase au passif, même lorsque la transformation passive est possible.
Il n'exprime pas les circonstances de l'action.

CLASSE GRAMMATICALE

Le COI peut être

6e – un groupe nominal :	Un joueur s'empare **de la balle**.
– un pronom personnel :	Le match **leur** plaît beaucoup. Cela dépend **de toi**.
possessif :	Je me méfie **de la vôtre**.
démonstratif :	Le match précédent différait **de celui-ci**.
indéfini :	Il se doute **de quelque chose**.
relatif :	Le joueur **à qui** il passe la balle.
interrogatif :	**À qui** va-t-il passer la balle ?
– un verbe à l'infinitif :	Le joueur se plaint **d'être fatigué**.
5e – une proposition complétive :	Le joueur se plaint **de ce qu'il est fatigué**.
– une proposition relative :	Le joueur se plaint **à qui veut l'entendre**.

LES DIFFÉRENTES SORTES DE COI

On classe les compléments d'objet indirects en plusieurs catégories.

6e **En fonction de leur construction**

Les verbes transitifs à double construction sont suivis d'un COD et d'un COI. Le COI s'appelle alors **complément d'objet second (COS)** :

Louis apprend le jeu (COD) à ses camarades (COS).

5e **En fonction de leur sens**

Les COI qui suivent des verbes dont le sens attribue ou retire quelque chose sont appelés **compléments d'attribution** :

Jean distribue (prend) une carte à chaque joueur (Ct d'Attribution).

Les compléments d'attribution sont un sous-ensemble des COS, eux-mêmes sous-ensemble des COI :

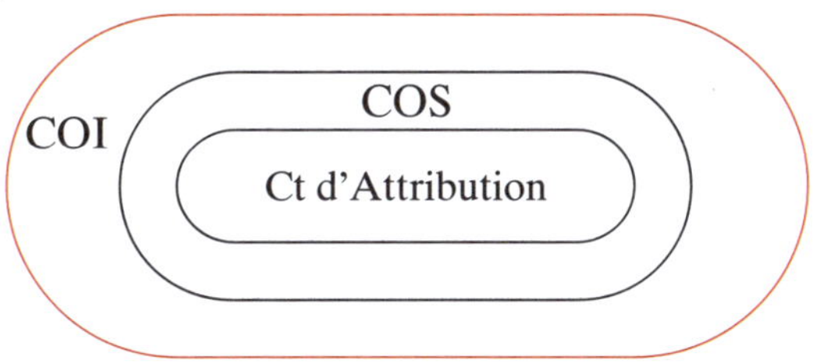

PLACE DU COI

4e La place du COI suit les mêmes règles que la place du COD.

La place du pronom personnel COD par rapport au pronom personnel COI obéit à des règles précises :

– À la 3e personne ⟶ COI après COD

Le vendeur **la** ***lui*** changera. Prends-**le**-***lui***.

– COI (1re ou 2e personne) avant COD

Le vendeur ***vous*** **la** changera. Il ***me*** **la** prend. Ne ***me*** **la** prends pas.
mais : Prends-**la**-***moi.***

– COD (1re ou 2e personne) avant COI

On **vous** ***en*** débarrassera. Personne ne **m'*****y*** obligera.

65

GRAMMAIRE

Les fonctions qui dépendent de la phrase

COMPLÉMENTS CIRCONSTANCIELS

Dans le jardin, les enfants jouent en criant.
Dans le jardin et *en criant* sont des compléments circonstanciels.

DÉFINITION

6e Les compléments circonstanciels expriment les circonstances de l'action, *temps*, *lieu*, *manière*, *cause*, *but*, etc. :

Ce matin (temps), un merle cherchait des vers sur la pelouse (lieu).

5e Ce sont le plus souvent des compléments de la phrase, déplaçables et supprimables :

→ Sur la pelouse, un merle, ce matin, cherchait des vers.
→ Un merle, sur la pelouse, cherchait des vers, ce matin.
→ Un merle cherchait des vers.

Certains d'entre eux, compléments du verbe, ne peuvent toutefois être ni supprimés ni déplacés :

Nous allons à Lyon. → ~~Nous allons. À Lyon nous allons.~~

6e Ils sont le plus souvent introduits par des prépositions variées :

Devant la boucherie, **au milieu du** trottoir, un attroupement s'était formé **autour d'**un enfant perdu.

Certains peuvent toutefois être construits directement :

Le soir, nous rentrons **lentement** à la maison.

On peut reconnaître les compléments circonstanciels en posant les questions auxquelles ils répondent :

- quand ? (temps)
- où ? (lieu)
- comment ? (manière)
- pour quelle raison ? (cause)
- dans quel but ? (but)
- avec quel résultat ? (conséquence)

CLASSE GRAMMATICALE

Le complément circonstanciel peut être

6e	– un groupe nominal :	**Le matin**, je pars **pour le stade**.
	– un pronom personnel :	J'**y** retournerai **avec toi**.
4e	possessif :	Je ne peux jouer **sans la mienne**.
	démonstratif :	Nous avons perdu **à cause de cela**.
	indéfini :	Nous dînerons **chez quelqu'un**.
	relatif :	Le stade **sur lequel** nous jouons...

6e – un adverbe :	**Hier**, nous nous sommes **longuement** entraînés.
4e – un adverbe interrogatif :	**Où** jouez-vous ? **Comment** vous y rendrez-vous ?
6e – un verbe à l'infinitif :	**Avant de partir**, je te téléphonerai.
au gérondif :	Il s'est blessé **en jouant**.
3e – une proposition circonstancielle :	**Quand il pleut**, nous ne sortons pas. **Comme il pleut**, nous ne sortons pas. **S'il pleut**, nous ne sortons pas.
– une proposition relative :	Je dîne **chez qui je veux**.

LES DIFFÉRENTS COMPLÉMENTS CIRCONSTANCIELS

Sens	Prépositions	Exemples
5e Lieu	dans, sous, sur, devant, à, derrière, chez...	**Dans** *les quartiers voisins*, les antennes étaient encore **sur** *les toits.*
Temps	avant, après, pendant, dès, depuis, jusqu'à, à, en...	**Depuis** *quelques jours*, les pannes étaient nombreuses *le soir.*
Manière Moyen	avec, par, en, de, sans, à... avec, à l'aide de, au moyen de...	Ils écoutaient *patiemment*, **en** *hochant la tête,* **avec** *perplexité.* Ils notaient certains détails **à l'aide d'***un crayon rouge.*
Accompagnement	avec, sans, en compagnie de...	Le commissaire arriva **avec** *des inspecteurs en civil.*
4e Cause	à cause de, par, en raison de, étant donné, à, de...	On ne pouvait plus circuler **à cause des** *embouteillages.*
Conséquence	de façon à, de manière à, au point de, à, pour...	Il y avait des embouteillages **au point de** *ne pouvoir circuler.*
But	pour, en vue de, de crainte de, de peur de, afin de...	Tous les moyens étaient utilisés **pour** *résoudre le mystère.*
Condition	à condition de, en cas de, avec, sans, à moins de...	**En cas d'***échec de l'enquête*, la colère gronderait.
Opposition Concession	malgré, en dépit de, sans, excepté, au lieu de...	**En dépit de** *leur habileté*, les coupables furent pourtant arrêtés.
Comparaison	à la façon de, à la manière de, selon, suivant...	**À la façon de** *héros de cinéma*, ils s'étaient servis d'une montgolfière.

66

GRAMMAIRE

Les fonctions qui dépendent du nom

COMPLÉMENT DU NOM

Les nuits de mars ont été pluvieuses.
de mars est complément du nom *nuits.*

DÉFINITION

5e Le complément du nom est une expansion du nom. Il est donc, en principe, toujours supprimable :

Un arbre occupait le centre de la clairière.
(de la clairière : Ct du Nom ; le centre de la clairière : G. Nominal)

En français, le complément du nom se place toujours après le nom, sauf pour certains pronoms :

Un arbre **en** occupait le centre.
Voilà l'armoire **dont** j'ai perdu la clé.

Le complément du nom se construit le plus souvent à l'aide d'une préposition. Il peut être précédé ou non d'un déterminant :

la clé **de l'armoire** – une clé **d'armoire**

Le sens du complément varie en fonction de la préposition :

une tasse **de thé** ≠ une tasse **à thé**

Une même préposition peut avoir deux sens différents :

le train **de Paris** = le train
- qui va à Paris
- qui vient de Paris

CLASSE GRAMMATICALE

Le complément du nom peut être

6e	– un groupe nominal :	J'ai perdu la clé **de l'armoire**.
4e	– un pronom personnel :	**J'en** ai perdu la clé.
	possessif :	La clé **de la mienne** est rouillée.
	démonstratif :	La clé **de celle-ci** est neuve.
	interrogatif :	**De quoi** avez-vous perdu la clé ?
	relatif :	L'armoire **dont** j'ai perdu la clé...
	indéfini :	La clé **de chacun** est dans la boîte.
6e	– un verbe à l'infinitif :	Une envie **de fuir** le saisit.
3e	– un adverbe :	Nous préparons la sortie **de demain**.
	– une proposition complétive :	L'idée **qu'il parte** me chagrine.

ADJECTIF ÉPITHÈTE

Un grand château silencieux se dressait devant nous.
grand et *silencieux* sont des adjectifs épithètes du nom *château.*

DÉFINITION

6e Lorsque le complément du nom est un adjectif, on ne l'appelle pas complément du nom mais **épithète** :

Un gros chat noir dormait près du feu.
gros : Épithète — noir : Épithète
Un gros chat noir : G. Nominal

L'adjectif épithète est une expansion du nom. Il est donc, en principe, toujours supprimable :

→ Un chat dormait près du feu.

PLACE DE L'ADJECTIF ÉPITHÈTE

6e La place de l'adjectif épithète, libre en français, est déterminée par l'usage.

Il est toutefois souvent placé **après** le nom :

une armoire **normande** – de l'eau **froide** – une rue **étroite**
un spectacle **étrange**/un **étrange** spectacle

Se placent toujours **après** le nom

– les adjectifs issus d'un participe passé :
du café **moulu** – un lit **défait**

– les adjectifs de relation, ne pouvant être précédés de *plus* ou de *moins* :
un fil **électrique** – le pain **quotidien** – une réforme **agraire**

– les adjectifs de couleur, forme, religion... :
un vase **bleu** – une table **ronde** – un temple **protestant**

– les adjectifs suivis d'un complément :
un spectacle **étrange** *à regarder*

Certains adjectifs courts, très courants, se placent de préférence **avant** le nom :
un **gros** chagrin – un **vieux** tableau – un **petit** sac – un **beau** livre

Pour certains adjectifs, la place peut jouer un rôle du point de vue du sens de la phrase :

un **gros** industriel ≠ un industriel **gros**
une **curieuse** personne ≠ une personne **curieuse**

68

GRAMMAIRE
Les fonctions qui dépendent du nom

COMPLÉMENT DE L'ANTÉCÉDENT

Il a récité une fable qui était très drôle.
qui était très drôle est complément de l'antécédent *fable.*

DÉFINITION

5e Lorsque le complément du nom est une proposition relative, on l'appelle aussi **complément de l'antécédent** :

Avez-vous vu l'homme **qui courait au milieu de la chaussée** ?
Ct de l'antécédent
Groupe nominal

La proposition relative complément de l'antécédent est une expansion du nom. Elle est donc, en principe, toujours supprimable :

→ Avez-vous vu l'homme ?

OUVRIR L'ŒIL

Ne pas confondre la fonction de la proposition relative et la fonction du pronom relatif.

La proposition relative fait partie d'un groupe nominal, elle est complément de l'antécédent :

L'endroit **où je vais** est très beau.
Ct de l'Antécédent

Lis-moi le mot **que tu as écrit**.
Ct de l'Antécédent

Le pronom relatif est un pronom, et il peut occuper, dans la proposition relative, toutes les fonctions du pronom :

Avez-vous vu l'homme **qui** courait au milieu de la chaussée ?
Sujet

L'endroit **où** je vais est très beau.
Ct Circ.

Lis-moi le mot **que** tu as écrit.
COD

Dans ces trois exemples, la proposition relative, elle, reste complément de l'antécédent.

APPOSITION

L'enfant, un élève de 6e, regagna sa classe.
un élève de 6e est apposé au groupe nominal *l'enfant*.

DÉFINITION

3e L'apposition est une expansion du groupe nominal d'un genre particulier : elle est séparée du groupe nominal, ou du pronom, par une pause à l'oral, une virgule à l'écrit. C'est plus une construction qu'une fonction :

Hargneux, leur chien, un infâme petit roquet blanc, se mit à aboyer.
Apposition — Apposition

Comme le complément de la phrase, l'apposition est supprimable et déplaçable dans la phrase :

→ Leur chien se mit à aboyer.
→ **Infâme petit roquet blanc**, leur chien se mit à aboyer, **hargneux**.

L'apposition présente un rapport étroit de sens avec le groupe nominal, avec lequel elle s'accorde :

Inquiètes, les petites filles... → Les petites filles sont inquiètes.
Marie, **ma sœur**... → Marie est (=) ma sœur.

CLASSE GRAMMATICALE

3e L'apposition peut être

– un groupe nominal :	Le chien, **un petit roquet blanc**, aboya.
– un pronom personnel :	**Lui**, il n'a pas aboyé.
possessif :	Un gros chien, **le mien**, aboya.
démonstratif :	Un gros chien, **celui-ci**, aboya.
indéfini :	Les chiens, **tous**, aboyèrent.
– un adjectif qualificatif :	**Inquiet**, le chien aboya.
– un participe passé :	**Effrayé par le bruit**, le chien aboya.
présent :	**Dressant les oreilles**, le chien aboya.
– une proposition relative :	Le chien, **qui dormait**, sursauta.

Certains grammairiens ne reconnaissent la fonction d'apposition que pour le groupe nominal et le pronom. Les adjectifs, participes et propositions relatives, gardant leur fonction d'épithète ou de complément de l'antécédent, sont alors dits « en position détachée ».

OUVRIR L'ŒIL

Ne confondez pas apposition et complément du nom.
Il existe des appositions introduites par :

Le village **de Baoukourou** → le village = Baoukourou *(Apposition)*.
Les chasseurs **de Baoukourou** → les chasseurs ≠ Baoukourou *(Ct du Nom)*.

Il existe des compléments du nom construits sans préposition :

un compartiment fumeurs = un compartiment **pour** fumeurs.

70

GRAMMAIRE

Les fonctions qui dépendent de l'adjectif

COMPLÉMENT DE L'ADJECTIF

Content de son cadeau, Pierre souriait.

de son cadeau est complément de l'adjectif *content.*

DÉFINITION

3e Expansion de l'adjectif qualificatif, le complément de l'adjectif constitue avec ce dernier le groupe de l'adjectif :

Les lèvres de l'enfant étaient bleues **de froid**.

Ct de l'Adj. (de froid) — G. de l'Adj. (bleues de froid)

Le complément de l'adjectif modifie souvent le sens de l'adjectif. Dans ce cas, il est impossible de le supprimer sans modifier radicalement le sens de la phrase :

Ces champignons sont bons à jeter. ≠ Ces champignons sont bons.
Il secoua son manteau gris de poussière. ≠ Il secoua son manteau gris.
Une terre riche en pierres est pauvre. ≠ ~~Une terre riche est pauvre.~~

CLASSE GRAMMATICALE

3e Le complément de l'adjectif peut être

– un groupe nominal :	Satisfait **de sa réponse**, il sourit.
– un pronom personnel :	Satisfait **de lui**, il sourit. **J'en** suis satisfait.
possessif :	Satisfait **de la sienne**, il remercia son père.
démonstratif :	Je ne suis pas satisfait **de celle-ci**.
interrogatif :	**De quoi** êtes-vous satisfait ?
relatif :	Il donna une réponse **dont** il fut très satisfait.
indéfini :	Satisfait **de tout**, il était heureux.
– un verbe à l'infinitif :	Satisfait **de partir**, il prépara sa valise.
– une proposition complétive :	Satisfait **qu'on le regarde**, il sourit.

LES DIFFÉRENTS COMPLÉMENTS DE L'ADJECTIF

3e Lorsque l'adjectif est au comparatif, le complément de l'adjectif s'appelle complément du comparatif :

Jean est plus grand **que Pierre**. Il est plus gentil **que patient**.

Lorsque l'adjectif est au superlatif, le complément de l'adjectif s'appelle complément du superlatif :

Jean est le plus grand **de la classe**.

On dit que l'adverbe modifie le sens de l'adjectif :

Jean est **très** grand.

ANALYSE EN PROPOSITIONS

LA PHRASE SIMPLE

L'avion traîne une banderole dans le ciel.
Proposition indépendante

JUXTAPOSITION ET COORDINATION

Juxtaposition	L'avion traîne une banderole Proposition indépendante	,	il vole à basse altitude. P. indépendante juxtaposée
Coordination	L'avion traîne une banderole Propo sition indépendante	et donc	il vole à basse altitude. P. indépendante coordonnée
Propositions elliptiques	L'avion traîne une banderole Proposition indépendante	, et	vole à basse altitude. P. ind. elliptique du sujet
	Certains ont reconnu la banderole Proposition indépendante	, et	d'autres l'avion. P. indépendante elliptique du verbe

SUBORDINATION

Subordonnée relative	L'avion traîne une banderole, Proposition principale	qui vante une boisson gazeuse. Proposition subordonnée relative
p. indépendante correspondante	L'avion traîne une banderole publicitaire. Épithète	
Subordonnée complétive	Le pilote demande Proposition principale	qu' on dégage la piste. P. subordonnée complétive COD
p. indépendante correspondante	Le pilote demande le dégagement de la piste. G. nominal COD	
Subordonnée circonstancielle	Dès que le soleil se lèvera P. sub. circonstancielle de temps	l'avion pourra décoller. Proposition principale
p. indépendante correspondante	Dès le lever du soleil, l'avion pourra décoller. GN. Ct Circ. de temps	
Proposition infinitive	J' ai vu P. principale	l'avion atterrir. P. infinitive
Proposition participiale	La piste ayant été dégagée, Proposition parti cipiale	l'avion atterrit. P. principale

PROPOSITIONS

Laurence offrit un croissant à son frère, mais il le refusa.
Cette phrase comporte deux propositions.

DÉFINITION

6e La proposition est une unité grammaticale qui a pour noyau un verbe, le plus souvent conjugué.

Dans une phrase, il y a donc, en général, autant de propositions que de verbes conjugués :

Quand la cigale **arriva** chez la fourmi, / elle lui **dit** / qu'elle n'**avait** plus de provisions.

Il existe toutefois des propositions dont le verbe est à l'infinitif ou au participe :

S'essuyer les pieds avant d'entrer.

La cigale **ayant chanté** tout l'été, / elle n'**avait** pas de provisions pour l'hiver.

Les phrases non verbales, bien que n'étant pas construites autour d'un verbe, sont pourtant des propositions, indépendantes ou principales.

Quelle fable cruelle ! **Enfin une fable** que je ne connaissais pas !

PHRASE SIMPLE / PHRASE COMPLEXE

6e La phrase simple comporte un seul verbe conjugué. C'est une proposition indépendante :

La fourmi **refusa** d'écouter la cigale.

La phrase complexe comporte plusieurs verbes conjugués, donc plusieurs propositions :

La cigale **alla** chez la fourmi / et lui **demanda** de l'aide, / parce qu'elle **avait** faim.

JUXTAPOSITION, COORDINATION, SUBORDINATION

5e Dans la phrase complexe, les propositions peuvent être

– juxtaposées : [–] , [–]

La cigale **frappa** à la porte**,** la fourmi lui **ouvrit**.

– coordonnées : [–] ← Conjonction de coordination **mais, ou, et, donc, or, ni, car...** → [–]

La cigale **demanda** de la nourriture ***mais*** la fourmi **refusa** de lui en donner.

– subordonnées : [–] ← **qui, que, dont, où...** Pronom relatif ou Conj. de Sub. **que, avant que, bien que, quand** — [–]

Quand l'hiver **arriva**, la cigale, ***qui*** n'**avait** pas de provisions, **eut** faim.

PROPOSITION INDÉPENDANTE

Le héros a triomphé des méchants.
Cette phrase est une proposition indépendante.

DÉFINITION

5e La proposition indépendante est une proposition qui ne dépend d'aucune autre proposition, et dont aucune autre proposition ne dépend.
La proposition indépendante peut à elle seule former une phrase, la phrase simple :

Un homme s'**arrêta** devant la boutique.

5e Certaines propositions indépendantes peuvent être construites autour d'un verbe à l'infinitif :

Comment **entrer** dans cette boutique ?

Certaines propositions indépendantes ne sont pas construites autour d'un verbe et sont donc des phrases non verbales :

Une étrange boutique, ce petit cagibi !

PLUSIEURS PROPOSITIONS INDÉPENDANTES

5e Une phrase peut comporter plusieurs propositions indépendantes

– juxtaposées : L'homme **entra**, il **s'approcha** du comptoir.

– coordonnées : L'homme **entra** ***et*** il **s'approcha** du comptoir.

– juxtaposées et coordonnées :

L'homme **entra**, il **s'approcha** du comptoir et il **tendit** une lettre.

Indépendantes juxtaposées : « L'homme entra, il s'approcha du comptoir »

Indépendantes coordonnées : « il s'approcha du comptoir et il tendit une lettre »

4e Si les propositions indépendantes ont le même sujet, ce sujet peut ne pas être répété. Les propositions sont alors **elliptiques du sujet** :

L'homme **entra**, / **s'approcha** du comptoir / et **tendit** une lettre à l'employé.

(= L'homme entra, *l'homme* s'approcha du comptoir et *l'homme* tendit une lettre à l'employé.)

Si les propositions indépendantes ont le même verbe, ce verbe peut ne pas être répété. Les propositions sont alors **elliptiques du verbe** :

Jean **portait** le sac, / Louis la valise / et Pierre les cartons.

(= Jean portait le sac, Louis *portait* la valise et Pierre *portait* les cartons.)

PROPOSITION PRINCIPALE

La radio, qui n'avait plus de piles, s'arrêta.
La radio s'arrêta est la proposition principale.

DÉFINITION

5e La proposition principale est la proposition centrale qui ne dépend d'aucune proposition et à laquelle se rattachent les autres propositions :

Quand la cigale arriva chez la fourmi, **elle lui dit** qu'elle n'avait plus de provisions.

4e Certaines propositions principales peuvent être construites autour d'un verbe à l'infinitif :

Répondre aux questions qui suivent le texte.

Certaines propositions principales peuvent être des phrases nominales, et ne pas être construites autour d'un verbe :

Voici le texte dont je vous avais parlé.

PLUSIEURS PROPOSITIONS PRINCIPALES

5e Une phrase peut comporter plusieurs propositions principales
– juxtaposées : Quand il fait froid, **je reste près du feu, je lis**.
– coordonnées : S'il pleut, **je mets des bottes** et **je vais me promener**.

4e Les propositions principales, comme les propositions indépendantes, peuvent être elliptiques
– du sujet : S'il pleut, **il met des bottes** et **va se promener**.
– du verbe : Quand nous partirons, **Jean portera le sac, Louis la valise**.

PROPOSITION INCISE

4e Certaines phrases, enclavées dans les dialogues, ne peuvent avoir d'existence indépendante. On les appelle propositions incises :

– Ce tronc, **répondit le bûcheron**, est bien épais.
(Le bûcheron répondit : « Ce tronc est bien épais. »)

La proposition incise, malgré sa place, et l'inversion du sujet qui la caractérise, est le plus souvent une phrase simple, et donc une proposition indépendante. Elle peut cependant être une phrase complexe, avec une proposition principale, et des propositions subordonnées dépendant de cette principale :

– Ce tronc, ***répondit*** *quand on l'interrogea* ***le bûcheron*** *qu'on avait fait venir,* sera difficile à scier.

PROPOSITIONS SUBORDONNÉES

La radio, quand elle n'a plus de piles, s'arrête.
quand elle n'a plus de piles est une proposition subordonnée.

DÉFINITION

La proposition subordonnée dépend d'une autre proposition et ne peut exister seule :

Quand la cigale arriva chez la fourmi, elle lui dit **qu'elle n'avait plus de provisions**.

La proposition subordonnée dépend habituellement d'une proposition principale :

La cigale attend (P. Principale) ← **que la fourmi lui ouvre la porte**. (P. Subordonnée)

Mais elle peut aussi dépendre d'une autre proposition elle-même subordonnée :

La cigale promit (P. Principale) ← qu'elle rembourserait la fourmi (P. Subordonnée) ← dès qu'elle le pourrait. (P. Subordonnée)

Certaines propositions subordonnées peuvent être construites autour d'un verbe à l'infinitif :

La cigale sait **comment trouver de la nourriture**.
La cigale connaît un endroit **où trouver de la nourriture**.

LES TYPES DE PROPOSITIONS SUBORDONNÉES

Il y a trois sortes de propositions subordonnées : les relatives, les complétives et les circonstancielles.

La proposition subordonnée complétive et la proposition subordonnée circonstancielle, toutes deux introduites par une conjonction de subordination, sont pour cette raison parfois regroupées sous le nom de ***subordonnées conjonctives****.*

Plusieurs propositions subordonnées de même fonction peuvent être
- juxtaposées : La cigale, **qui avait faim, qui n'avait pas de provisions**, alla mendier chez la fourmi sa voisine.
- coordonnées : **S'il fait beau** et **si je n'ai pas trop de travail**, je sortirai.

La deuxième proposition peut également être elliptique :

L'enfant, **qui avait mangé son pain** et **bu son lait**...
(L'enfant, qui avait mangé son pain et *qui avait* bu son lait...)

76

GRAMMAIRE

La phrase complexe

PROPOSITION SUBORDONNÉE RELATIVE

L'animal que nous préférons est le chien.

que nous préférons est une proposition subordonnée relative.

DÉFINITION

5e La proposition subordonnée relative fait le plus souvent partie d'un groupe nominal :

Le chasseur a vu un cerf **qui boitait**.

GN → Dét. + N. + P. relative

Comme l'adjectif épithète et le complément du nom, c'est une expansion du nom :

Le chasseur a vu le cerf **boiteux**
à la patte blessée
qui boitait.

Elle peut être supprimée, mais non déplacée : Le chasseur a vu un cerf.

La proposition relative est introduite par un pronom relatif :

Le cerf **qui** boitait...
qu'il a vu...
dont il a pris une photographie...
auquel il a donné du pain...

FONCTIONS DE LA PROPOSITION RELATIVE

5e La proposition relative joue le plus souvent le même rôle qu'un adjectif épithète *(relative déterminative)*, elle est alors complément de l'antécédent :

Il a vu un cerf **boiteux**. (Épithète) Il a vu un cerf **qui boitait**. (Ct de l'Antécédent)

4e Certaines propositions relatives jouent le même rôle qu'un adjectif apposé à valeur circonstancielle *(relatives appositives* ou *explicatives)*.

Elles sont alors mises en apposition au groupe nominal ou au pronom :

Le cerf, **qui boitait**, ne put échapper au chasseur. *(= parce qu'il boitait)*
Apposition

Les propositions relatives introduites par des pronoms relatifs sans antécédent jouent le même rôle qu'un groupe nominal et peuvent en avoir toutes les fonctions :

Qui dort dîne. (Sujet) J'aime **qui m'aime**. (COD) Je le dirai **à qui je veux**. (COI)

MODE DU VERBE DANS LA RELATIVE

6e Le verbe de la relative est habituellement à l'indicatif :

Je cherche une maison qui **a** des volets verts.
(Je sais qu'elle en a.)

4e On peut cependant, pour des raisons de sens, mettre le verbe de la relative

– au subjonctif :

Je cherche une maison qui **ait** des volets verts.
(Je souhaite qu'elle en ait.)

– au conditionnel :

Je cherche une maison qui **aurait** des volets verts.
(D'après ce qu'on m'a dit, je n'en suis pas sûr.)

– à l'infinitif, avec certains pronoms relatifs :

Je cherche une maison où **dormir**.

OUVRIR L'ŒIL

Ne confondez pas la proposition subordonnée relative introduite par *que* avec la proposition subordonnée complétive.

La conjonction de subordination qui introduit la complétive n'a, contrairement au pronom relatif, ni antécédent ni fonction dans la subordonnée :

Il a mangé le pain **que** j'ai acheté.
COD (*= le pain*) → P. relative

Il veut **que** j'achète le pain.
COD ← P. complétive

77

GRAMMAIRE

La phrase complexe

PROPOSITION SUBORDONNÉE COMPLÉTIVE

J'espère qu'il va réussir son examen.

qu'il va réussir son examen est une proposition subordonnée complétive.

DÉFINITION

5e La proposition subordonnée complétive fait le plus souvent partie d'un groupe verbal :

L'avion attend qu'on lui donne l'autorisation d'atterrir.

GV → V + Proposition complétive

Elle ne peut donc pas, en principe, être supprimée, et ne peut jamais être déplacée.

Elle est introduite par la conjonction de subordination *que* (ou *à ce que, de ce que*), d'où son autre nom de proposition subordonnée conjonctive :

On attend **que l'avion atterrisse**.

On s'attend **à ce que l'avion atterrisse**.

FONCTIONS DE LA PROPOSITION COMPLÉTIVE

5e La complétive joue le plus souvent le même rôle qu'un groupe nominal COD ou COI. Elle a donc les mêmes fonctions :

On attend **l'atterrissage de l'avion**. (COD) → On attend **que l'avion atterrisse**. (Complétive COD)

On s'attend **à l'atterrissage**... (COI) → On s'attend **à ce que l'avion atterrisse**. (Complétive COI)

3e Certaines complétives peuvent avoir les autres fonctions du groupe nominal :

Qu'il atterrisse ici m'étonne.
Sujet

L'idée **qu'il atterrisse ici** me surprend.
Ct du Nom

Inquiets **que l'avion atterrisse là**, les spectateurs s'écartèrent.
Ct de l'Adjectif

La solution serait **qu'il atterrisse maintenant**.
Attribut du sujet

MODE DU VERBE DANS LA COMPLÉTIVE

Le mode du verbe dans la proposition subordonnée complétive dépend du verbe qui l'introduit. En fonction du sens de ce dernier, mais aussi de l'usage, le verbe de la complétive sera à l'indicatif ou au subjonctif.

Indicatif (ou, selon le sens, conditionnel), quand le verbe qui l'introduit est un verbe de déclaration, d'opinion ou de perception :

On *dit* (on *croit,* on *pense,* on *sait*) que l'avion **atterrira** bientôt.

On *prétend* qu'un avion **aurait atterri** à cet endroit.

Subjonctif, quand le verbe qui l'introduit exprime l'ordre, la défense, l'attente, la crainte, le doute ou le sentiment :

On *veut* (on *souhaite,* on *attend,* on *craint*) que l'avion **atterrisse**.

Indicatif ou **subjonctif**, selon le choix de celui qui parle ou qui écrit, lorsque les verbes de déclaration, d'opinion ou de perception sont dans une proposition principale interrogative ou négative :

Penses-tu < qu'il **atterrira** ici ? / qu'il **atterrisse** ici ?

Je ne *pense* pas < qu'il **atterrira** ici. / qu'il **atterrisse** ici.

OUVRIR L'ŒIL

Ne pas confondre la conjonction de subordination *que*, mot de liaison, avec la conjonction de subordination qui introduit l'injonction dans des propositions indépendantes ou principales au subjonctif :

Qu'il vienne immédiatement. **Qu'ils osent dire** que je ne les ai pas prévenus.

Ne pas confondre la conjonction de subordination *que,* mot de liaison, avec l'adverbe *que,* qui introduit l'exclamation dans des propositions indépendantes ou principales :

Que c'est intéressant ! **Que cette personne** qui tousse **m'énerve** !

ou avec l'adverbe *que,* qui marque la restriction dans des phrases négatives :

Cet enfant n'a **que** trois ans. **Il ne sort que** quand on l'y oblige.

Ne pas confondre la conjonction de subordination *que* avec le pronom relatif COD :

Il croit <u>**que je lui raconte des histoires**</u>.
P. complétive

Il a cru l'histoire <u>**que je lui ai racontée**</u>.
P. relative

78

GRAMMAIRE

La phrase complexe

PROPOSITION SUBORDONNÉE CIRCONSTANCIELLE

DÉFINITION

4e La proposition subordonnée circonstancielle, à de rares exceptions près, est un constituant de la phrase :

Le chasseur s'est caché **quand il a vu le cerf.**

P → GS + GV + ← P. circonstancielle

Elle est, le plus souvent, déplaçable et supprimable :

⟶ **Quand il a vu le cerf**, le chasseur s'est caché.

⟶ Le chasseur s'est caché.

La proposition circonstancielle est introduite par des conjonctions de subordination variées, en fonction du sens :

Le chasseur s'est caché **quand il a vu le cerf.**
parce qu'il craignait de l'effrayer.
pour que l'animal ne le voie pas.

3e Lorsque plusieurs subordonnées circonstancielles de même sens sont juxtaposées ou coordonnées, la conjonction est souvent reprise par *que* :

J'arrose les plantes **quand** le soir tombe et **qu**'il fait sec (= **quand** *il fait sec).*

FONCTION DE LA PROPOSITION CIRCONSTANCIELLE

4e La proposition subordonnée circonstancielle, comme son nom l'indique, joue le même rôle qu'un groupe nominal complément circonstanciel.

On l'analyse donc de la même manière :

J'arrose les plantes **quand le soir tombe.**
Ct circ. de temps
parce qu'il fait sec.
Ct circ. de cause
pour qu'elles ne meurent pas.
Ct circ. de but
si bien qu'elles sont superbes.
Ct circ. de conséquence
s'il ne pleut pas.
Ct circ. de condition
bien que le temps soit pluvieux.
Ct circ. d'opposition
comme le ferait un jardinier.
Ct circ. de comparaison

Comme les champs sont humides, je mets des bottes en caoutchouc quand je sors me promener.

Comme les champs sont humides et *quand je sors me promener* sont des propositions subordonnées circonstancielles.

MODE DU VERBE

Le mode du verbe de la proposition subordonnée circonstancielle dépend de la conjonction de subordination qui l'introduit.

Proposition principale : Les enfants cherchent les messages secrets...

Sens	Mode	Conj. de subordination	P. Sub. circonstancielles
Temps	Indicatif	quand, lorsque, comme, après que[1], dès que...	**quand** ils **sont** en vacances. **après qu'**ils **ont déjeuné**.
	Subjonctif	avant que, jusqu'à ce que, en attendant que...	**avant qu'**il (ne) **pleuve**. **jusqu'à ce qu'**il **fasse** nuit.
Cause	Indicatif	parce que, comme, sous prétexte que, puisque, non parce que...	**puisque/comme** ils sont en vacances. **non parce qu'**il y en a...
Fausse cause niée	Subjonctif	non que...	**non qu'**ils en **aient** envie...
Conséquence	Indicatif	si bien que, de sorte que, tant que, si — que...	**si bien qu'**ils **trouveront** le trésor.
	Subjonctif	trop — (assez —) pour que...	*Il est* **trop** *bien caché* **pour qu'**on le **voie**.
But	Subjonctif	pour que, afin que, de peur que...	**de peur** qu'il n'y **ait** un piège.
Condition	Indicatif	si, suivant que...	**s'**ils **veulent** trouver le trésor.
	Conditionnel	au cas où...	**au cas où** ils **seraient** là.
	Subjonctif	pourvu que, à moins que...	**à moins** qu'il n'y en **ait** pas.
Opposition Concession	Indicatif	alors que, même si, tandis que...	**tandis que** nous **travaillons** !
	Subjonctif	quoique, bien que, sans que, quelque — que...	**sans qu'**on le leur **ait dit**. **quelque** bien cachés **qu'**ils **soient**.
	Conditionnel	quand bien même...	*Ils en chercheraient*, **quand bien même** vous l'**interdiriez**.
Comparaison	Indicatif	comme, ainsi que, de même que...	**ainsi que** les pirates **cherchaient** un trésor enfoui.

1. Bien que la règle veuille que *après que* soit suivi de l'indicatif, l'usage actuel tend de plus en plus vers l'emploi du subjonctif, surtout à l'oral.

SUBORDONNÉE CIRCONSTANCIELLE DE TEMPS

DÉFINITION

4e Elle est introduite par des conjonctions et locutions conjonctives variées et peut exprimer la simultanéité, l'antériorité ou la postériorité de deux actions l'une par rapport à l'autre :

Personne n'écoutait **pendant qu'il parlait**.

On allumera le feu **avant qu'il ne vienne**.

Tout le monde l'applaudira **après qu'elle aura récité son poème**.

Du choix du mot introducteur dépend le mode du verbe de la subordonnée.

La proposition subordonnée est à l'**indicatif** ou au **conditionnel**, lorsqu'elle est introduite par *quand, lorsque, pendant que, tandis que, au moment où, depuis que, aussitôt que, après que, une fois que...*

Les escargots sortent **quand il pleut**.

Le capitaine dormait **au moment où l'incendie se serait déclaré**.

La proposition subordonnée est au subjonctif, lorsqu'elle est introduite par *avant que, en attendant que, jusqu'à ce que...* :

Nous attendons à l'abri **jusqu'à ce que la tempête se soit calmée**.

Les chasseurs partent **avant qu'il ne fasse jour**.

+ *après que...*, qui, malgré la règle, entraîne de plus en plus souvent le subjonctif dans le langage courant.

SUBORDINATION INVERSE

3e Dans le cas particulier de la subordination inverse, c'est la principale qui est introduite par *que,* alors que la proposition subordonnée circonstancielle de temps est introduite par *à peine, ne... pas plus tôt* :

À peine étaient-ils rentrés sur le terrain qu'ils marquèrent un but.
P. subordonnée circonstancielle de temps — P. principale

Je ne m'étais pas plus tôt assis que le téléphone sonna.

PROPOSITION PARTICIPIALE

3e La proposition participiale peut avoir une fonction de complément circonstanciel de temps :

Les jeux terminés, les champions rentrent chez eux.

SUBORDONNÉE CIRCONSTANCIELLE DE CAUSE

DÉFINITION

Elle est introduite par les conjonctions (ou les locutions conjonctives) de subordination *comme*, *parce que*, *puisque*, *sous prétexte que*, *d'autant que*, *étant donné que*, *du moment que*, etc. :

Comme il fait beau, nous irons nous promener.

Nous pourrons nous baigner, **puisque la plage est déserte**.

Lorsque deux propositions circonstancielles de cause, liées par le sens, sont coordonnées, la deuxième est souvent introduite par *que* :

Comme l'eau était froide / et qu'il était enrhumé, il ne s'est pas baigné.

NIER OU ÉCARTER UNE CAUSE

On peut nier une cause à l'aide de la tournure *non que* :

Il éternue, **non qu'il soit enrhumé**, mais (parce qu') il a respiré du poivre.

(Il n'est pas enrhumé, ce n'est pas pour cela qu'il éternue.)

On peut écarter, en tant que cause, un fait réel à l'aide de *non parce que* :

Il éternue, **non parce qu'il est enrhumé**, mais parce qu'il a respiré du poivre.

(Il est enrhumé, mais ce n'est pas pour cela qu'il éternue.)

SUBORDINATION INVERSE

La cause peut être mise en relief au moyen de la tournure *si* + principale... *c'est que* + subordonnée. C'est la subordination inverse :

S'il éternue, c'est qu'il est enrhumé.

P. principale — P. sub. circ. cause

PROPOSITION PARTICIPIALE

La proposition participiale a très souvent une fonction de complément circonstanciel de cause :

La pluie ayant cessé, nous pouvons sortir nous promener.

81

GRAMMAIRE

La phrase complexe

SUBORDONNÉE CIRCONSTANCIELLE DE CONSÉQUENCE

Elle est introduite par des conjonctions de subordination (ou des locutions conjonctives de subordination) variées.

SUBORDONNÉE NON LIÉE À UN DEGRÉ D'INTENSITÉ

4e Elle est introduite par *de sorte que*, *si bien que*, *au point que*, *de façon que* :

Il s'est bien soigné, **de sorte qu'il est maintenant guéri**.

Il faisait froid **au point que l'eau gelait dans la cuvette**.

SUBORDONNÉE LIÉE À UN DEGRÉ D'INTENSITÉ

4e **L'intensité porte sur le verbe** : la subordonnée de conséquence est introduite par *tant*, *tellement*, *à (tel) point* + *que* ou par *trop*, *assez* + *pour que*.

Le moteur chauffe *tellement* **qu'il faut s'arrêter**.

Il pleut *trop* **pour que je sorte**.

L'intensité porte sur un adjectif ou un adverbe : la subordonnée de conséquence est introduite par *si*, *tellement* + adjectif ou adverbe + *que* ou par *trop*, *assez* + adjectif ou adverbe + *pour que*.

Elle était *si* contente **qu'elle battait des mains**.

Il pleut *trop* fort **pour que je sorte**.

L'intensité porte sur un nom : la subordonnée de conséquence est introduite par *un(e) tel(le)*, *tant de* + nom + *que* ou par *trop de*, *assez de* + nom + *pour que*.

Il manifestait une *telle* joie **que je n'ai pas voulu le décevoir**.

Il y a *trop* de vent **pour que je sorte**.

MODE DU VERBE

3e Le verbe de la subordonnée de conséquence est en général à **l'indicatif**, ou, pour des raisons de sens, au **conditionnel** :

Le sac est très lourd, si bien que tu ne **pourras (pourrais)** pas le porter.

Lorsque la principale est négative ou interrogative, le verbe de la subordonnée liée à un degré d'intensité ou de la proposition introduite par *au point que* est au **subjonctif** :

Le sac est-il *tellement* lourd *que* tu ne **puisses** (pas) le porter ?

Le sac n'est pas lourd *au point que* tu ne **puisses** le porter.

Le verbe de la subordonnée est aussi au subjonctif après les locutions conjonctives *pour que*, *assez... pour que* :

Il suffit qu'il parte *pour que* tout le monde le **suive**.

Il parle *assez* fort *pour que* tout le monde l'**entende**.

SUBORDONNÉE CIRCONSTANCIELLE DE BUT

Je te le dis pour que tu le saches.
pour que tu le saches est une proposition subordonnée circonstancielle de but.

DÉFINITION

But à atteindre : la proposition subordonnée circonstancielle de but est introduite par les locutions conjonctives de subordination *pour que*, *afin que*, etc.

Je crie *pour que* **tu m'entendes**.

Afin que **personne ne sorte**, les portes ont été barricadées.

But à éviter : la proposition subordonnée circonstancielle de but est introduite par les locutions conjonctives de subordination *de peur que*, *de crainte que*, etc.

Il marche sur la pointe des pieds *de peur qu'***on (ne) l'entende**.

De crainte que **demain tout soit fermé**, nous ferons les courses ce soir.

Le verbe de la proposition subordonnée circonstancielle de but est toujours au **subjonctif**.

OUVRIR L'ŒIL

Ne pas confondre propositions subordonnées circonstancielles de but et de conséquence.

Elles s'opposent souvent par le mode du verbe, la proposition circonstancielle de conséquence étant à l'indicatif, la proposition subordonnée circonstancielle de but étant au subjonctif :

Il l'entraîne **de sorte qu'elle réussisse**. *(but)*

Il l'entraîne, **de sorte qu'elle réussira**. *(conséquence)*

Lorsque le verbe des deux propositions est au subjonctif, le sens permet de les différencier. Le but insiste sur l'**intention** (on peut alors mettre la proposition subordonnée en relief à l'aide de *c'est... que*), la conséquence insiste sur le **résultat** (et on ne peut mettre la proposition subordonnée en relief) :

Il parle lentement **pour qu'on le comprenne**.

(On le comprendra, il le veut : *but*).
Pour qu'on le comprenne, il parle lentement.
C'est pour qu'on le comprenne qu'il parle lentement.

Il parle **trop** lentement **pour qu'on le comprenne**.

(On ne le comprend pas, il n'y peut rien : *conséquence*).
Déplacement impossible.

83

GRAMMAIRE

La phrase complexe

SUBORDONNÉE CIRCONSTANCIELLE OPPOSITION / CONCESSION

DÉFINITION

3e Elle est introduite par des conjonctions de subordination (ou des locutions conjonctives de subordination) variées. Elle présente l'action comme s'opposant, logiquement, à celle de la principale.

PROPOSITION NON LIÉE À UN DEGRÉ D'INTENSITÉ

3e Lorsque l'on met en parallèle deux faits indépendants pour les opposer, la subordonnée d'opposition, dont le verbe est alors **à l'indicatif**, est introduite par *pendant que*, *alors que*, *tandis que*, *même si...*
La valeur de cette proposition est proche des propositions subordonnées circonstancielles de temps exprimant la simultanéité :

Tu prends ton temps, **alors que je me dépêche**.

Tandis que Pierre travaille, Paul se repose.

Lorsque l'on oppose deux faits en rejetant l'un d'eux dans le domaine de la supposition, la subordonnée de concession, dont le verbe est alors au **conditionnel**, est introduite par *quand bien même*, *alors même que...*
La valeur de cette proposition est proche des propositions subordonnées circonstancielles d'hypothèse :

Tu prendrais ton temps, **quand bien même tu serais en retard**.

Alors même que je n'aurais rien mangé depuis huit jours, je ne pourrais avaler cette mixture.

Lorsque l'on souligne que la relation logique entre deux faits n'est pas respectée, la subordonnée de concession, dont le verbe est alors au **subjonctif**, est introduite par *bien que*, *quoique*, *sans que*, *loin que...* :

Tu prends ton temps, **bien que nous soyons en retard**.

Loin qu'il se sente coupable, il est tout fier de lui.

Bien qu'on n'entende aucun bruit, je sais que les enfants sont dans leur chambre.
Bien qu'on n'entende aucun bruit est une proposition subordonnée circonstancielle de concession.

PROPOSITION LIÉE À UN DEGRÉ D'INTENSITÉ

L'intensité porte sur un nom

La subordonnée de concession, dont le verbe est alors au **subjonctif**, est introduite par *quelque(s)* + nom + *que*
ou par *quel(le)(s) que soit (soient)* + nom :

Quelques **médicaments** *qu'***on lui prescrive**, il ne les prend jamais.
Quelle que **soit sa force**, il ne pourra pas enfoncer la porte.

L'intensité porte sur un adjectif ou un adverbe

La subordonnée de concession, dont le verbe est alors au **subjonctif**, est introduite par *si*, *quelque*, *pour*, *tout* + adjectif ou adverbe + *que :*

Pour **maladroit** *qu'***il paraisse**, il a quand même réussi.

En principe, avec *tout* + adjectif ou adverbe + *que*, le verbe est à **l'indicatif**, mais le **subjonctif** est de plus en plus fréquent :

Tout **maladroit** *qu'***il paraît**, il a quand même réussi.

L'intensité est exprimée par un pronom relatif sans antécédent

La subordonnée de concession, dont le verbe est alors au **subjonctif**, est introduite par *qui que, qui que ce soit que, qui que ce soit qui, quoi que (ce soit que), où que (ce soit que)...* :

Quoi que **tu dises**, je ne te croirai pas.
Où que **vous alliez**, on ne vous ouvrira pas.

L'ANTITHÈSE

La figure de style liée à l'opposition s'appelle l'antithèse :

« Celui de qui la tête au ciel était voisine
Et dont les pieds touchaient à l'empire des morts. » (La Fontaine)

84

GRAMMAIRE
La phrase complexe

SUBORDONNÉE CIRCONSTANCIELLE CONDITION / HYPOTHÈSE

PROPOSITIONS INTRODUITES PAR *SI*

4e **Le verbe est toujours à l'indicatif.**

L'hypothèse porte sur le présent

Sens	Subordonnée de condition	Principale	Exemples
Action réalisable	**Indicatif** présent	**Indicatif** présent **Impératif**	Si tu le dis, je te crois. Fais-le, si tu veux.
Action non réalisable *(Irréel du présent)*	**Indicatif** imparfait	**Conditionnel** présent	Si j'avais ton âge, je ferais comme toi.

L'hypothèse porte sur le futur

Sens	Subordonnée de condition	Principale	Exemples
Action réalisable	**Indicatif** présent	**Indicatif** futur **Impératif**	S'il ne pleut plus demain, nous sortirons. Si l'on sonne pendant mon absence, n'ouvrez pas.
Action moins probable, mais réalisable *(Éventuel)*	**Indicatif** imparfait	**Conditionnel** présent	S'il ne pleuvait plus demain, nous sortirions.

L'hypothèse porte sur le passé

Sens	Subordonnée de condition	Principale	Exemples
Action réalisée ou non	**Indicatif** passé composé, passé simple, imparfait	**Indicatif** présent, futur, imparfait, etc.	Si vous l'avez volé, vous êtes un voleur. S'il se levait, tout le monde l'imitait.
Action non réalisée *(Irréel du passé)*	**Indicatif** plus-que-parfait imparfait	**Conditionnel** présent, passé **Indicatif** imparfait	S'il avait ri, je l'aurais imité. Si j'avais joué, j'aurais gagné. S'il reculait (avait reculé) d'un pas, il tombait.
Usage classique ou littéraire	**Subjonctif** plus-que-parfait	**Subjonctif** plus-que-parfait	Si j'eusse soupçonné vos ennuis, je vous fusse venu en aide.

S'il pleuvait demain, je n'irais pas au stade.
S'il pleuvait demain est une proposition subordonnée circonstancielle de condition.

AUTRES PROPOSITIONS DE CONDITION OU D'HYPOTHÈSE

4e Elles sont introduites par d'autres conjonctions (ou locutions conjonctives) de subordination que *si*.

Le verbe est à l'**indicatif** si la subordonnée de condition ou d'hypothèse est introduite par *suivant que, selon que...* :

*Selon qu'***il trouvera ou non du travail**, il cherchera un appartement.

Le verbe est au **conditionnel**, si la subordonnée de condition ou d'hypothèse est introduite par *au cas où, dans l'hypothèse où...* :

Au cas **où il téléphonerait**, demande-lui de rappeler.

Le verbe est au **subjonctif**, si la subordonnée de condition ou d'hypothèse est introduite par *que, pourvu que, à moins que...* :

Il dînera avec nous, *à moins qu'***il (ne) soit retardé**.

DEUX PROPOSITIONS SE SUIVENT

3e Les deux conditions sont sur le même plan

si ... et si ... + indicatif, *au cas où ... et où ...* + conditionnel, etc. :

*S'***il fait beau et** *si* **tu peux sortir**, nous irons à la piscine.

Au cas où **il téléphonerait et** *où* **il voudrait me parler**, passez-le-moi.

La deuxième condition est subordonnée à la réalisation de la première

si ... et que ... + subjonctif, *au cas où ... et qu'...* + subjonctif, etc. :

*S'***il fait beau et** *que* **tu puisses sortir**, nous irons à la piscine.

Au cas où **il téléphonerait et** *qu'***il veuille me parler**, passez-le-moi.

PROPOSITION PARTICIPIALE

3e La proposition participiale peut être complément circonstanciel d'hypothèse :

Le contrat signé, nous ne pourrions refuser de partir.

85

GRAMMAIRE

La phrase complexe

SUBORDONNÉE CIRCONSTANCIELLE DE COMPARAISON

DÉFINITION

4e Elle est introduite par les conjonctions (ou locutions conjonctives) de subordination *comme*, *ainsi que*, *de même que*, *de la même façon que...* :

Les mots sortaient de sa bouche *comme* **l'eau jaillit d'une source**.

Il marchait sans bruit *de la même façon* **qu'un Indien avancerait sur le sentier de la guerre**.

Lorsque la proposition subordonnée est introduite par la locution *tel que*, *tel* s'accorde toujours :

J'ai rendu ces livres *tels qu'on* **me les avait prêtés**.

Cette île sauvage nous apparut *telle qu'***elle devait être au moment de la création**.

Lorsque la proposition subordonnée est placée en tête de phrase, la principale peut reprendre la comparaison à l'aide de *ainsi*, *de même...* :

Comme l'eau jaillit d'une source, *ainsi* les mots sortaient de sa bouche.

De même que l'eau jaillit d'une source, *de même* les mots sortaient de sa bouche.

OUVRIR L'OEIL

3e Ne pas confondre la subordonnée circonstancielle de comparaison avec la subordonnée complément du comparatif ou du superlatif.

Toutes ces propositions expriment une comparaison.

La proposition subordonnée circonstancielle de comparaison est un constituant de la phrase, dans laquelle elle peut, en principe, être déplacée :

L'homme regardait son adversaire, **comme un fauve guette sa proie**.

Comme un fauve guette sa proie, l'homme regardait son adversaire.

Dans le comparatif et le superlatif, la subordonnée est complément de l'adjectif au comparatif ou au superlatif, et ne peut être déplacée dans la phrase.

La subordonnée complément du comparatif est introduite par la conjonction de subordination *que* :

Ce sac est plus lourd **que je (ne) le pensais (l'aurais pensé)**.

La subordonnée complément du superlatif est introduite par un pronom relatif :

C'est la plus belle histoire **que je connaisse**.

SUBORDONNÉE INTERROGATIVE INDIRECTE

5e Dans le discours indirect, la proposition interrogative indirecte correspond à une phase interrogative du discours direct. Cette proposition fait partie du groupe verbal et a une fonction de complément d'objet. Elle est souvent considérée comme une proposition subordonnée complétive.

INTERROGATION TOTALE

5e Dans le cas de l'interrogation totale, la proposition interrogative indirecte est introduite par *si.*

Discours direct : Je vous demande : « Avez-vous vu mon parapluie hier dans l'entrée ? »

Discours indirect : Je vous demande **si vous avez vu mon parapluie hier dans l'entrée**.
COD

INTERROGATION PARTIELLE

5e Lorsque l'interrogation porte sur un complément d'objet direct non animé, la proposition subordonnée interrogative indirecte est introduite par *ce que.*

Discours direct : Je vous demande : « Qu'avez-vous vu hier dans l'entrée ? »

Discours indirect : Je vous demande **ce que vous avez vu hier dans l'entrée**.
COD

Lorsque l'interrogation porte sur un complément d'objet direct animé, la proposition subordonnée interrogative indirecte est introduite par le même pronom interrogatif que dans l'interrogation directe.

Discours direct : Je vous demande : « Qui avez-vous vu hier dans l'entrée ? »

Discours indirect : Je vous demande **qui vous avez vu hier dans l'entrée**.
COD

Dans tous les autres cas, le terme introducteur de l'interrogation est maintenu pour introduire la proposition subordonnée interrogative indirecte.

Discours direct :

Je vous demande : « Quand avez-vous vu mon parapluie dans l'entrée ? »
Je vous demande : « Où avez-vous vu mon parapluie hier ? »

Discours indirect :

Je vous demande **quand vous avez vu mon parapluie dans l'entrée**.
COD

Je vous demande **où vous avez vu mon parapluie hier**.
COD

87

Grammaire
La phrase complexe

PROPOSITIONS DONT LE VERBE EST À L'INFINITIF

PROPOSITIONS INDÉPENDANTES ET PRINCIPALES

3e Un verbe à l'infinitif peut être centre de proposition indépendante ou principale

– dans les phrases injonctives, exprimant l'ordre et le conseil (recettes, modes d'emploi, etc.) :

Prendre une pomme qui ne soit pas trop grosse, **l'éplucher**, **enlever les pépins**
P. principale — P. indépendante — P. indépendante

et la couper en quartiers.
P. indépendante

– dans les phrases interrogatives ou exclamatives :

Comment sortir d'un souterrain où il fait si sombre ?
P. principale

Moi, vouloir que vous m'accompagniez !
P. principale

– dans la narration (infinitif de narration) pour donner plus de vivacité au récit :

Il s'en alla passer sur les bords d'un étang.
Grenouilles aussitôt de sauter dans les ondes,
Grenouilles de rentrer dans leurs grottes profondes. (La Fontaine)

PROPOSITIONS SUBORDONNÉES

3e Un verbe à l'infinitif peut être centre d'une proposition subordonnée

– relative indéfinie :

Je cherche une personne **à qui demander mon chemin**.

– interrogative indirecte :

Je ne sais **comment faire**.

Il se demande comment résoudre cette division.
comment résoudre cette division est une proposition subordonnée interrogative indirecte dont le verbe est à l'infinitif.

PROPOSITIONS INFINITIVES

3e Lorsque le verbe à l'infinitif a un sujet indépendant de celui du verbe conjugué, et que ce sujet est exprimé, ce dernier constitue avec le groupe verbal à l'infinitif une proposition infinitive.
La proposition infinitive a toujours une fonction de complément d'objet :

J'ai entendu les oiseaux chanter dans les arbres.
G. sujet → G. verbal
P. principale — P. infinitive COD

Je les ai entendus chanter dans les arbres.
G. sujet → G. verbal
P. principale — P. infinitive COD

OUVRIR L'ŒIL

3e Pour expliquer l'accord du participe passé, l'orthographe considère que le sujet de la proposition infinitive est analysé aussi comme COD du verbe conjugué :

J'ai entendu les oiseaux chanter dans les arbres.
G. sujet
COD

Je les ai entendus chanter dans les arbres.
G. sujet
COD

Ce qui permet de différencier ces deux types de phrases, et d'expliquer la différence d'accord :

J'aime cette musique que j'ai entendu jouer.
COD

Pas de proposition infinitive → participe passé invariable

J'aime ces musiciens que j'ai entendus jouer.
G. sujet
COD

Proposition infinitive → accord du participe passé

88

GRAMMAIRE
La phrase complexe

PROPOSITIONS DONT LE VERBE EST AU PARTICIPE

Le vent s'étant levé, ils hissèrent la voile.
Le vent s'étant levé est une proposition participiale.

DÉFINITION

3e Lorsque le verbe au participe, présent ou passé, a un sujet indépendant de celui du verbe conjugué, et que ce sujet, exprimé, n'a pas d'autre fonction dans la phrase, il constitue avec le groupe verbal au participe une proposition participiale, toujours complément circonstanciel :

La pluie cessant, tout le monde retourna sur la plage.
P. participiale — P. principale
Ct circ. de cause

L'important est que le sujet du verbe au participe soit grammaticalement exprimé. Peu importe qu'il renvoie ou non au même sujet que le verbe conjugué :

La chanteuse ayant terminé sa chanson, *elle* salua.
P. participiale Ct circ. de cause — P. principale

La chanteuse ayant terminé sa chanson, *le public* l'applaudit.
P. participiale Ct circ. de cause — P. principale

PARTICIPE ABSOLU

3e Lorsque le verbe est conjugué avec l'auxiliaire *être*, cet auxiliaire peut ne pas être exprimé :

Le traité (étant) signé, les diplomates rentrèrent dans leur pays.
P. participiale — P. principale
Ct circ. de cause

Le traité signé, les diplomates rentreraient dans leur pays.
P. participiale — P. principale
Ct circ. de condition

OUVRIR L'ŒIL

3e Attention, dans les phrases :

Glissant sur la patinoire, j'ai longuement regardé les enfants.
J'ai longuement regardé les enfants jouant sur la patinoire.

il n'y a pas de proposition participiale mais des propositions indépendantes, qui s'analysent de cette manière :

Glissant sur la patinoire, j'ai longuement regardé les enfants.
Apposition

J'ai longuement regardé les enfants jouant sur la patinoire.
Épithète
G. Nominal COD

ANALYSE LOGIQUE

Phrase d'étude :
Comme il était poursuivi, Tarzan pensa qu'il pourrait utiliser l'arbre qui était tombé au-dessus du ravin.

PRINCIPES DE L'ANALYSE EN PROPOSITIONS

3e
- Repérer les verbes centres de propositions et le verbe principal.
- Isoler la proposition principale et les propositions subordonnées.
- Définir chaque proposition en indiquant sa nature (P. Indépendante, P. Principale, P. Subordonnée Relative...), le mot qui l'introduit (pronom relatif, conj. de subordination, etc.), et sa fonction (Ct de l'Antécédent, COD, COI, Ct Circonstanciel...).

UNE DÉMARCHE EN TROIS TEMPS

1. Repérage des propositions et découpage de la phrase

Comme il **était poursuivi** /, Tarzan **pensa** / qu' il **pourrait** utiliser l'arbre
Ct Circ. — G. Sujet — G. Verbal

qui **était tombé** au-dessus du ravin /.
G. Verbal (suite)

2. Visualisation de l'analyse

Tarzan
G. Sujet
P. principale

pensa

qu' il **pourrait** utiliser
P. complétive

l'arbre
qui **était tombé**...
P. relative
G. Nominal

G. Verbal

Comme il **était poursuivi**,
P. circonstancielle
Ct Circ.

3. Tableau récapitulatif

Proposition	Nature	Mot de liaison	Fonction de la subordonnée
Tarzan **pensa**	P. Principale		
qu'il **pourrait** utiliser l'arbre	P. Complétive	QU' Conj. de Sub.	COD du verbe de la principale : **pensa**
qui **était tombé** au-dessus du ravin.	P. Relative	QUI Pr. Relatif	Ct de l'Antécédent : **arbre**
Comme il **était poursuivi**,	P. Circonstancielle	COMME Conj. de Sub.	Ct Circ. de cause du verbe de la principale : **pensa**

CLASSES DE MOTS

Mon frère a regardé ce film hier soir.
Mon et *ce* appartiennent à la classe des déterminants.

On distingue dix classes de mots.

6e **Cinq classes de mots variables :**
- les noms
- les déterminants
- les adjectifs qualificatifs
- les verbes
- les pronoms

6e **Cinq classes de mots invariables :**
- les adverbes
- les prépositions
- les conjonctions de subordination
- les conjonctions de coordination
- les interjections

L'interjection *est un mot, souvent un cri ou une onomatopée, à valeur le plus souvent exclamative, qui ne joue aucun rôle grammatical dans la phrase :*

Oh ! Bonjour ! Brr ! Il fait froid ! Cocorico !

5e Un même mot peut appartenir à plusieurs classes grammaticales :

louche Il a servi la soupe avec une **louche**. (Nom)

Ne vous engagez pas dans cette affaire **louche**. (Adjectif)

Ma petite sœur **louche**, il lui faut porter des lunettes. (Verbe)

Classes des mots variables et invariables

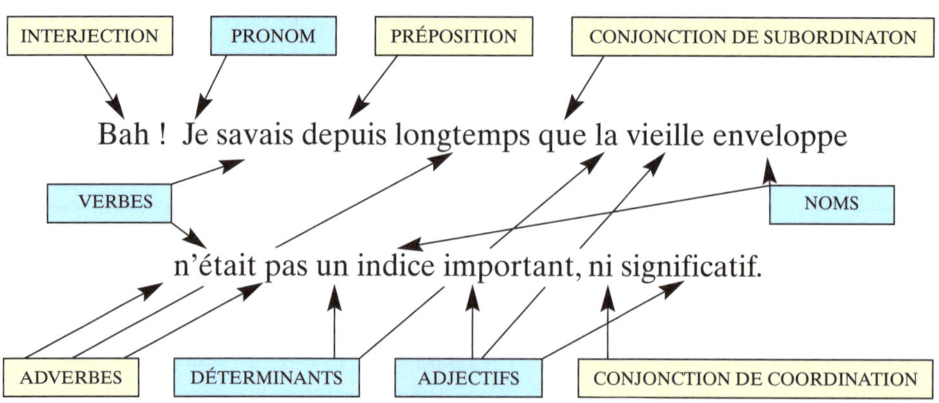

CLASSES DES NOMS

Le vélo de Cécile a un pneu dégonflé.

vélo, Cécile, pneu sont des noms.

DÉFINITION

5e Le nom est le noyau du groupe nominal :

Cette **année**, les **élèves** ont une nouvelle **carte** de sortie.
(G. Nominal : Cette année ; G. Nominal : les élèves ; G. Nominal : une nouvelle carte de sortie)

Un nom peut être toujours précédé d'un déterminant, même s'il ne l'est pas dans la phrase envisagée :

une carte de sortie → (pour) **la** sortie → *sortie* est donc un nom

Ce petit Julien est un garçon exquis.

Le Paris du XVIIe siècle était très sale.

LES DIFFÉRENTES ESPÈCES DE NOMS

nom commun un sac, un enfant	**ou nom propre** Lyon, Julien
nom masculin un sac, le sol, Julien	**ou nom féminin** la vie, Anne
nom concret un sac, une souris	**ou nom abstrait** la vérité, le silence
nom animé une souris, un enfant	**ou nom non animé** un sac, la vérité
nom humain un enfant, Julien	**ou non humain** une souris, un animal
nom dénombrable un sac, trois enfants	**ou non dénombrable** de la toile, la vérité

La langue comporte également des noms composés :

une chaise longue – des pommes de terre – des tire-bouchons – des chasse-neige.

Selon ce qu'on veut dire, on emploie le nom au singulier ou au pluriel :

un sac, la toile, mon enfant

des sacs, six sacs, les toiles, mes enfants.

CLASSES DES NOMS

LES FONCTIONS DU NOM ET DU GROUPE NOMINAL

4e

Sujet du verbe :	**La nuit** tombe.
Attribut du sujet :	Le moment qu'il préfère est **la nuit**.
Complément d'objet direct :	Il attend **la nuit**.
Complément d'agent :	Ils ont été surpris **par la nuit**.
Complément d'objet indirect :	Il s'inquiète **de la nuit**.
Apostrophe :	**Ô nuit**, qu'il est profond ton silence.
Complément circonstanciel	
de lieu :	Ils s'enfoncèrent **dans la nuit**.
de temps :	**La nuit**, je dors !
de manière :	Il fit son lit **avec un grand soin**.
de cause :	Ils s'enfuirent **grâce à la nuit**.
de but :	Ils se préparent **pour la nuit**.
de condition :	**Avec la nuit**, ils pourraient passer inaperçus.
d'opposition :	**Malgré la nuit**, ils retrouvèrent leur chemin.
de comparaison :	**Telle la nuit**, l'obscurité emplissait la grotte.
Complément du nom :	Ils sortirent à la tombée **de la nuit**.
Apposition :	La nuit, **une nuit sans lune**, tomba tôt.
Complément de l'adjectif :	Il a toujours été amoureux **de la nuit**.

CLASSES DES DÉTERMINANTS DU NOM

Ce matin, mon chien a poursuivi un lapin dans les buissons.
Ce, mon, un, les sont des déterminants.

DÉFINITION

Le déterminant est un constituant obligatoire du groupe nominal, c'est-à-dire que lorsqu'il est présent, on ne peut le supprimer. Il précède toujours le nom :

Son chien connaissait **les** chemins de **la** forêt.

Au singulier, il s'accorde le plus souvent en genre avec le nom :

une armoire, **un** placard, **la** boulangère, **le** boulanger...
mais **l'**armoire / **l'**avion, **leur** boulangère / **leur** boulanger...

À l'oral, c'est le déterminant seul qui indique, le plus souvent, que le nom est au pluriel :

des armoires, **mes** placards, **trois** boulangers, **ces** chiens...
mais **leurs** placards, **quelques** boulangers...

Certains groupes nominaux s'emploient sans déterminant :

À **Paris**, **Pipo** attendait son maître à l'arrêt d'**autobus**.

Certains groupes nominaux comportent plusieurs déterminants :

Tous les trois jours, **un certain** chien attendait son maître.

LES DIFFÉRENTES CATÉGORIES DE DÉTERMINANTS

Sept catégories réparties en fonction du sens :
articles, déterminants possessifs, déterminants démonstratifs, déterminants numéraux cardinaux, déterminants interrogatifs, déterminants exclamatifs, déterminants indéfinis.

OUVRIR L'ŒIL

Ne pas confondre :

– article indéfini Il élève **des** chiens (*un* chien)	et	article défini contracté Cela dépend **des** chiens (*du, de ce* chien)
– article partitif Il boit **du** lait (*le* lait)	et	article défini contracté Il se contente **du** lait (*de ce* lait)
– adjectif possessif Ils promènent **leurs** chiens (*les* chiens)	et	pronom personnel Je **leur** (*lui*) confie mon chien.
– article défini Il cherche **la** clé.	et	pronom personnel Il **la** cherche.

93

GRAMMAIRE

Les classes de mots

DÉTERMINANTS DU NOM

ARTICLES

DÉFINITION

6e Les articles sont des déterminants.

Articles	Singulier		Pluriel
	masculin	féminin	
indéfinis	un	une	des
définis	le - l'	la - l'	les
définis contractés	au (= à le) du (= de le)		aux (= à les) des (= de les)
partitifs	du - de l'	de la - de l'	des

Les articles définis contractés sont composés d'une préposition *(à* ou *de)* et d'un article défini :

Je vais **au** *(à le)* château. Je reviens **du** *(de le)* château.

Il obéit **aux** *(à les)* ordres. Il se souvient **des** *(de les)* ordres.

EMPLOI

6e L'article indéfini sert à introduire des noms qui ne sont pas encore connus du lecteur. Au pluriel, il indique en outre un nombre indéterminé :

Il y avait autrefois **un** roi qui habitait **une** ville très éloignée.

Des serviteurs et **des** servantes travaillaient dans son château.

L'article défini introduit des noms déjà connus ou supposés connus du lecteur (*valeur anaphorique) :*

Le roi décida de fortifier **la** ville. **Les** serviteurs et **les** servantes du château en parlaient entre eux.

À l'oral, l'article défini peut jouer le rôle d'un déterminant démonstratif *(valeur déictique) :*

Passez-moi **le** pain.

On peut encore utiliser l'article défini, au singulier ou au pluriel, lorsque le nom qu'il accompagne représente une espèce, une catégorie *(valeur généralisante) :*

L'éléphant est en voie de disparition. *(singulier générique)*

Les éléphants sont en voie de disparition.

L'article partitif est employé devant les noms non dénombrables :

Ce roi avait **de la** patience et **du** courage.

Les jardiniers de Paris ont mis des fleurs sur toutes les places de la ville.

Les, *des*, *les*, *la* sont des articles.

Paris, nom propre, n'est pas précédé d'un article.

OMISSION DE L'ARTICLE

On n'emploie pas d'article

– devant de nombreux noms propres : **Jeanne** vit à **Nantes**.

– devant le nom dans certaines expressions figées : battre comme **plâtre**.

dans certains proverbes : **Pierre** qui roule n'amasse pas **mousse**.

dans certains titres : **Création** d'un comité de soutien...

– devant le nom dans certaines locutions verbales :
avoir **faim**, prendre **froid**...

– dans les adresses : Il habite 27, **avenue** de la Liberté.

– devant le nom précédé de certaines prépositions :
avec **courage**, sans **peur**...

Il arrive que l'article ne soit pas employé

– devant des noms que l'on énumère :
Hommes, femmes, enfants, tous priaient.

– devant le nom complément, dans certaines phrases interrogatives ou négatives :
A-t-on jamais vu **animal** plus drôle ?

– lorsque le nom occupe certaines fonctions :

complément du nom :
une robe de **laine**, une cuiller en **bois**, un comité de **soutien**...

attribut du sujet :
Son père est **médecin**.

apposition :
Son père, **médecin**, s'approcha du blessé.

apostrophe :
Garçons, approchez !

OUVRIR L'ŒIL

Ne confondez pas la préposition *de* avec l'article indéfini pluriel *des* qui devient *de* lorsque le nom est précédé d'un adjectif :

De belles fleurs ornent les places de la ville. (sing. : une belle fleur ──► article indéfini)

ou lorsque la phrase est négative :

Je n'ai plus **de** fleurs. (sing. : une fleur) ──► article indéfini

Mais :

Une photo **de** fleurs (sing. : **d'**une fleur) ──► préposition + omission de l'article
Il se nourrit **de** légumes. (sing. : **d'**un légume) ──► préposition + omission de l'article

94

GRAMMAIRE

Les classes de mots

DÉTERMINANTS DU NOM

DÉTERMINANTS POSSESSIFS

Notre jardin est plus grand que leur champ.

Notre et *leur* sont des déterminants possessifs.

DÉFINITION

6e Les déterminants possessifs sont des déterminants, comme leur nom l'indique.

Possesseur / Possédé	Singulier			Pluriel		
	1re pers.	2e pers.	3e pers.	1re pers.	2e pers.	3e pers.
Singulier masculin / féminin	mon ma – mon	ton ta – ton	son sa – son	notre notre	votre votre	leur leur
Pluriel	mes	tes	ses	nos	vos	leurs

On emploie *mon*, *ton*, *son*, devant les noms ou les adjectifs féminins commençant par une voyelle ou un *h* muet :

mon armoire blanche

ton intéressante description

son histoire habituelle...

Le déterminant possessif varie en personne avec le possesseur :

mon crayon – **ta** gomme – **ses** chaussures – **notre** maison...

Le déterminant possessif varie en genre et en nombre avec ce qui est possédé :

son stylo – **sa** gomme – **ses** crayons...

Le déterminant possessif peut marquer

– la possession :

mon bras – **ma** trousse – **mes** parents...

– ou une relation :

mon train – **mon** école – **mon** maître...

LIMITES D'EMPLOI

5e Le déterminant possessif présente des limites d'emploi devant les noms désignant des parties du corps. On emploie alors l'article défini :

Elle *se* ronge **les** ongles.

Mais :

Elle prend soin de **ses** ongles.

DÉTERMINANTS DU NOM

DÉTERMINANTS DÉMONSTRATIFS

Ce chat est le plus malin de tous ces animaux.

Ce et ces sont des déterminants démonstratifs.

DÉFINITION

Les déterminants démonstratifs sont des déterminants, comme leur nom l'indique.

	Singulier	Pluriel
Masculin	ce - cet	ces
Féminin	cette	

On emploie *cet* devant les noms masculins ou les adjectifs qualificatifs commençant par une voyelle ou un h muet :

cet appareil photo – **cet** hôtel

cet étonnant personnage – **cet** horrible incident...

À l'oral, le déterminant démonstratif sert à désigner *(valeur déictique)* :

Donne-moi **ce** crayon *(qui est devant toi).*

À l'écrit, comme l'article défini, il introduit des noms déjà connus ou supposés connus du lecteur *(valeur anaphorique)* :

Il était une fois un roi. **Ce** roi habitait un magnifique château.

FORMES COMPOSÉES

Le déterminant démonstratif peut être renforcé par les adverbes *-ci* et *-là.*

On emploie *-ci* lorsque le nom désigné est proche dans le temps, dans l'espace, ou dans la phrase :

Il arrivera **ces** jours-**ci**.

On emploie *-là* lorsque le nom désigné est éloigné dans le temps, dans l'espace, ou dans la phrase :

Cette année-**là**, ils n'avaient pas de voiture.

DÉTERMINANTS DU NOM
DÉTERMINANTS NUMÉRAUX CARDINAUX

Les deux livres coûtent cent francs.
deux et *cent* sont des déterminants numéraux cardinaux.

DÉFINITION

6e Les déterminants numéraux cardinaux sont des déterminants, comme leur nom l'indique.

Ils donnent une précision sur le nombre et ils forment une classe illimitée :

Il a **un** fils de vingt ans et **deux** filles de **treize** et **dix** ans.
Trois millions quatre cent mille cinq cents habitants vivent là.

Dans certaines expressions, les déterminants numéraux peuvent ne pas exprimer un nombre précis, mais une grande quantité :

voir **trente-six** chandelles
faire les **quatre cents** coups...
Je te l'ai dit **cent (mille)** fois.

ACCORD

4e Le déterminant numéral est invariable :

cent cinquante mille francs

sauf *vingt* et *cent* lorsqu'ils sont multipliés et qu'ils ne sont pas suivis d'un autre nombre :

quatre-**vingts**, deux **cents** francs

Mais :

quatre-**vingt**-trois, deux **cent** huit francs.

On met un trait d'union entre les déterminants numéraux cardinaux quand le nombre exprimé est inférieur à cent :

soixante-dix-huit mille deux cent vingt-deux francs.

OUVRIR L'ŒIL

4e Les adjectifs numéraux ordinaux (*premier, deuxième...*) ne sont pas des déterminants, ils fonctionnent comme des adjectifs qualificatifs.

DÉTERMINANTS DU NOM

DÉTERMINANTS EXCLAMATIFS DÉTERMINANTS INTERROGATIFS

Quelle joie ! Quelle est un déterminant exclamatif.

DÉFINITION

Les déterminants exclamatifs et interrogatifs sont des déterminants, comme leur nom l'indique.

Ils ont la même forme et déterminent des noms dans les phrases exclamatives ou interrogatives :

Quelle belle robe vous portez !
Quel vilain temps !
Quelle robe mettrez-vous ?
Quel temps fait-il ?

	Singulier	Pluriel
Masculin	quel	quels
Féminin	quelle	quelles

EMPLOI

On emploie le déterminant interrogatif aussi bien dans
– l'interrogation directe : **Quelle** heure est-il ?
– que dans l'interrogation indirecte : Il demande **quelle** heure il est.

Le déterminant interrogatif s'emploie aussi bien
– comme déterminant du nom : **Quels** outils voulez-vous ?
– que comme attribut : **Quel** ne fut son étonnement de voir...

Le déterminant interrogatif exprime une interrogation partielle portant sur la détermination du nom :

Quel livre voulez-vous ?
ce/mon livre – le livre *rouge* – le livre *de grammaire* – le livre *qui est dans le tiroir...*

Le déterminant exclamatif a une valeur affective. Selon l'intonation, il traduit les sentiments les plus variés :

Quel temps ! *(joie, indignation, lassitude...)*

On le trouve
– dans des phrases non verbales : **Quel** beau chapeau !
– ou dans des phrases verbales : **Quel** beau chapeau il a trouvé !

DÉTERMINANTS DU NOM
DÉTERMINANTS INDÉFINIS

DÉFINITION

6e Les déterminants indéfinis sont des déterminants, comme leur nom l'indique :

Chaque enfant avait **plusieurs** paquets.

Tous les bagages étaient éparpillés en **divers** endroits.

Exprimant	Variables			Invariables
	en genre et nombre	en genre	en nombre	
une quantité	nul(s), nulle(s) tout, tous, toute(s) maint(s), mainte(s)...	aucun(e) différent(e)s divers(es)...	quelque(s)...	chaque plusieurs...
une qualité	tel(s), telle(s)		même(s) autre(s)	

5e *Même* et *autre* s'emploient avec un autre déterminant :

Le/ce **même** livre… Son **autre** frère… Plusieurs **autres** amis étaient là.

Nul, *aucun*, *tel*, *chaque*, *plusieurs* ne peuvent être précédés d'un autre déterminant mais peuvent être suivis d'*autre* ou *même* :

Aucune / **nulle** (autre) inscription ne sera reçue.

Certain, *quelque*, *maint* peuvent être précédés et/ou suivis d'un autre déterminant :

Un **certain** sourire. Ces **quelques** timbres.

Tout peut précéder un autre déterminant :

Tous les autres jours. **Toute** autre solution.

Nul et *aucun* entraînent une forme verbale négative (particule négative *ne*) :

Nulle fable **ne** m'a ému davantage.

Je **n**'ai rencontré **aucune** personne de mon âge.

EMPLOI

4e L'emploi des déterminants indéfinis dépend de leur sens. Voici quelques cas particuliers.

– ***Tout***, employé au singulier sans déterminant, a une valeur distributive :

Toute personne sera accueillie.

Quelques personnes avaient visité les différentes pièces du château.
Quelques et *différentes* sont des déterminants indéfinis.

Tout, employé au singulier ou au pluriel avec un autre déterminant, a un sens collectif :

Toute la classe attendait. **Tous** les élèves attendaient.

– ***Quelque***, employé au singulier sans autre déterminant, exprime une qualité indéterminée :

Quelque incident se sera produit. (un incident quelconque)

Quelques, employé au pluriel avec ou sans autre déterminant, exprime une quantité indéterminée :

(Les) **Quelques** pigeons se perchaient sur la statue.

Quelque, employé avec une relative au subjonctif, exprime la concession :

Quelques incidents **qu'il puisse se produire**...

L'ensemble est maintenant analysé comme une proposition subordonnée circonstancielle de concession liée à un degré d'intensité portant sur le nom.

– ***Même*** change de sens selon qu'il est employé avant ou après le nom (ou le pronom) :

Ils ont les **mêmes** idées. Les consignes **mêmes** (elles-**mêmes**) étaient criées.

À certains déterminants indéfinis (*nul*, *chaque*, *aucun*, etc.) correspondent des pronoms indéfinis :

Nul (aucun) homme ne me l'a dit. (adj. ind.) ⟶ **Nul (aucun)** ne me l'a dit. (pronom)
Chaque enfant lira. (adj. ind.) ⟶ **Chacun** lira. (pronom)

OUVRIR L'ŒIL

Certains déterminants indéfinis (*tel*, *certain*, *divers*, etc.) ne doivent pas être confondus avec les adjectifs qualificatifs de même forme, mais de sens différent, qui sont alors, sauf *tel*, placés après le nom.

Certaines histoires circulaient. (dét. ind.)
Ce sont des histoires **certaines**. (adj. qual.)

Certains déterminants indéfinis (*quelque*, *même*, *tout*, etc.) sont homonymes d'adverbes, qui sont, eux, invariables :

Quelques spectateurs étaient là. (dét. ind.)
Il y avait **quelque** vingt personnes. (= environ ⟶ adv.)
Il était le courage et la loyauté **mêmes**. (dét. ind.)
Même le courage et la loyauté ne suffisaient plus. (adv.)

99

GRAMMAIRE
Les classes de mots

CLASSES DES ADJECTIFS QUALIFICATIFS

DÉFINITION

6e L'adjectif qualificatif, quelle que soit sa fonction, qualifie toujours un nom (ou un pronom), d'où son nom :

Maigre et **maladive**, la **petite** bergère paraissait pourtant **heureuse**.

L'adjectif s'accorde en genre et en nombre avec le nom qu'il qualifie :

Maigres et **maladives**, les **petites** bergères paraissaient pourtant **heureuses**.

FONCTIONS DE L'ADJECTIF QUALIFICATIF

3e Épithète : Ils rencontrèrent une **petite** bergère **heureuse**.

Attribut du sujet : La bergère était **maladive** mais paraissait **heureuse**.

Apposé : **Heureuse**, la bergère chantait en gardant ses moutons.

Attribut du COD : Ils trouvèrent la petite bergère **maigre** et **maladive**.

COMPARATIF ET SUPERLATIF

L'adjectif au comparatif

5e

Comparatif	Comparaison entre deux qualités d'une même personne, d'un même objet	Comparaison entre deux personnes, objets... du point de vue d'une qualité
d'égalité	un train aussi rapide que confortable	un train aussi rapide qu'un avion
de supériorité	un train plus rapide que confortable	un train plus rapide qu'un avion
d'infériorité	un train moins rapide que confortable	un train moins rapide qu'un avion

L'adjectif au comparatif peut s'employer seul ou suivi d'un complément.

Le complément du comparatif, introduit par *que*, peut être

- un adjectif : Une action plus courageuse **que réfléchie**...
- un groupe nominal : Elle est plus courageuse **que son frère**.
- un pronom : Une action plus courageuse **que celle-ci**...
- un adverbe : Elle est plus courageuse **que jamais**.
- un verbe à l'infinitif : Avouer est plus courageux **que mentir**.
- une proposition subordonnée : Une action plus courageuse **qu'elle ne le paraît**...

Ce jeune savant aimait faire des expériences dangereuses.
jeune et *dangereuses* sont des adjectifs qualificatifs.

L'adjectif au superlatif relatif

adjectif	infériorité	supériorité
rapide	le train le moins rapide	le train le plus rapide
long	la voie la moins longue	la voie la plus longue

L'adjectif au superlatif relatif peut s'employer seul ou avec un complément. Le complément du superlatif relatif peut être
– un groupe nominal (ou un pronom) introduit par *de* :
la fille la plus courageuse **du groupe**, la plus courageuse **de toutes**...
– une proposition subordonnée relative :
la fille la plus courageuse **que je me rappelle / dont je me souvienne**...

L'adjectif au superlatif absolu

un train **très rapide** – une voie **fort longue**

Comparatifs et superlatifs irréguliers

		bon	mauvais	petit
Compar.	**égalité**	aussi bon	aussi mauvais	aussi petit
	supériorité	meilleur	pire / plus mauvais	moindre / plus petit
	infériorité	moins bon	moins mauvais	moins petit
Superl.	**supériorité**	le meilleur	le pire / le plus mauvais	le moindre / le plus petit
	infériorité	le moins bon	le moins mauvais	le moins petit

GROUPE DE L'ADJECTIF

Le groupe de l'adjectif est formé de l'adjectif et de ses expansions,
– complément de l'adjectif : un garçon adroit de ses mains
– adverbe d'intensité : un garçon un peu adroit

L'adjectif peut avoir deux types de compléments,
– le complément de l'adjectif : un garçon adroit **de ses mains**
– le complément du comparatif : un garçon plus adroit **que les autres**
ou du superlatif : le garçon le plus adroit **de la classe**
– ou les deux à la fois : un garçon plus adroit **de ses mains** (Ct de l'Adjectif) **que les autres** (Ct du Comparatif).

100

GRAMMAIRE
Les classes de mots

CLASSES DES VERBES

Les oiseaux chantent dans les arbres pour saluer le jour.
chantent et *saluer* sont des verbes.

DÉFINITION

6e Le verbe se conjugue. Sa terminaison change de forme
– selon le sujet :
Un merle **siffle** sous sa fenêtre. Des merles **sifflent** sous sa fenêtre.
– selon qu'on est

au présent :	en ce moment	Un merle **siffle** sous sa fenêtre.
au passé :	hier	Un merle **sifflait** sous sa fenêtre.
		Un merle **a sifflé** sous sa fenêtre.
au futur :	demain	Un merle **sifflera** sous sa fenêtre.

4e Le verbe joue un rôle central dans la proposition ou le groupe qu'il régit. Il donne alors aux autres groupes des fonctions spécifiques (sujet, COD, COI, etc.).
Le verbe conjugué n'a pas lui-même de fonction :

Ce matin	mon frère	**a vu**	un merle	sous sa fenêtre.
Ct Circ.	Sujet		COD	Ct Circ.

Le verbe à l'infinitif peut, lui, avoir une fonction :

Un merle aime	siffler	le matin	sous sa fenêtre.
	COD	Ct Circ.	Ct Circ.

Les locutions verbales sont des expressions figées formées d'un verbe et d'un complément, inséparable de ce verbe. Elles équivalent à un verbe et doivent être analysées comme tel :
avoir froid – faire mal – prendre peur

J'	ai l'impression	d'avoir pris froid.
	Verbe	infinitif COI

Groupe verbal

FONCTIONS DU VERBE À L'INFINITIF

6e Il peut avoir les mêmes fonctions que le groupe nominal.

Sujet :	**Siffler** est son occupation favorite.
Complément d'objet direct :	Il ne sait pas **siffler**.
Complément d'objet indirect :	Il s'entraîne **à siffler**.
Attribut du sujet :	Chanter n'est pas **siffler**.

Complément circonstanciel

	de temps :	Il attend un peu **avant de siffler**.
	de manière :	Il me regarde **sans siffler**.
	de cause :	Il a été puni **pour avoir sifflé**.
	de but :	Il gonfle les joues **pour siffler**.
	de conséquence :	Il s'entraîne, **au point de siffler toute la journée**.
	d'opposition :	Il a chanté **au lieu de siffler**.
	de condition :	Tu pourrais rester ici, **à condition de ne pas siffler**.
Complément du nom :		Sa manie **de siffler** le matin m'agace.
Apposition :		Son occupation favorite, **siffler**, m'agace.
Complément de l'adjectif :		Heureux **de siffler**, il y met tout son cœur.

CONSTRUCTION DU VERBE

Verbes transitifs, toujours conjugués avec l'auxiliaire *avoir*,

– directs : Christophe Colomb **a découvert** l'Amérique (COD).

– indirects : Le navire **a résisté** à la tempête (COI).

– à double construction : Les habitants de l'île **ont offert** des fruits (COD) à l'équipage (COI (COS)).

Verbes intransitifs, conjugués avec l'auxiliaire *avoir* (sauf *aller*, *venir*, *arriver*, *mourir*, *naître*, *(re)partir*, *rester, tomber*...) :

L'équipage **avait dormi** toute la nuit (Ct Circ.). Les bateaux **sont repartis** à marée haute (Ct Circ.).

Verbes attributifs, conjugués avec l'auxiliaire *avoir* (sauf *devenir, rester...*), ils introduisent :

– l'attribut du sujet : Les habitants **paraissaient** très hospitaliers (Attribut du Sujet).

– l'attribut du COD : La reine l' (COD) **a nommé** gouverneur de la province (Attribut du COD).

Auxiliaires :

Quand l'Amérique **a été** découverte, on **a** cru qu'il s'agissait des Indes.

Semi-auxiliaires :

Le navire qui **vient de** partir **devrait** parvenir à destination dans trois mois.

Verbes pronominaux, toujours conjugués avec l'auxiliaire *être* :

Quelques-uns **se sont enfuis** et **se sont cachés** à l'arrivée du navire.

Verbes impersonnels :

S'**il y a** du vent, **il faut** hisser les voiles ; si **c'est** le calme plat, **il** ne **reste** plus qu'à prendre son mal en patience.

101

GRAMMAIRE
Les classes de mots

CLASSES DES PRONOMS

Personne ne pensait qu'elle achèterait celles-ci.
Personne, *elle*, *celles-ci* sont des pronoms.

DÉFINITION

6e La plupart des pronoms se substituent à un groupe nominal ou le remplacent dans l'énoncé :

Jean a rangé son manteau. → **Il** a rangé **le sien**.
Ce garçon n'obéit pas au directeur. → **Celui-ci** ne **lui** obéit pas.

Certains pronoms, tout en jouant le rôle d'un groupe nominal, ne se substituent à rien dans l'énoncé.

Ils renvoient au locuteur ou à l'interlocuteur, dans le dialogue :

Je t'ai déjà dit que **nous** partirions sans **vous**.

Ils évoquent quelqu'un ou quelque chose d'indéfini :

Personne n'a rien dit. **Quelqu'un** est venu.

Ils ne remplissent qu'un rôle grammatical :

Il manque plusieurs enfants. **C**'est une étrange affaire. **Il** neige.

LES DIFFÉRENTES CATÉGORIES DE PRONOMS

6e Il existe six catégories de pronoms, réparties en fonction du sens : pronoms personnels, pronoms possessifs, pronoms démonstratifs, pronoms relatifs, pronoms interrogatifs, pronoms indéfinis.

FONCTIONS DES PRONOMS

4e Le pronom a les mêmes fonctions que le groupe nominal.

Sujet :	**Il (chacun)** relisait la dictée.
Attribut du sujet :	Cette dictée est **la tienne**.
Complément d'objet direct :	J'ai relu **celle-ci**.
Complément d'agent :	La dictée n'est relue **par personne**.
Complément d'objet indirect :	Le maître **lui** a corrigé une faute.
Ct circ. de lieu :	Es-tu allé **chez lui** ? Je n'**y** suis jamais allé.
de temps :	**Pendant les miennes** *(mes vacances)*, j'ai dormi.
de cause :	**J'en** suis tombé malade *(à cause de l'inquiétude)*.
de but :	Il s'est battu **pour cela** *(= pour la victoire)*.
d'opposition :	Elle a répondu, **malgré tout**.
de condition :	**Sans eux**, je n'aurais pu réussir.
de comparaison :	**Comme la plupart**, il saura répondre.
Complément du nom :	Le titre **de la nôtre** *(= de notre dictée)* était long.
Apposition :	**Moi**, j'ai réussi, **lui**, il a fait trois fautes.
Complément de l'adjectif :	Pierre est très content **de lui**.

PRONOMS
PRONOMS DÉMONSTRATIFS

C'est un beau vélo, mais celui de ton frère est plus rapide.
C', *celui* sont des pronoms démonstratifs.

	Formes simples	Formes composées
Singulier { masculin féminin	celui celle	celui-ci, celui-là celle-ci, celle-là
Pluriel { masculin féminin	ceux celles	ceux-ci, ceux-là celles-ci, celles-là
Neutre	ce, c'	ceci, cela/ça

PRONOM DÉMONSTRATIF À LA FORME SIMPLE

Les formes simples du pronom démonstratif doivent toujours être déterminées par un complément (souvent introduit par la préposition *de*), ou par une proposition subordonnée relative :

Cette plante semble malade, mais **celle** *du salon* est magnifique.
Je viens d'arroser **celles** *qui donnent des fleurs rouges.*

PRONOM DÉMONSTRATIF À LA FORME COMPOSÉE

Les formes composées permettent d'opposer et d'énumérer :

Lequel veux-tu ? **Celui-ci** ou **celui-là** ?

Dans la langue écrite, l'adverbe *ci (= ici)* renvoie à quelque chose de proche dans l'espace, dans le temps, ou dans la phrase, et l'adverbe *là* à quelque chose d'éloigné :

J'ai longtemps discuté avec Pierre et Paul. **Celui-ci** (ou **ce dernier**, Paul) voulait faire une randonnée à bicyclette, **celui-là** (Pierre) une randonnée à pied.

Les formes *ceci* et *cela* obéissent en principe à la même règle. En outre, *cela* renvoie à ce qui vient d'être dit, *ceci* à ce qui va être dit :

Écoutez **ceci**… … C'est pour **cela**…

L'emploi des pronoms démonstratifs neutres pour remplacer des noms présentant le trait animé a une valeur affective marquée, souvent péjorative :

Et **ça** voudrait devenir danseuse ! Les bébés, **cela** crie et pleure.

PRONOM DÉMONSTRATIF À LA FORME NEUTRE

Le pronom neutre *ce* (*c'*) s'emploie
– soit avec le verbe être : **C'***est* une belle histoire.
– soit avec une proposition relative : Tu ne sais pas **ce** *que tu dis.*

103

Grammaire
Les classes de mots

PRONOMS
PRONOMS PERSONNELS

Je crois que tu ne lui ressembles pas.
Je, tu, lui sont des pronoms personnels.

	Singulier			Pluriel		
	1re pers.	2e pers.	3e pers.	1re pers.	2e pers.	3e pers.
Sujet	je	tu	il/elle	nous	vous	ils/elles
COD	me	te	le/la	nous	vous	les
COI	me	te	lui	nous	vous	leur
Forme réfléchie	me	te	se	nous	vous	se
Forme accentuée + réfléchie	moi	toi	lui/elle soi	nous	vous	eux/elles soi
Pronoms adverbiaux 3e pers. sing. et pl.				en y		

FORMES ET EMPLOI

4e Les pronoms personnels changent de forme selon la fonction qu'ils occupent dans la phrase (ils *se déclinent*) :

Elles mangent. — Sujet
Je les regarde. — COD
Je leur parle. — COI

Le pronom personnel réfléchi renvoie au sujet du verbe. Il est donc obligatoirement de la même personne que le sujet. Les verbes employés avec des pronoms réfléchis sont appelés **verbes pronominaux** :

Je me coiffe. (me : réfléchi) ≠ Je le coiffe. (Je : 1re pers. ; le : 3e pers.)

À la 3e personne du singulier et du pluriel, le pronom réfléchi est *se* :

L'enfant **se** coiffe. Les enfants **se** coiffent.

FONCTIONS DU PRONOM *EN*

4e
Complément d'objet direct : *(de la crème)* J'**en** mettrai dans la sauce.
Complément d'objet indirect : *(de ton nom)* Je m'**en** souviens.
Ct du nom : *(de cet animal)* J'**en** ai oublié le nom.
Ct de l'adjectif : *(de cette nouvelle)* Elle **en** est très heureuse.
Ct circonstanciel de lieu : *(de Paris)* Nous **en** revenons.
de cause : *(de ses rhumatismes)* Il **en** souffre beaucoup.
de moyen : *(de ces planches)* J'**en** construirai un placard.

PLACE DES PRONOMS PERSONNELS COMPLÉMENTS

Un seul pronom COD ou COI

	Indicatif/Conditionnel Subjonctif	Impératif
Forme affirmative	Tu **le** regardes. Tu **lui** parles. Tu penses **à lui**.	Regarde-**le**. Parle-**lui**. Pense à **lui**.
Forme négative	Tu ne **le** regardes pas. Tu ne **lui** parles pas.	Ne **le** regarde pas. Ne **lui** parle pas.

Dans le cas d'un verbe conjugué suivi d'un verbe à l'infinitif, la place du pronom peut varier selon que le pronom est complément du verbe conjugué ou complément du verbe à l'infinitif.

	Indicatif/Conditionnel Subjonctif	Impératif
Forme affirmative	Tu vas **le** voir. Tu **le** regardes jouer.	Va **le** voir. Regarde-**le** jouer.
Forme négative	Tu ne vas pas **le** voir. Tu ne **le** regardes pas jouer.	Ne va pas **le** voir. Ne **le** regarde pas jouer.

Cette règle est plus complexe lorsque le premier des verbes est laisser, faire, voir, entendre, sentir.

Un pronom COD + un pronom COI

À la 3e personne, le pronom COI suit le pronom COD :

Il **la** (COD) **lui** (COI) donne. Il ne **la lui** donne pas. Donne-**la-lui**. Ne **la lui** donne pas.

Le pronom COI de la 1re ou 2e personne précède le pronom COD de la 3e personne :

Il **me** (COI) **la** (COD) donne. Il ne **me la** donne pas. Ne **me la** donne pas.

sauf à l'impératif affirmatif : Donne-**la** (COD) **-moi** (COI).

Le pronom COD de la 1re ou 2e personne précède le verbe ; le pronom COI, à la forme accentuée et introduit par une préposition, suit alors le verbe :

Je **t'** (COD) ai confié à **lui** (COI).

104

GRAMMAIRE
Les classes de mots

PRONOMS
PRONOMS POSSESSIFS

Votre jardin est plus fleuri que le nôtre.
le nôtre est un pronom possessif.

FORMES

6e Le pronom possessif varie en personne avec le possesseur :
Tu prends tes chaussures ⟶ les **tiennes** *(2e personne du singulier).*
Nous prenons notre manteau ⟶ le **nôtre** *(1re personne du pluriel).*

Le pronom possessif varie en genre et en nombre avec ce qui est possédé :
tes chaussures ⟶ les **tiennes** *(féminin pluriel).*
notre manteau ⟶ le **nôtre** *(masculin singulier).*

Possesseur / Possédé		Singulier			Pluriel		
		1re pers.	2e pers.	3e pers.	1re pers.	2e pers.	3e pers.
Singulier	masculin	le mien	le tien	le sien	le nôtre	le vôtre	le leur
	féminin	la mienne	la tienne	la sienne	la nôtre	la vôtre	la leur
Singulier	masculin	les miens	les tiens	les siens	les nôtres	les vôtres	les leurs
	féminin	les miennes	les tiennes	les siennes	les nôtres	les vôtres	les leurs

EMPLOI

6e Comme le déterminant possessif, le pronom possessif peut aussi bien exprimer la relation que la possession :
Ton livre est là, celui-ci est **le nôtre**. *(possession)*
Avez-vous eu votre train ? Nous avons raté **le nôtre**. *(relation)*

5e D'un emploi moins courant que le déterminant possessif, le pronom possessif a même fini par perdre sa valeur de pronom dans certaines expressions :
Je retourne vivre auprès **des miens**. *(mes parents)*
Il fait toujours **des siennes**. *(des bêtises)*

PRONOMS
PRONOMS INDÉFINIS

Personne n'a tout lu.
Personne, *tout* sont des pronoms indéfinis.

FORMES

Variables			Invariables	Neutres
genre et nombre	nombre	genre		
ni l'un(e) ni l'autre ni les un(e)s ni les autres nul(le)(s) (*très rare*)		aucun(e) pas un(e)	personne nul	rien
l'un(e) – les un(e)s un(e) autre – d'autres l'un(e)... l'autre les un(e)s... les autres le(s) même(s) – la même quelqu'un(e) – quelques-un(e)s ...	quelqu'autre quelques autres l'autre les autres ...	plus d'un(e) chacun(e) un(e) tel(le) tous – toutes certain(e)s ...	on – autrui la plupart plusieurs d'aucuns quiconque qui que ce soit n'importe qui je ne sais qui...	tout quoi que ce soit n'importe quoi je ne sais quoi autre chose quelque chose grand-chose...

EMPLOI

Certains pronoms indéfinis peuvent se substituer à un groupe nominal (ou à un autre pronom) de l'énoncé :

Des hommes attendaient : **certains** lisaient, **d'autres** bavardaient.

D'autres pronoms indéfinis ne se substituent à rien dans l'énoncé :

Quelque chose m'a frôlé. **On** a téléphoné.

Les pronoms indéfinis *aucun*, *nul*, *personne*, *rien* s'emploient avec un verbe à la forme négative *(ne + verbe)* ou avec la préposition *sans* :

Personne *n'*a parlé. **Aucun** *n'*a bougé. *Sans* **rien** dans les mains...

La plupart des pronoms indéfinis peuvent être déterminés :

L'un *des chatons* était noir. **Tout** *ce que tu dis* est faux.

On est toujours sujet.

– Il peut avoir un sens général (= tout le monde) :

On doit obéir.

– Il peut désigner une ou plusieurs personnes indéterminées :

On a crié.

– À l'oral, *on* est souvent employé à la place de *nous* :

Nous, on a gagné !

Cette tournure n'est pas admise à l'écrit :

Nous, **nous** avons gagné !

PRONOMS
PRONOMS RELATIFS

Nous n'avons pas compris l'histoire qu'il a racontée.
*qu'*est un pronom relatif.

DÉFINITION

5e La forme des pronoms relatifs varie selon leur fonction dans la proposition relative (ils *se déclinent*).

	Sujet	COD	COI	Ct du nom Ct de l'adjectif	Ct circonstanciel
Formes simples	qui	que quoi	dont à quoi – à qui de qui – de quoi	dont de qui – de quoi	où – dont avec/par/vers... qui – quoi
Formes composées masc. sing. fém. sing. masc. pl. fém. pl.	lequel laquelle lesquels lesquelles	lequel... (rare, archaïque)	auquel-duquel à laquelle... auxquels... auxquelles...	duquel de laquelle desquels desquelles	avec lequel vers laquelle par lesquels... ...lesquelles
Pronoms relatifs indéfinis	qui (quoi) que ce soit qui (que) – quoi que – quiconque – ce que – ce qui				

4e Le pronom relatif joue un triple rôle.

– En tant que **mot de liaison**, il relie la proposition relative au nom qu'elle détermine (l'*antécédent*).

– En tant que **pronom**, il remplace son antécédent (groupe nominal ou pronom).

– En tant que **pronom**, il a une **fonction** propre dans la proposition relative :

J'entends un homme | qui | marche dans le couloir.
(un homme : Antécédent ; qui : Sujet)

Rends-moi le livre | que | je t'ai prêté.
(le livre : Antécédent ; que : COD)

Je ne connais pas l'homme | à qui | tu parlais.
(l'homme : Antécédent ; à qui : COI)

J'ai reçu une nouvelle | dont | je suis très contente.
(une nouvelle : Antécédent ; dont : Ct de l'adjectif)

EMPLOI DU PRONOM RELATIF À LA FORME COMPOSÉE

Variant en genre et en nombre, les pronoms relatifs à la forme composée permettent d'éviter des ambiguïtés. Comparez :

Le fils de la fermière **avec qui** je suis allé à l'école...

Le fils de la fermière **avec lequel** je suis allé à l'école...

Le fils de la fermière **avec laquelle** je suis allé à l'école...

Le pronom relatif sujet *lequel* introduit toujours une proposition relative appositive :

On a supprimé les renseignements, **lesquels** étaient inutiles.

Les formes composées s'emploient de préférence aux formes simples

– lorsque le pronom relatif est un complément circonstanciel introduit par une préposition :

Le couteau **avec lequel** il a taillé une canne...

– lorsque le pronom relatif est complément d'un groupe nominal introduit par une préposition :

Le soupirail **par l'ouverture duquel** ils sont passés...

Attention ! Dans ce cas, le pronom relatif est naturellement séparé de son antécédent.

FONCTIONS DU PRONOM RELATIF *DONT*

Complément	
du nom :	La porte **dont** j'ai cassé la poignée...
de l'adjectif :	Il a acheté un stylo **dont** il est très satisfait.
Complément d'objet indirect :	Voici le livre **dont** je t'ai parlé.
Complément d'agent :	Ses camarades, **dont** il est très aimé, l'ont élu.
Complément circonstanciel	
de lieu :	La ville **dont** je reviens est belle.
de moyen :	Il ramassa une branche **dont** il frappa son ami.
de cause :	Connais-tu la maladie **dont** il est mort ?

En dehors de ces quelques fonctions simples, le fonctionnement de dont *est d'une grande complexité.*

Lorsque *dont* est complément d'un nom, ce dernier ne peut être précédé d'un adjectif possessif :

Le pharmacien **dont** il est **le** (~~son~~) client depuis toujours prend sa retraite.

107

GRAMMAIRE
Les classes de mots

PRONOMS
PRONOMS INTERROGATIFS

Qui t'a offert cette calculette ?
Qui est un pronom interrogatif.

FORMES

5e Les pronoms interrogatifs présentent les mêmes formes que les pronoms relatifs (excepté *dont*, qui ne peut être interrogatif).

Les pronoms interrogatifs s'emploient aussi avec des formes renforcées qui, comportant elles-mêmes l'inversion, permettent de retrouver l'ordre habituel de la phrase déclarative :

Que regardez-vous ? ⟶ **Qu'est-ce que** vous regardez ?

EMPLOI

5e Les pronoms interrogatifs sont employés dans l'interrogation partielle où ils peuvent occuper la plupart des fonctions :

Qui marche ?	**Qui** vois-tu ?	**À qui** parles-tu ?	**Qui** es-tu ?
Sujet	COD	COI	Attribut

Les pronoms interrogatifs à la forme simple ne sont pas des représentants, ils ne renvoient à aucun mot de l'énoncé, si ce n'est à la réponse :

Que voulez-vous ?
Où allez-vous ?

Les pronoms interrogatifs à la forme composée sont des représentants. Ils renvoient à des éléments exprimés dans le contexte, avant ou après :

Ils ont beaucoup de gravures. **Lesquelles** préférez-vous ?
Lesquelles préférez-vous, de toutes leurs gravures ?

Les pronoms interrogatifs *qui*, *quoi* et les pronoms à la forme composée peuvent être déterminés :

Qui *d'entre vous* sera sélectionné ?
Sur laquelle *de ces chaises* êtes-vous monté ?

Lors du passage à l'interrogation indirecte
– *que* devient *ce que* :

« **Que** devient-il ? » ⟶ On se demande **ce qu'il** devient.

– *qu'est-ce qui* devient *ce qui* :

« **Qu'est-ce qui** bouge ? » ⟶ Il demanda **ce qui** bougeait.

MOTS DE LIAISON

Je ne veux pas que tu partes car tu n'as pas terminé ton travail de la semaine.
que, *car* et *de* sont des mots de liaison.

PRÉPOSITION

La préposition est un mot de liaison qui introduit un groupe nominal (ou un pronom, un verbe à l'infinitif, un adverbe), en le faisant dépendre d'un autre groupe de la phrase :

Le gardien ← **du** — square
siffle ← **avant de** — fermer les grilles.

CONJONCTION DE SUBORDINATION

La conjonction de subordination est un mot de liaison qui introduit une proposition, en la subordonnant à une autre proposition :

Le gardien veut ← **que** — tout le monde parte ← **quand** — il siffle.

CONJONCTION DE COORDINATION

La conjonction de coordination est un mot de liaison qui relie deux éléments (mots ou groupes de mots, phrases...) de même fonction :

Jean ←— **ou** —→ son frère viendra demain ←— **mais** —→ je ne serai pas là ←— **car** —→ je dois passer au bureau ←— **et** —→ faire des courses.

À la liste habituelle des conjonctions de coordination : *mais*, *ou*, *et*, *donc*, *or*, *ni*, *car*, on peut ajouter un certain nombre d'adverbes qui jouent le même rôle : *puis*, *toutefois*, *cependant*, *pourtant*, *aussi*, *néanmoins*, etc.

CLASSES DES ADVERBES

Pourquoi marche-t-il si lentement ?
Pourquoi, si, lentement sont des adverbes.

DÉFINITION

4e L'adverbe est un mot invariable qui présente des fonctionnements très différents. Le plus fréquemment, il modifie le sens d'un verbe, d'un adjectif ou d'un autre adverbe :

Cet homme **si** timide parlait **très peu**.

ou il est complément de la phrase :

Hier,	il a mangé,	ici,	gloutonnement,	une assiette de ragoût.
Ct Circ. Temps		Ct Circ. Lieu	Ct. Circ. Manière	

DIFFÉRENTS SENS DES ADVERBES

5e Adverbes de **manière** : bien, vite, mal, lentement, fermement, savamment, intelligemment...

Adverbes de **temps** : hier, aujourd'hui, demain, après, avant, déjà, de temps en temps, souvent, soudain...

4e Adverbes de **lieu** : ici, là, devant, derrière, ailleurs, au-dessus, au-dessous, dedans...

Adverbes de **quantité** : trop, assez, moins, plus, peu, beaucoup, autant, aussi, si, très...

Adverbes d'**interrogation** : combien, pourquoi, quand, où, comment... ?

Adverbes d'**opinion** : oui, non, peut-être, certes, sans doute, volontiers, vraiment, probablement...

Adverbes de **négation** : ne, ne... pas, ne... plus, ne... que, ne... jamais, ne... guère...

FONCTIONS DE L'ADVERBE

3e L'adverbe est complément de détermination.
Il modifie le sens d'un
- verbe : Il parle **peu**.
- adjectif : Il est **très** pâle.
- adverbe : Il parle **très** calmement.
- nom : C'est un homme **bien**.

L'adverbe est complément circonstanciel de
- lieu : Je l'ai laissé **dehors**.
- temps : **Hier**, il a plu.
- manière : Il sortit **timidement** de la pièce.
- cause : **Pourquoi** pleures-tu ?

MOTS INVARIABLES

5e

	Prépositions + groupe nominal ou verbe à l'infinitif	**Conjonctions de subordination** + p. subordonnée	**Adverbes**
Temps	avant ; après ; pendant ; jusqu'à ; depuis ; dès...	**+ indicatif :** dès que ; quand ; lorsque ; après que ; aussitôt que ; alors que ; **+ subjonctif :** avant que ; jusqu'à ce que...	hier ; aujourd'hui ; demain ; autrefois ; maintenant ; alors ; bientôt ; désormais...
Lieu	dans ; sous ; près de ; chez ; devant ; derrière ; sur ; au-dessus de ; au-dessous de ; vers...		ici ; là ; ailleurs ; loin ; dessus ; dessous ; en avant ; en haut ; en bas...
Manière	avec ; par ; à ; en...		bien ; mal ; mieux ; heureusement ; prudemment...
Cause	à cause de ; par ; en raison de ; étant donné ; sous prétexte de...	**+ indicatif :** parce que ; puisque ; vu que ; étant donné que ; sous prétexte que...	
Conséquence	de façon à ; de manière à...	**+ indicatif :** si bien que ; de sorte que ; de façon que ; de manière que...	
But	pour ; de peur de ; en vue de...	**+ subjonctif :** pour que ; afin que ; de peur que...	
Condition	à condition de ; à moins de ; dans le cas de...	**+ indicatif :** si **+ subjonctif :** à condition que ; pourvu que ; soit que ; à moins que... .... **+ conditionnel :** quand bien même...	
Opposition	malgré ; en dépit de ; sans...	**+ indicatif :** même si... .... **+ subjonctif :** quelque – que ; bien que ; quoique ; si – que...	
Comparaison	à la façon de ; à la manière de ; selon ; suivant...	**+ indicatif :** comme ; de même que ; ainsi que ; selon que ; suivant que	
Quantité			trop ; assez ; moins ; plus ; peu ; beaucoup ; autant ; aussi ; si...
Opinion			oui ; non ; peut-être ; certes ; sans doute ; ne... pas ; ne... plus

UN MÊME MOT PEUT APPARTENIR À PLUSIEURS CLASSES GRAMMATICALES

6e

Classes grammaticales de *le, la, l', les*	
déterminants pronoms personnels	**le** sable, **la** mer, **l'**été, **les** vagues Il **le** dit... **la** cueille... **l'**admire... **les** dessine.

3e

Classes grammaticales de *si*	
conjonction de subordination	**Si** tu y vas, j'irai aussi.
conjonction de subordination (ou adverbe interrogatif)	Je te demande **si** tu viens.
adverbe d'intensité	Il est **si** grand !
adverbe d'affirmation	Tu ne viens pas ? – **Si** !
nom commun	**Si** est une note de musique.

3e

Classes grammaticales de *que*	
pronom relatif	Voici le livre **que** j'ai acheté.
pronom interrogatif	**Que** dit-il ?
conjonction de subordination	Je veux **que** tu viennes. Il est moins grand **que** toi. **Qu'**il vienne ! Il a plu **pendant qu'**il se promenait.
adverbe	**Que** tu es drôle !

3e

Classes grammaticales de *tout*	
déterminant indéfini	**Tout** endroit me plaît. Il vient **tous** les jours. Ils arrivent de **toutes** parts.
pronom indéfini	**Tout** est bien. Prenez-les **tous**. Une fois pour **toutes**.
adverbe	Ils sont **tout** petits. **Toutes** grandes qu'elles sont... Ils parlaient **tout** en marchant.
nom commun	Il a acheté le **tout**.

4e

Classes grammaticales de *court*	
adjectif qualificatif	Il portait un manteau **court**.
nom	Les joueurs entrèrent sur le **court**.
verbe	Le guépard **court** très vite.
adverbe	Elle s'arrêta **court**.

4e

Classes grammaticales de *devant*	
nom	Le **devant** de sa veste est déchiré.
verbe (participe présent)	**Devant** me lever tôt, je me couche.
préposition	Ils attendent **devant** la porte.
adverbe	Il se place toujours **devant**.

Conjugaison

CONJUGAISON DU VERBE

Craignant d'arriver en retard, il finit par prendre un taxi.
Craignant, *prendre* sont des verbes du 3ᵉ groupe, *finit* du 2ᵉ groupe et *arriver* du 1ᵉʳ groupe.

RADICAL ET TERMINAISON

6ᵉ Le verbe se conjugue, ce qui signifie que sa terminaison varie selon le sujet, le mode et le temps.

Le verbe comporte toujours un radical et une terminaison, quels que soient son temps et son mode :

pos er – je pos e – je pos ais – j'ai pos é...

Le radical donne le sens du verbe.

Il peut rester inchangé au cours de la conjugaison :

pos er – je pos e – je pos ais – j'ai pos é
cour ir – je cour s – je cour ais – j'ai cour u

ou ne subir que de légères altérations :

pes er – je pès e / vainc re – je vainc s – je vainqu is

Il peut varier au cours de la conjugaison :

envoy er – j'envoy ais – j'enver rai
fin ir – je fin is – je finiss ais
ven ir – je vien s – je viendr ai – je vin s

La terminaison indique le mode, le temps et la personne :

Nous	fin	**ir**	**ons** le gâteau.
		futur	1ʳᵉ pers.
		Indicatif	pluriel
	radical	terminaison	

Elle varie en fonction de la personne et du nombre :

– six personnes, trois au singulier JE TU IL / ELLE / ON
trois au pluriel NOUS VOUS ILS / ELLES

– trois personnes à l'impératif, 2ᵉ personnes du singulier et du pluriel, 1ʳᵉ personne du pluriel.

CLASSEMENT DES VERBES PAR CONJUGAISONS

6ᵉ – 1ᵉʳ groupe, terminaison de l'infinitif -er, type chanter (sauf **aller**).
– 2ᵉ groupe, terminaison de l'infinitif -ir, type finir / finissant.
– 3ᵉ groupe, terminaison de l'infinitif -ir, type dormir / dormant,
-oir, type voir,
-re, type vendre, etc.

*D'autres classements se fondent sur le nombre de radicaux différents au cours de la conjugaison, ou encore sur la terminaison de la 1ʳᵉ personne du présent de l'indicatif (verbes en **-e** / verbes en **-s**).*

VARIATIONS SELON LE MODE ET LE TEMPS

5e

Modes	Valeur du mode	Temps simples	Temps composés (auxiliaire + participe passé)
Indicatif	L'action est envisagée comme réelle	présent imparfait passé simple futur	passé composé plus-que-parfait passé antérieur futur antérieur
Subjonctif	L'action est envisagée comme non réalisée	présent imparfait[1]	passé plus-que-parfait[1]
Conditionnel	L'action est envisagée comme éventuelle	présent	passé[2]
Impératif	L'action est ordonnée, conseillée...	présent	passé
Participe		présent	passé
Infinitif		présent	passé

1. De plus en plus, ces temps ne sont plus employés que dans la langue écrite soutenue.
2. Le temps qu'on appelait autrefois « conditionnel passé 2e forme » n'est autre que le subjonctif plus-que-parfait.

VOIX ET TOURNURES DU VERBE

5e Voix active : Jean lavera le verre.
Voix passive : Le verre sera lavé par Jean.
Voix ou tournure pronominale : Je me lave, tu te laves, il se lave...
Tournure impersonnelle : Il neige. Il tombe de gros flocons. C'est vrai.

PÉRIPHRASES VERBALES

5e Elles peuvent remplacer certains temps de l'indicatif, tout en apportant des nuances de sens supplémentaires.

Futur proche : Il va partir.
Futur imminent : Il est sur le point de partir.
Passé proche : Il vient de partir.

AUXILIAIRES

ÊTRE

INDICATIF

Présent		Passé composé		
je	suis	j'	ai	été
tu	es	tu	as	été
il	est	il	a	été
nous	sommes	nous	avons	été
vous	êtes	vous	avez	été
Ils	sont	Ils	ont	été

Imparfait		Plus-que-parfait		
j'	étais	j'	avais	été
tu	étais	tu	avais	été
il	était	il	avait	été
nous	étions	nous	avions	été
vous	étiez	vous	aviez	été
Ils	étaient	Ils	avaient	été

Passé simple		Passé antérieur		
je	fus	j'	eus	été
tu	fus	tu	eus	été
il	fut	il	eut	été
nous	fûmes	nous	eûmes	été
vous	fûtes	vous	eûtes	été
ils	furent	Ils	eurent	été

Futur simple		Futur antérieur		
je	serai	j'	aurai	été
tu	seras	tu	auras	été
il	sera	il	aura	été
nous	serons	nous	aurons	été
vous	serez	vous	aurez	été
ils	seront	Ils	auront	été

SUBJONCTIF

Présent			Passé			
que	je	sois	que	j'	aie	été
que	tu	sois	que	tu	aies	été
qu'	il	soit	qu'	il	ait	été
que	nous	soyons	que	nous	ayons	été
que	vous	soyez	que	vous	ayez	été
qu'	ils	soient	qu'	ils	aient	été

Imparfait			Plus-que-parfait			
que	je	fusse	que	j'	eusse	été
que	tu	fusses	que	tu	eusses	été
qu'	il	fût	qu'	il	eût	été
que	nous	fussions	que	nous	eussions	été
que	vous	fussiez	que	vous	eussiez	été
qu'	ils	fussent	qu'	ils	eussent	été

CONDITIONNEL

Présent		Passé		
je	serais	j'	aurais	été
tu	serais	tu	aurais	été
il	serait	il	aurait	été
nous	serions	nous	aurions	été
vous	seriez	vous	auriez	été
ils	seraient	ils	auraient	été

IMPÉRATIF

Présent	Passé
sois	aie été
soyons	ayons été
soyez	ayez été

INFINITIF / PARTICIPE

INFINITIF Présent	INFINITIF Passé	PARTICIPE Présent	PARTICIPE Passé
être	avoir été	étant	été, ayant été

AVOIR

INDICATIF

Présent		Passé composé		
j'	ai	j'	ai	eu
tu	as	tu	as	eu
il	a	il	a	eu
nous	avons	nous	avons	eu
vous	avez	vous	avez	eu
Ils	ont	Ils	ont	eu

Imparfait		Plus-que-parfait		
j'	avais	j'	avais	eu
tu	avais	tu	avais	eu
il	avait	il	avait	eu
nous	avions	nous	avions	eu
vous	aviez	vous	aviez	eu
Ils	avaient	Ils	avaient	eu

Passé simple		Passé antérieur		
j'	eus	j'	eus	eu
tu	eus	tu	eus	eu
il	eut	il	eut	eu
nous	eûmes	nous	eûmes	eu
vous	eûtes	vous	eûtes	eu
Ils	eurent	ils	eurent	eu

Futur simple		Futur antérieur		
j'	aurai	j'	aurai	eu
tu	auras	tu	auras	eu
il	aura	il	aura	eu
nous	aurons	nous	aurons	eu
vous	aurez	vous	aurez	eu
Ils	auront	Ils	auront	eu

SUBJONCTIF

Présent			Passé			
que	j'	aie	que	j'	aie	eu
que	tu	aies	que	tu	aies	eu
qu'	il	ait	qu'	il	ait	eu
que	nous	ayons	que	nous	ayons	eu
que	vous	ayez	que	vous	ayez	eu
qu'	ils	aient	qu'	ils	aient	eu

Imparfait			Plus-que-parfait			
que	j'	eusse	que	j'	eusse	eu
que	tu	eusses	que	tu	eusses	eu
qu'	il	eût	qu'	il	eût	eu
que	nous	eussions	que	nous	eussions	eu
que	vous	eussiez	que	vous	eussiez	eu
qu'	ils	eussent	qu'	ils	eussent	eu

CONDITIONNEL

Présent		Passé		
j'	aurais	j'	aurais	eu
tu	aurais	tu	aurais	eu
il	aurait	il	aurait	eu
nous	aurions	nous	aurions	eu
vous	auriez	vous	auriez	eu
ils	auraient	ils	auraient	eu

IMPÉRATIF

Présent	Passé
aie	aie eu
ayons	ayons eu
ayez	ayez eu

INFINITIF / PARTICIPE

INFINITIF Présent	INFINITIF Passé	PARTICIPE Présent	PARTICIPE Passé
avoir	avoir eu	ayant	eu(e), ayant eu

VERBES DU 1er GROUPE

Ce sont les verbes dont la terminaison de l'infinitif est *-er* (sauf *aller* et *envoyer) : peser, poser, orner, crier, rêver, louer, laver* sont des verbes du 1er groupe.

À quelques modifications orthographiques près, leur radical reste le même durant la conjugaison.

CONJUGAISON DE L'INDICATIF

Temps simples

	je	tu	il/elle/on	nous	vous	ils/elles
Présent	pès e	pos es	orn e	cri ons	rêv ez	lou ent
Imparfait	pes ais	pos ais	orn ait	cri ions	rêv iez	lou aient
Passé simple	pes ai	pos as	orn a	cri âmes	rêv âtes	lou èrent
Futur simple	pès erai	pos eras	orn era	cri erons	rêv erez	lou eront

Temps composés

Infinitif	**Temps composé** =	**Auxiliaire**		+ **Participe passé**
semer *tomber*	**passé composé**	au présent	j'**ai** .... je **suis**	.... **semé** .... **tombé(e)**
semer *tomber*	**plus-que-parfait**	à l'imparfait	j'**avais**.................. j'**étais**	.... **semé** .... **tombé(e)**
crier *arriver*	**passé antérieur**	au passé simple	j'**eus**...................... je **fus**	.... **crié** .... **arrivé(e)**
crier *arriver*	**futur antérieur**	au futur	j'**aurai** .... je **serai**	.... **crié** .... **arrivé(e)**

CONJUGAISON DU SUBJONCTIF

	que je/j'	que tu	qu'il/elle/on	que nous	que vous	qu'ils/elles
Présent	pès e	pos es	chant e	rang ions	plac iez	lav ent
Imparfait	pes asse	pos asses	chant ât	range assions	plaç assiez	lav assent
Passé	aie pesé	aies posé	ait chanté	ayons rangé	ayez placé	aient lavé
Plus-que-p.	eusse pesé	eusses posé	eût chanté	eussions rangé	eussiez placé	eussent lavé

CONJUGAISON DU CONDITIONNEL

	je/j'	tu	il/elle/on	nous	vous	ils/elles
Présent	pès erais	pos erais	orn erait	cri erions	rêv eriez	lou eraient
Passé	aurais pesé	aurais posé	aurait orné	aurions crié	auriez rêvé	auraient loué

VERBES DU 1er GROUPE

ACHETER

INDICATIF

Présent		Passé composé		
j'	achète	j'	ai	acheté
tu	achètes	tu	as	acheté
il	achète	il	a	acheté
nous	achetons	nous	avons	acheté
vous	achetez	vous	avez	acheté
Ils	achètent	Ils	ont	acheté

Imparfait		Plus-que-parfait		
j'	achetais	j'	avais	acheté
tu	achetais	tu	avais	acheté
il	achetait	il	avait	acheté
nous	achetions	nous	avions	acheté
vous	achetiez	vous	aviez	acheté
Ils	achetaient	Ils	avaient	acheté

Passé simple		Passé antérieur		
j'	achetai	j'	eus	acheté
tu	achetas	tu	eus	acheté
il	acheta	il	eut	acheté
nous	achetâmes	nous	eûmes	acheté
vous	achetâtes	vous	eûtes	acheté
ils	achetèrent	Ils	eurent	acheté

Futur simple		Futur antérieur		
j'	achèterai	j'	aurai	acheté
tu	achèteras	tu	auras	acheté
il	achètera	il	aura	acheté
nous	achèterons	nous	aurons	acheté
vous	achèterez	vous	aurez	acheté
ils	achèteront	Ils	auront	acheté

SUBJONCTIF

Présent			Passé			
que	j	achète	que	j'	aie	acheté
que	tu	achètes	que	tu	aies	acheté
qu'	il	achète	qu'	il	ait	acheté
que	nous	achetions	que	nous	ayons	acheté
que	vous	achetiez	que	vous	ayez	acheté
qu'	ils	achètent	qu'	ils	aient	acheté

Imparfait			Plus-que-parfait			
que	j'	achetasse	que	j'	eusse	acheté
que	tu	achetasses	que	tu	eusses	acheté
qu'	il	achetât	qu'	il	eût	acheté
que	nous	achetassions	que	nous	eussions	acheté
que	vous	achetassiez	que	vous	eussiez	acheté
qu'	ils	achetassent	qu'	ils	eussent	acheté

CONDITIONNEL

Présent		Passé		
j'	achèterais	j'	aurais	acheté
tu	achèterais	tu	aurais	acheté
il	achèterait	il	aurait	acheté
nous	achèterions	nous	aurions	acheté
vous	achèteriez	vous	auriez	acheté
ils	achèteraient	ils	auraient	acheté

IMPÉRATIF

Présent	Passé
achète	aie acheté
achetons	ayons acheté
achetez	ayez acheté

INFINITIF

Présent	Passé
acheter	avoir acheté

PARTICIPE

Présent	Passé
achetant	acheté(e)(s), ayant acheté

APPELER

INDICATIF

Présent		Passé composé		
j'	appelle	j'	ai	appelé
tu	appelles	tu	as	appelé
il	appelle	il	a	appelé
nous	appelons	nous	avons	appelé
vous	appelez	vous	avez	appelé
Ils	appellent	Ils	ont	appelé

Imparfait		Plus-que-parfait		
j'	appelais	j'	avais	appelé
tu	appelais	tu	avais	appelé
il	appelait	il	avait	appelé
nous	appelions	nous	avions	appelé
vous	appeliez	vous	aviez	appelé
Ils	appelaient	Ils	avaient	appelé

Passé simple		Passé antérieur		
j'	appelai	j'	eus	appelé
tu	appelas	tu	eus	appelé
il	appela	il	eut	appelé
nous	appelâmes	nous	eûmes	appelé
vous	appelâtes	vous	eûtes	appelé
Ils	appelèrent	ils	eurent	appelé

Futur simple		Futur antérieur		
j'	appellerai	j'	aurai	appelé
tu	appelleras	tu	auras	appelé
il	appellera	il	aura	appelé
nous	appellerons	nous	aurons	appelé
vous	appellerez	vous	aurez	appelé
Ils	appelleront	Ils	auront	appelé

SUBJONCTIF

Présent			Passé			
que	j'	appelle	que	j'	aie	appelé
que	tu	appelles	que	tu	aies	appelé
qu'	il	appelle	qu'	il	ait	appelé
que	nous	appelions	que	nous	ayons	appelé
que	vous	appeliez	que	vous	ayez	appelé
qu'	ils	appellent	qu'	ils	aient	appelé

Imparfait			Plus-que-parfait			
que	j'	appelasse	que	j'	eusse	appelé
que	tu	appelasses	que	tu	eusses	appelé
qu'	il	appelât	qu'	il	eût	appelé
que	nous	appelassions	que	nous	eussions	appelé
que	vous	appelassiez	que	vous	eussiez	appelé
qu'	ils	appelassent	qu'	ils	eussent	appelé

CONDITIONNEL

Présent		Passé		
j'	appellerais	j'	aurais	appelé
tu	appellerais	tu	aurais	appelé
il	appellerait	il	aurait	appelé
nous	appellerions	nous	aurions	appelé
vous	appelleriez	vous	auriez	appelé
ils	appelleraient	ils	auraient	appelé

IMPÉRATIF

Présent	Passé
appelle	aie appelé
appelons	ayons appelé
appelez	ayez appelé

INFINITIF

Présent	Passé
appeler	avoir appelé

PARTICIPE

Présent	Passé
appelant	appelé(e)(s), ayant appelé

VERBES DU 1er GROUPE

GELER

INDICATIF

Présent		Passé composé		
je	gèle	j'	ai	gelé
tu	gèles	tu	as	gelé
il	gèle	il	a	gelé
nous	gelons	nous	avons	gelé
vous	gelez	vous	avez	gelé
ils	gèlent	ils	ont	gelé

Imparfait		Plus-que-parfait		
je	gelais	j'	avais	gelé
tu	gelais	tu	avais	gelé
il	gelait	il	avait	gelé
nous	gelions	nous	avions	gelé
vous	geliez	vous	aviez	gelé
ils	gelaient	ils	avaient	gelé

Passé simple		Passé antérieur		
je	gelai	j'	eus	gelé
tu	gelas	tu	eus	gelé
il	gela	il	eut	gelé
nous	gelâmes	nous	eûmes	gelé
vous	gelâtes	vous	eûtes	gelé
ils	gelèrent	ils	eurent	gelé

Futur simple		Futur antérieur		
je	gèlerai	j'	aurai	gelé
tu	gèleras	tu	auras	gelé
il	gèlera	il	aura	gelé
nous	gèlerons	nous	aurons	gelé
vous	gèlerez	vous	aurez	gelé
ils	gèleront	ils	auront	gelé

SUBJONCTIF

Présent			Passé			
que	je	gèle	que	j'	aie	gelé
que	tu	gèles	que	tu	aies	gelé
qu'	il	gèle	qu'	il	ait	gelé
que	nous	gelions	que	nous	ayons	gelé
que	vous	geliez	que	vous	ayez	gelé
qu'	ils	gèlent	qu'	ils	aient	gelé

Imparfait			Plus-que-parfait			
que	je	gelasse	que	j'	eusse	gelé
que	tu	gelasses	que	tu	eusses	gelé
qu'	il	gelât	qu'	il	eût	gelé
que	nous	gelassions	que	nous	eussions	gelé
que	vous	gelassiez	que	vous	eussiez	gelé
qu'	ils	gelassent	qu'	ils	eussent	gelé

CONDITIONNEL

Présent		Passé		
je	gèlerais	j'	aurais	gelé
tu	gèlerais	tu	aurais	gelé
il	gèlerait	il	aurait	gelé
nous	gèlerions	nous	aurions	gelé
vous	gèleriez	vous	auriez	gelé
ils	gèleraient	ils	auraient	gelé

IMPÉRATIF

Présent	Passé
gèle	aie gelé
gelons	ayons gelé
gelez	ayez gelé

INFINITIF / PARTICIPE

INFINITIF Présent	INFINITIF Passé	PARTICIPE Présent	PARTICIPE Passé
geler	avoir gelé	gelant	gelé(e)(s), ayant gelé

JETER

INDICATIF

Présent		Passé composé		
je	jette	j'	ai	jeté
tu	jettes	tu	as	jeté
il	jette	il	a	jeté
nous	jetons	nous	avons	jeté
vous	jetez	vous	avez	jeté
ils	jettent	ils	ont	jeté

Imparfait		Plus-que-parfait		
je	jetais	j'	avais	jeté
tu	jetais	tu	avais	jeté
il	jetait	il	avait	jeté
nous	jetions	nous	avions	jeté
vous	jetiez	vous	aviez	jeté
ils	jetaient	ils	avaient	jeté

Passé simple		Passé antérieur		
je	jetai	j'	eus	jeté
tu	jetas	tu	eus	jeté
il	jeta	il	eut	jeté
nous	jetâmes	nous	eûmes	jeté
vous	jetâtes	vous	eûtes	jeté
ils	jetèrent	ils	eurent	jeté

Futur simple		Futur antérieur		
je	jetterai	j'	aurai	jeté
tu	jetteras	tu	auras	jeté
il	jettera	il	aura	jeté
nous	jetterons	nous	aurons	jeté
vous	jetterez	vous	aurez	jeté
ils	jetteront	ils	auront	jeté

SUBJONCTIF

Présent			Passé			
que	je	jette	que	j'	aie	jeté
que	tu	jettes	que	tu	aies	jeté
qu'	il	jette	qu'	il	ait	jeté
que	nous	jetions	que	nous	ayons	jeté
que	vous	jetiez	que	vous	ayez	jeté
qu'	ils	jettent	qu'	ils	aient	jeté

Imparfait			Plus-que-parfait			
que	je	jetasse	que	j'	eusse	eté
que	tu	jetasses	que	tu	eusses	jeté
qu'	il	jetât	qu'	il	eût	jeté
que	nous	jetassions	que	nous	eussions	jeté
que	vous	jetassiez	que	vous	eussiez	jeté
qu'	ils	jetassent	qu'	ils	eussent	jeté

CONDITIONNEL

Présent		Passé		
je	jetterais	j'	aurais	jeté
tu	jetterais	tu	aurais	jeté
il	jetterait	il	aurait	jeté
nous	jetterions	nous	aurions	jeté
vous	jetteriez	vous	auriez	jeté
ils	jetteraient	ils	auraient	jeté

IMPÉRATIF

Présent	Passé
jette	aie jeté
jetons	ayons jeté
jetez	ayez jeté

INFINITIF / PARTICIPE

INFINITIF Présent	INFINITIF Passé	PARTICIPE Présent	PARTICIPE Passé
jeter	avoir jeté	jetant	jeté(e)(s), ayant jeté

117

Conjugaison

VERBES DU 2e GROUPE

Finir, fleurir, ravir, verdir, jaillir, saisir, sont des verbes du 2e groupe.

6e Le radical des verbes du 2e groupe présente deux formes au cours de la conjugaison :
Il fin it – Je fin irai / Ils finiss ent – Je finiss ais

CONJUGAISON DE L'INDICATIF

Temps simples

	je	tu	il/elle/on	nous	vous	ils/elles
Présent	fin is	fleur is	ravit	verdiss ons	saisiss ez	jailliss ent
Imparfait	finiss ais	fleuriss ais	raviss ait	verdiss ions	saisiss iez	jailliss aient
Passé simple	fin is	fleur is	rav it	verd îmes	sais îtes	jailli irent
Futur simple	fin irai	fleur iras	rav ira	verd irons	sais irez	jaill iront

Temps composés

Infinitif	**Temps composé** =	**Auxiliaire**		+ **Participe passé**
ravir	**passé composé**	au présent	**j'ai**	.... **ravi**
finir	**plus-que-parfait**	à l'imparfait	**j'avais**	.... **fini**
saisir	**passé antérieur**	au passé simple	**j'eus**	.... **saisi**
rougir	**futur antérieur**	au futur	**j'aurai**	.... **rougi**

CONJUGAISON DU SUBJONCTIF

	que je /j'	que tu	qu'il/elle/on	que nous	que vous	qu'ils/elles
Présent	finiss e	grandiss es	vieilliss e	bruniss ions	faibliss iez	rougiss ent
Imparfait	finiss e	grandiss es	vieill ît	bruniss ions	faibliss iez	rougiss ent
Passé	aie fini	aies grandi	ait vieilli	ayons bruni	ayez faibli	aient rougi
Plus-que-p.	eusse fini	eusses grandi	eût vieilli	eussions bruni	eussiez faibli	eussent rougi

CONJUGAISON DU CONDITIONNEL

	je/j'	tu	il/elle/on	nous	vous	ils/elles
Présent	fin irais	grand irais	vieill irait	brun irions	faibl iriez	roug iraient
Passé	aurais fini	aurais grandi	aurait vieilli	aurions bruni	auriez faibli	auraient rougi

VERBES DU 2e GROUPE

FINIR

INDICATIF

Présent		Passé composé		
je	finis	j'	ai	fini
tu	finis	tu	as	fini
il	finit	il	a	fini
nous	finissons	nous	avons	fini
vous	finissez	vous	avez	fini
ils	finissent	ils	ont	fini

Imparfait		Plus-que-parfait		
je	finissais	j'	avais	fini
tu	finissais	tu	avais	fini
il	finissait	il	avait	fini
nous	finissions	nous	avions	fini
vous	finissiez	vous	aviez	fini
ils	finissaient	ils	avaient	fini

Passé simple		Passé antérieur		
je	finis	j'	eus	fini
tu	finis	tu	eus	fini
il	finit	il	eut	fini
nous	finîmes	nous	eûmes	fini
vous	finîtes	vous	eûtes	fini
ils	finirent	ils	eurent	fini

Futur simple		Futur antérieur		
je	finirai	j'	aurai	fini
tu	finiras	tu	auras	fini
il	finira	il	aura	fini
nous	finirons	nous	aurons	fini
vous	finirez	vous	aurez	fini
ils	finiront	ils	auront	fini

SUBJONCTIF

Présent			Passé			
que	je	finisse	que	j'	aie	fini
que	tu	finisses	que	tu	aies	fini
qu'	il	finisse	qu'	il	ait	fini
que	nous	finissions	que	nous	ayons	fini
que	vous	finissiez	que	vous	ayez	fini
qu'	ils	finissent	qu'	ils	aient	fini

Imparfait			Plus-que-parfait			
que	je	finisse	que	j'	eusse	fini
que	tu	finisses	que	tu	eusses	fini
qu'	il	finît	qu'	il	eût	fini
que	nous	finissions	que	nous	eussions	fini
que	vous	finissiez	que	vous	eussiez	fini
qu'	ils	finissent	qu'	ils	eussent	fini

CONDITIONNEL

Présent		Passé		
je	finirais	j'	aurais	fini
tu	finirais	tu	aurais	fini
il	finirait	il	aurait	fini
nous	finirions	nous	aurions	fini
vous	finiriez	vous	auriez	fini
ils	finiraient	ils	auraient	fini

IMPÉRATIF

Présent	Passé
finis	aie fini
finissons	ayons fini
finissez	ayez fini

INFINITIF / PARTICIPE

INFINITIF Présent	INFINITIF Passé	PARTICIPE Présent	PARTICIPE Passé
finir	avoir fini	finissant	fini(e)(s), ayant fini

HAÏR

INDICATIF

Présent		Passé composé		
je	hais	j'	ai	haï
tu	hais	tu	as	haï
il	hait	il	a	haï
nous	haïssons	nous	avons	haï
vous	haïssez	vous	avez	haï
ils	haïssent	ils	ont	haï

Imparfait		Plus-que-parfait		
je	haïssais	j'	avais	haï
tu	haïssais	tu	avais	haï
il	haïssait	il	avait	haï
nous	haïssions	nous	avions	haï
vous	haïssiez	vous	aviez	haï
ils	haïssaient	ils	avaient	haï

Passé simple		Passé antérieur		
je	haïs	j'	eus	haï
tu	haïs	tu	eus	haï
il	haït	il	eut	haï
nous	haïmes	nous	eûmes	haï
vous	haïtes	vous	eûtes	haï
ils	haïrent	ils	eurent	haï

Futur simple		Futur antérieur		
je	haïrai	j'	aurai	haï
tu	haïras	tu	auras	haï
il	haïra	il	aura	haï
nous	haïrons	nous	aurons	haï
vous	haïrez	vous	aurez	haï
ils	haïront	ils	auront	haï

SUBJONCTIF

Présent			Passé			
que	je	haïsse	que	j'	aie	haï
que	tu	haïsses	que	tu	aies	haï
qu'	il	haïsse	qu'	il	ait	haï
que	nous	haïssions	que	nous	ayons	haï
que	vous	haïssiez	que	vous	ayez	haï
qu'	ils	haïssent	qu'	ils	aient	haï

Imparfait			Plus-que-parfait			
que	je	haïsse	que	j'	eusse	haï
que	tu	haïsses	que	tu	eusses	haï
qu'	il	haït	qu'	il	eût	haï
que	nous	haïssions	que	nous	eussions	haï
que	vous	haïssiez	que	vous	eussiez	haï
qu'	ils	haïssent	qu'	ils	eussent	haï

CONDITIONNEL

Présent		Passé		
je	haïrais	j'	aurais	haï
tu	haïrais	tu	aurais	haï
il	haïrait	il	aurait	haï
nous	haïrions	nous	aurions	haï
vous	haïriez	vous	auriez	haï
ils	haïraient	ils	auraient	haï

IMPÉRATIF

Présent	Passé
hais	aie haï
haïssons	ayons haï
haïssez	ayez haï

INFINITIF / PARTICIPE

INFINITIF Présent	INFINITIF Passé	PARTICIPE Présent	PARTICIPE Passé
haïr	avoir haï	haïssant	haï(e)(s), ayant haï

VERBES DU 3e GROUPE

ALLER

INDICATIF

Présent		Passé composé		
je	vais	je	suis	allé(e)
tu	vas	tu	es	allé(e)
il	va	il (elle)	est	allé(e)
nous	allons	nous	sommes	allé(e)s
vous	allez	vous	êtes	allé(e)s
ils	vont	ils (elles)	sont	allé(e)s

Imparfait		Plus-que-parfait		
j'	allais	j'	étais	allé(e)
tu	allais	tu	étais	allé(e)
il	allait	il (elle)	était	allé(e)
nous	allions	nous	étions	allé(e)s
vous	alliez	vous	étiez	allé(e)s
ils	allaient	ils (elles)	étaient	allé(e)s

Passé simple		Passé antérieur		
j'	allai	je	fus	allé(e)
tu	allas	tu	fus	allé(e)
u	alla	il (elle)	fut	allé(e)
nous	allâmes	nous	fûmes	allé(e)s
vous	allâtes	vous	fûtes	allé(e)s
ils	allèrent	ils (elles)	furent	allé(e)s

Futur simple		Futur antérieur		
j'	irai	je	serai	allé(e)
tu	iras	tu	seras	allé(e)
il	ira	il (elle)	sera	allé(e)
nous	irons	nous	serons	allé(e)s
vous	irez	vous	serez	allé(e)s
ils	iront	ils (elles)	seront	allé(e)s

SUBJONCTIF

Présent			Passé			
que	j'	aille	que	je	sois	allé(e)
que	tu	ailles	que	tu	sois	allé(e)
qu'	il	aille	qu'	il (elle)	soit	allé(e)
que	nous	allions	que	nous	soyons	allé(e)s
que	vous	alliez	que	vous	soyez	allé(e)s
qu'	ils	aillent	qu'	ils (elles)	soient	allé(e)s

Imparfait			Plus-que-parfait			
que	j'	allasse	que	je	fusse	allé(e)
que	tu	allasses	que	tu	fusses	allé(e)
qu'	il	allât	qu'	il(elle)	fût	allé(e)
que	nous	allassions	que	nous	fussions	allé(e)s
que	vous	allassiez	que	vous	fussiez	allé(e)s
qu'	ils	allassent	qu'	ils (elles)	fussent	allé(e)s

CONDITIONNEL

Présent		Passé		
j'	irais	je	serais	allé(e)
tu	irais	tu	serais	allé(e)
il	irait	il (elle)	serait	allé(e)
nous	irions	nous	serions	allé(e)s
vous	iriez	vous	seriez	allé(e)
ils	iraient	ils (elles)	seraient	allé(e)s

IMPÉRATIF

Présent	Passé
va	sois allé(e)
allons	soyons allé(e)s
allez	soyez allé(e)s

INFINITIF / PARTICIPE

INFINITIF Présent	INFINITIF Passé	PARTICIPE Présent	PARTICIPE Passé
aller	être allé(e)(s)	allant	allé(e)(s), étant allé(e)(s)

ATTEINDRE

INDICATIF

Présent		Passé composé		
j'	atteins	j'	ai	atteint
tu	atteins	tu	as	atteint
il	atteint	il	a	atteint
nous	atteignons	nous	avons	atteint
vous	atteignez	vous	avez	atteint
ils	atteignent	ils	ont	atteint

Imparfait		Plus-que-parfait		
j'	atteignais	j'	avais	atteint
tu	atteignais	tu	avais	atteint
il	atteignait	il	avait	atteint
nous	atteignions	nous	avions	atteint
vous	atteigniez	vous	aviez	atteint
ils	atteignaient	ils	avaient	atteint

Passé simple		Passé antérieur		
j'	atteignis	j'	eus	atteint
tu	atteignis	tu	eus	atteint
il	atteignit	il	eut	atteint
nous	atteignîmes	nous	eûmes	atteint
vous	atteignîtes	vous	eûtes	atteint
ils	atteignirent	ils	eurent	atteint

Futur simple		Futur antérieur		
j'	atteindrai	j'	aurai	atteint
tu	atteindras	tu	auras	atteint
il	atteindra	u	aura	atteint
nous	atteindrons	nous	aurons	atteint
vous	atteindrez	vous	aurez	atteint
ils	atteindront	ils	auront	atteint

SUBJONCTIF

Présent			Passé			
que	j'	atteigne	que	j'	aie	atteint
que	tu	atteignes	que	tu	aies	atteint
qu'	il	atteigne	qu'	il	ait	atteint
que	nous	atteignions	que	nous	ayons	atteint
que	vous	atteigniez	que	vous	ayez	atteint
qu'	ils	atteignent	qu'	ils	aient	atteint

Imparfait			Plus-que-parfait			
que	j'	atteignisse	que	j'	eusse	atteint
que	tu	atteignisses	que	tu	eusses	atteint
qu'	il	atteignît	qu'	il	eût	atteint
que	nous	atteignissions	que	nous	eussions	atteint
que	vous	atteignissiez	que	vous	eussiez	atteint
qu'	ils	atteignissent	qu'	ils	eussent	atteint

CONDITIONNEL

Présent		Passé		
j'	atteindrais	j'	aurais	atteint
tu	atteindrais	tu	aurais	atteint
il	atteindrait	il	aurait	atteint
nous	atteindrions	nous	aurions	atteint
vous	atteindriez	vous	auriez	atteint
ils	atteindraient	ils	auraient	atteint

IMPÉRATIF

Présent	Passé
atteins	aie atteint
atteignons	ayons atteint
atteignez	ayez atteint

INFINITIF / PARTICIPE

INFINITIF Présent	INFINITIF Passé	PARTICIPE Présent	PARTICIPE Passé
atteindre	avoir atteint	atteignant	atteint(e)(s), ayant atteint

VERBES DU 3e GROUPE

CONNAÎTRE

INDICATIF

Présent		Passé composé		
je	connais	j'	ai	connu
tu	connais	tu	as	connu
il	connaît	il	a	connu
nous	connaissons	nous	avons	connu
vous	connaissez	vous	avez	connu
ils	connaissent	ils	ont	connu

Imparfait		Plus-que-parfait		
je	connaissais	j'	avais	connu
tu	connaissais	tu	avais	connu
il	connaissait	il	avait	connu
nous	connaissions	nous	avions	connu
vous	connaissiez	vous	aviez	connu
ils	connaissaient	ils	avaient	connu

Passé simple		Passé antérieur		
je	connus	j'	eus	connu
tu	connus	tu	eus	connu
il	connut	il	eut	connu
nous	connûmes	nous	eûmes	connu
vous	connûtes	vous	eûtes	connu
ils	connurent	ils	eurent	connu

Futur simple		Futur antérieur		
je	connaîtrai	j'	aurai	connu
tu	connaîtras	tu	auras	connu
il	connaîtra	il	aura	connu
nous	connaîtrons	nous	aurons	connu
vous	connaîtrez	vous	aurez	connu
ils	connaîtront	ils	auront	connu

SUBJONCTIF

Présent			Passé			
que	je	connaisse	que	j'	aie	connu
que	tu	connaisses	que	tu	aies	connu
qu'	il	connaisse	qu'	il	ait	connu
que	nous	connaissions	que	nous	ayons	connu
que	vous	connaissiez	que	vous	ayez	connu
qu'	ils	connaissent	qu'	ils	aient	connu

Imparfait			Plus-que-parfait			
que	je	connusse	que	j'	eusse	connu
que	tu	connusses	que	tu	eusses	connu
qu'	il	connût	qu'	il	eût	connu
que	nous	connussions	que	nous	eussions	connu
que	vous	connussiez	que	vous	eussiez	connu
qu'	ils	connussent	qu'	ils	eussent	connu

CONDITIONNEL

Présent		Passé		
je	connaîtrai	j'	aurais	connu
tu	connaîtrais	tu	aurais	connu
il	connaîtrait	il	aurait	connu
nous	connaîtrions	nous	aurions	connu
vous	connaîtriez	vous	auriez	connu
ils	connaîtraient	ils	auraient	connu

IMPÉRATIF

Présent	Passé	
connais	aie	connu
connaissons	ayons	connu
connaissez	ayez	connu

INFINITIF

Présent	Passé
connaître	avoir connu

PARTICIPE

Présent	Passé
connaissant	connu(e)(s), ayant connu

DEVOIR

INDICATIF

Présent		Passé composé		
je	dois	j'	ai	dû
tu	dois	tu	as	dû
il	doit	il	a	dû
nous	devons	nous	avons	dû
vous	devez	vous	avez	dû
ils	doivent	ils	ont	dû

Imparfait		Plus-que-parfait		
je	devais	j'	avais	dû
tu	devais	tu	avais	dû
il	devait	il	avait	dû
nous	devions	nous	avions	dû
vous	deviez	vous	aviez	dû
ils	devaient	ils	avaient	dû

Passé simple		Passé antérieur		
je	dus	j'	eus	dû
tu	dus	tu	eus	dû
il	dut	il	eut	dû
nous	dûmes	nous	eûmes	dû
vous	dûtes	vous	eûtes	dû
ils	durent	ils	eurent	dû

Futur simple		Futur antérieur		
je	devrai	j'	aurai	dû
tu	devras	tu	auras	dû
il	devra	il	aura	dû
nous	devrons	nous	aurons	dû
vous	devrez	vous	aurez	dû
ils	devront	ils	auront	dû

SUBJONCTIF

Présent			Passé			
que	je	doive	que	j'	aie	dû
que	tu	doives	que	tu	aies	dû
qu'	il	doive	qu'	il	ait	dû
que	nous	devions	que	nous	ayons	dû
que	vous	deviez	que	vous	ayez	dû
qu'	ils	doivent	qu'	ils	aient	dû

Imparfait			Plus-que-parfait			
que	je	dusse	que	j'	eusse	dû
que	tu	dusses	que	tu	eusses	dû
qu'	il	dût	qu'	il	eût	dû
que	nous	dussions	que	nous	eussions	dû
que	vous	dussiez	que	vous	eussiez	dû
qu'	ils	dussent	qu'	ils	eussent	dû

CONDITIONNEL

Présent		Passé		
je	devrais	j'	aurais	dû
tu	devrais	tu	aurais	dû
il	devrait	il	aurait	dû
nous	devrions	nous	aurions	dû
vous	devriez	vous	auriez	dû
ils	devraient	ils	auraient	dû

IMPÉRATIF

Présent	Passé	
dois	aie	dû
devons	ayons	dû
devez	ayez	dû

INFINITIF

Présent	Passé
devoir	avoir dû

PARTICIPE

Présent	Passé
devant	dû (du(e)(s), ayant dû

VERBES DU 3e GROUPE

DIRE

INDICATIF

Présent		Passé composé		
je	dis	j'	ai	dit
tu	dis	tu	as	dit
il	dit	il	a	dit
nous	disons	nous	avons	dit
vous	dites	vous	avez	dit
ils	disent	ils	ont	dit

Imparfait		Plus-que-parfait		
je	disais	j'	avais	dit
tu	disais	tu	avais	dit
il	disait	il	avait	dit
nous	disions	nous	avions	dit
vous	disiez	vous	aviez	dit
ils	disaient	ils	avaient	dit

Passé simple		Passé antérieur		
je	dis	j'	eus	dit
tu	dis	tu	eus	dit
il	dit	il	eut	dit
nous	dîmes	nous	eûmes	dit
vous	dîtes	vous	eûtes	dit
ils	dirent	ils	eurent	dit

Futur simple		Futur antérieur		
je	dirai	j'	aurai	dit
tu	diras	tu	auras	dit
il	dira	il	aura	dit
nous	dirons	nous	aurons	dit
vous	direz	vous	aurez	dit
ils	diront	ils	auront	dit

SUBJONCTIF

Présent			Passé			
que	je	dise	que	j'	aie	dit
que	tu	dises	que	tu	aies	dit
qu'	il	dise	qu'	il	ait	dit
que	nous	disions	que	nous	ayons	dit
que	vous	disiez	que	vous	ayez	dit
qu'	ils	disent	qu'	ils	aient	dit

Imparfait			Plus-que-parfait			
que	je	disse	que	j'	eusse	dit
que	tu	disses	que	tu	eusses	dit
qu'	il	dît	qu'	il	eût	dit
que	nous	dissions	que	nous	eussions	dit
que	vous	dissiez	que	vous	eussiez	dit
qu'	ils	dissent	qu'	ils	eussent	dit

CONDITIONNEL

Présent		Passé		
je	dirais	j'	aurais	dit
tu	dirais	tu	aurais	dit
il	dirait	il	aurait	dit
nous	dirions	nous	aurions	dit
vous	diriez	vous	auriez	dit
ils	diraient	ils	auraient	dit

IMPÉRATIF

Présent	Passé
dis	aie dit
disons	ayons dit
dites	ayez dit

INFINITIF

Présent	Passé
dire	avoir dit

PARTICIPE

Présent	Passé
disant	dit(e)(s), ayant dit

FAIRE

INDICATIF

Présent		Passé composé		
je	fais	j'	ai	fait
tu	fais	tu	as	fait
il	fait	il	a	fait
nous	faisons	nous	avons	fait
vous	faites	vous	avez	fait
ils	font	ils	ont	fait

Imparfait		Plus-que-parfait		
je	faisais	j'	avais	fait
tu	faisais	tu	avais	fait
il	faisait	il	avait	fait
nous	faisions	nous	avions	fait
vous	faisiez	vous	aviez	fait
ils	faisaient	ils	avaient	fait

Passé simple		Passé antérieur		
je	fis	j'	eus	fait
tu	fis	tu	eus	fait
il	fit	il	eut	fait
nous	fîmes	nous	eûmes	fait
vous	fîtes	vous	eûtes	fait
ils	firent	ils	eurent	fait

Futur simple		Futur antérieur		
je	ferai	j'	aurai	fait
tu	feras	tu	auras	fait
il	fera	il	aura	fait
nous	ferons	nous	aurons	fait
vous	ferez	vous	aurez	fait
ils	feront	ils	auront	fait

SUBJONCTIF

Présent			Passé			
que	je	fasse	que	j'	aie	fait
que	tu	fasses	que	tu	aies	fait
qu'	il	fasse	qu'	il	ait	fait
que	nous	fassions	que	nous	ayons	fait
que	vous	fassiez	que	vous	ayez	fait
qu'	ils	fassent	qu'	ils	aient	fait

Imparfait			Plus-que-parfait			
que	je	fisse	que	j'	eusse	fait
que	tu	fisses	que	tu	eusses	fait
qu'	il	fît	qu'	il	eût	fait
que	nous	fissions	que	nous	eussions	fait
que	vous	fissiez	que	vous	eussiez	fait
qu'	ils	fissent	qu'	ils	eussent	fait

CONDITIONNEL

Présent		Passé		
je	ferais	j'	aurais	fait
tu	ferais	tu	aurais	fait
il	ferait	il	aurait	fait
nous	ferions	nous	aurions	fait
vous	feriez	vous	auriez	fait
ils	feraient	ils	auraient	fait

IMPÉRATIF

Présent	Passé
fais	aie fait
faisons	ayons fait
faites	ayez fait

INFINITIF

Présent	Passé
faire	avoir fait

PARTICIPE

Présent	Passé
faisant	fait(e)(s), ayant fait

VERBES DU 3e GROUPE

PARTIR

INDICATIF

Présent		Passé composé		
je	pars	je	suis	parti(e)
tu	pars	tu	es	parti(e)
il	part	il (elle)	est	parti(e)
nous	partons	nous	sommes	parti(e)s
vous	partez	vous	êtes	parti(e)s
ils	partent	ils (elles)	sont	parti(e)s

Imparfait		Plus-que-parfait		
je	partais	j'	étais	parti(e)
tu	partais	tu	étais	parti(e)
il	partait	il (elle)	était	parti(e)
nous	partions	nous	étions	parti(e)s
vous	partiez	vous	étiez	parti(e)s
ils	partaient	ils (elles)	étaient	parti(e)s

Passé simple		Passé antérieur		
je	partis	je	fus	parti(e)
tu	partis	tu	fus	parti(e)
il	partit	il (elle)	fut	parti(e)
nous	partîmes	nous	fûmes	parti(e)s
vous	partîtes	vous	fûtes	parti(e)s
ils	partirent	ils (elles)	furent	parti(e)s

Futur simple		Futur antérieur		
je	partirai	je	serai	parti(e)
tu	partiras	tu	seras	parti(e)
il	partira	il (elle)	sera	parti(e)
nous	partirons	nous	serons	parti(e)s
vous	partirez	vous	serez	parti(e)s
ils	partiront	ils (elles)	seront	parti(e)s

SUBJONCTIF

Présent			Passé			
que	je	parte	que	je	sois	parti(e)
que	tu	partes	que	tu	sois	parti(e)
qu'	il	parte	qu'	il (elle)	soit	parti(e)
que	nous	partions	que	nous	soyons	parti(e)s
que	vous	partiez	que	vous	soyez	parti(e)s
qu'	ils	partent	qu'	ils (elles)	soient	parti(e)s

Imparfait			Plus-que-parfait			
que	je	partisse	que	je	fusse	parti(e)
que	tu	partisses	que	tu	fusses	parti(e)
qu'	il	partît	qu'	il(elle)	fût	parti(e)
que	nous	partissions	que	nous	fussions	parti(e)s
que	vous	partissiez	que	vous	fussiez	parti(e)s
qu'	ils	partissent	qu'	ils (elles)	fussent	parti(e)s

CONDITIONNEL

Présent		Passé		
je	partirais	je	serais	parti(e)
tu	partirais	tu	serais	parti(e)
il	partirait	il (elle)	serait	parti(e)
nous	partirions	nous	serions	parti(e)s
vous	partiriez	vous	seriez	parti(e)s
ils	partiraient	ils (elles)	seraient	parti(e)s

IMPÉRATIF

Présent	Passé	
pars	sois	parti(e)
partons	soyons	parti(e)s
partez	soyez	parti(e)s

INFINITIF

Présent	Passé
partir	étant parti(e)(s)

PARTICIPE

Présent	Passé
partant	parti(e)(s), étant parti(e)(s)

POUVOIR

INDICATIF

Présent		Passé composé		
je	peux	j'	ai	pu
tu	peux	tu	as	pu
il	peut	il	a	pu
nous	pouvons	nous	avons	pu
vous	pouvez	vous	avez	pu
ils	peuvent	ils	ont	pu

Imparfait		Plus-que-parfait		
je	pouvais	j'	avais	pu
tu	pouvais	tu	avais	pu
il	pouvait	il	avait	pu
nous	pouvions	nous	avions	pu
vous	pouviez	vous	aviez	pu
ils	pouvaient	ils	avaient	pu

Passé simple		Passé antérieur		
je	pus	j'	eus	pu
tu	pus	tu	eus	pu
il	put	il	eut	pu
nous	pûmes	nous	eûmes	pu
vous	pûtes	vous	eûtes	pu
ils	purent	ils	eurent	pu

Futur simple		Futur antérieur		
je	pourrai	j'	aurai	pu
tu	pourras	tu	auras	pu
il	pourra	il	aura	pu
nous	pourrons	nous	aurons	pu
vous	pourrez	vous	aurez	pu
ils	pourront	ils	auront	pu

SUBJONCTIF

Présent			Passé			
que	je	puisse	que	j'	aie	pu
que	tu	puisses	que	tu	aies	pu
qu'	il	puisse	qu'	il	ait	pu
que	nous	puissions	que	nous	ayons	pu
que	vous	puissiez	que	vous	ayez	pu
qu'	ils	puissent	qu'	ils	aient	pu

Imparfait			Plus-que-parfait			
que	je	pusse	que	j'	eusse	pu
que	tu	pusses	que	tu	eusses	pu
qu'	il	pût	qu'	il	eût	pu
que	nous	pussions	que	nous	eussions	pu
que	vous	pussiez	que	vous	eussiez	pu
qu'	ils	pussent	qu'	ils	eussent	pu

CONDITIONNEL

Présent		Passé		
je	pourrais	j'	aurais	pu
tu	pourrais	tu	aurais	pu
il	pourrait	il	aurait	pu
nous	pourrions	nous	aurions	pu
vous	pourriez	vous	auriez	pu
ils	pourraient	ils	auraient	pu

IMPÉRATIF

(inusité)

INFINITIF

Présent	Passé
pouvoir	avoir pu

PARTICIPE

Présent	Passé
pouvant	pu, ayant pu

VERBES DU 3e GROUPE

PRENDRE

INDICATIF

Présent		Passé composé		
je	prends	j'	ai	pris
tu	prends	tu	as	pris
il	prend	il	a	pris
nous	prenons	nous	avons	pris
vous	prenez	vous	avez	pris
ils	prennent	ils	ont	pris

Imparfait		Plus-que-parfait		
je	prenais	j'	avais	pris
tu	prenais	tu	avais	pris
il	prenait	il	avait	pris
nous	prenions	nous	avions	pris
vous	preniez	vous	aviez	pris
ils	prenaient	ils	avaient	pris

Passé simple		Passé antérieur		
je	pris	j'	eus	pris
tu	pris	tu	eus	pris
il	prit	il	eut	pris
nous	prîmes	nous	eûmes	pris
vous	prîtes	vous	eûtes	pris
ils	prirent	ils	eurent	pris

Futur simple		Futur antérieur		
je	prendrai	j'	aurai	pris
tu	prendras	tu	auras	pris
il	prendra	il	aura	pris
nous	prendrons	nous	aurons	pris
vous	prendrez	vous	aurez	pris
ils	prendront	ils	auront	pris

SUBJONCTIF

Présent			Passé			
que	je	prenne	que j'		aie	pris
que	tu	prennes	que	tu	aies	pris
qu'	il	prenne	qu'	il	ait	pris
que	nous	prenions	que	nous	ayons	pris
que	vous	preniez	que	vous	ayez	pris
qu'	ils	prennent	qu'	ils	aient	pris

Imparfait			Plus-que-parfait			
que	je	prisse	que j'		eusse	pris
que	tu	prisses	que	tu	eusses	pris
qu'	il	prît	qu'	il	eût	pris
que	nous	prissions	que	nous	eussions	pris
que	vous	prissiez	que	vous	eussiez	pris
qu'	ils	prissent	qu'	ils	eussent	pris

CONDITIONNEL

Présent		Passé		
je	prendrais	j'	aurais	pris
tu	prendrais	tu	aurais	pris
il	prendrait	il	aurait	pris
nous	prendrions	nous	aurions	pris
vous	prendriez	vous	auriez	pris
ils	prendraient	ils	auraient	pris

IMPÉRATIF

Présent	Passé	
prends	aie	pris
prenons	ayons	pris
prenez	ayez	pris

INFINITIF / PARTICIPE

INFINITIF Présent	INFINITIF Passé	PARTICIPE Présent	PARTICIPE Passé
prendre	avoir pris	prenant	pris(e)(s), ayant pris

RÉSOUDRE

INDICATIF

Présent		Passé composé		
je	résous	j'	ai	résolu
tu	résous	tu	as	résolu
il	résout	il	a	résolu
nous	résolvons	nous	avons	résolu
vous	résolvez	vous	avez	résolu
ils	résolvent	ils	ont	résolu

Imparfait		Plus-que-parfait		
je	résolvais	j'	avais	résolu
tu	résolvais	tu	avais	résolu
il	résolvait	il	avait	résolu
nous	résolvions	nous	avions	résolu
vous	résolviez	vous	aviez	résolu
ils	résolvaient	ils	avaient	résolu

Passé simple		Passé antérieur		
je	résolus	j'	eus	résolu
tu	résolus	tu	eus	résolu
il	résolut	il	eut	résolu
nous	résolûmes	nous	eûmes	résolu
vous	résolûtes	vous	eûtes	résolu
ils	résolurent	ils	eurent	résolu

Futur simple		Futur antérieur		
je	résoudrai	j'	aurai	résolu
tu	résoudras	tu	auras	résolu
il	résoudra	il	aura	résolu
nous	résoudrons	nous	aurons	résolu
vous	résoudrez	vous	aurez	résolu
ils	résoudront	ils	auront	résolu

SUBJONCTIF

Présent			Passé			
que	je	résolve	que j'		aie	résolu
que	tu	résolves	que	tu	aies	résolu
qu'	il	résolve	qu'	il	ait	résolu
que	nous	résolvions	que	nous	ayons	résolu
que	vous	résolviez	que	vous	ayez	résolu
qu'	ils	résolvent	qu'	ils	aient	résolu

Imparfait			Plus-que-parfait			
que	je	résolusse	que j'		eusse	résolu
que	tu	résolusses	que	tu	eusses	résolu
qu'	il	résolût	qu'	il	eût	résolu
que	nous	résolussions	que	nous	eussions	résolu
que	vous	résolussiez	que	vous	eussiez	résolu
qu'	ils	résolussent	qu'	ils	eussent	résolu

CONDITIONNEL

Présent		Passé		
je	résoudrais	j'	aurais	résolu
tu	résoudrais	tu	aurais	résolu
il	résoudrait	il	aurait	résolu
nous	résoudrions	nous	aurions	résolu
vous	résoudriez	vous	auriez	résolu
ils	résoudraient	ils	auraient	résolu

IMPÉRATIF

Présent	Passé	
résous	aie	résolu
résolvons	ayons	résolu
résolvez	ayez	résolu

INFINITIF / PARTICIPE

INFINITIF Présent	INFINITIF Passé	PARTICIPE Présent	PARTICIPE Passé
résoudre	avoir résolu	résolvant	résolu(e)(s), ayant résolu

VERBES DU 3e GROUPE

SAVOIR

INDICATIF

Présent		Passé composé		
je	sais	j'	ai	su
tu	sais	tu	as	su
il	sait	il	a	su
nous	savons	nous	avons	su
vous	savez	vous	avez	su
ils	savent	ils	ont	su

Imparfait		Plus-que-parfait		
je	savais	j'	avais	su
tu	savais	tu	avais	su
il	savait	il	avait	su
nous	savions	nous	avions	su
vous	saviez	vous	aviez	su
ils	savaient	ils	avaient	su

Passé simple		Passé antérieur		
je	sus	j'	eus	su
tu	sus	tu	eus	su
il	sut	il	eut	su
nous	sûmes	nous	eûmes	su
vous	sûtes	vous	eûtes	su
ils	surent	ils	eurent	su

Futur simple		Futur antérieur		
je	saurai	j'	aurai	su
tu	sauras	tu	auras	su
il	saura	il	aura	su
nous	saurons	nous	aurons	su
vous	saurez	vous	aurez	su
ils	sauront	ils	auront	su

SUBJONCTIF

Présent			Passé			
que	je	sache	que	j'	aie	su
que	tu	saches	que	tu	aies	su
qu'	il	sache	qu'	il	ait	su
que	nous	sachions	que	nous	ayons	su
que	vous	sachiez	que	vous	ayez	su
qu'	ils	sachent	qu'	ils	aient	su

Imparfait			Plus-que-parfait			
que	je	susse	que	j'	eusse	su
que	tu	susses	que	tu	eusses	su
qu'	il	sût	qu'	il	eût	su
que	nous	sussions	que	nous	eussions	su
que	vous	sussiez	que	vous	eussiez	su
qu'	ils	sussent	qu'	ils	eussent	su

CONDITIONNEL

Présent		Passé		
je	saurais	j'	aurais	su
tu	saurais	tu	aurais	su
il	saurait	il	aurait	su
nous	saurions	nous	aurions	su
vous	sauriez	vous	auriez	su
ils	sauraient	ils	auraient	su

IMPÉRATIF

Présent	Passé	
sache	aie	su
sachons	ayons	su
sachez	ayez	su

INFINITIF / PARTICIPE

INFINITIF Présent	INFINITIF Passé	PARTICIPE Présent	PARTICIPE Passé
savoir	avoir su	sachant	su(e)(s), ayant su

VALOIR

INDICATIF

Présent		Passé composé		
je	vaux	j'	ai	valu
tu	vaux	tu	as	valu
il	vaut	il	a	valu
nous	valons	nous	avons	valu
vous	valez	vous	avez	valu
ils	valent	ils	ont	valu

Imparfait		Plus-que-parfait		
je	valais	j'	avais	valu
tu	valais	tu	avais	valu
il	valait	il	avait	valu
nous	valions	nous	avions	valu
vous	valiez	vous	aviez	valu
ils	valaient	ils	avaient	valu

Passé simple		Passé antérieur		
je	valus	j'	eus	valu
tu	valus	tu	eus	valu
il	valut	il	eut	valu
nous	valûmes	nous	eûmes	valu
vous	valûtes	vous	eûtes	valu
ils	valurent	ils	eurent	valu

Futur simple		Futur antérieur		
je	vaudrai	j'	aurai	valu
tu	vaudras	tu	auras	valu
il	vaudra	il	aura	valu
nous	vaudrons	nous	aurons	valu
vous	vaudrez	vous	aurez	valu
ils	vaudront	ils	auront	valu

SUBJONCTIF

Présent			Passé			
que	je	vaille	que	j'	aie	valu
que	tu	vailles	que	tu	aies	valu
qu'	il	vaille	qu'	il	ait	valu
que	nous	valions	que	nous	ayons	valu
que	vous	valiez	que	vous	ayez	valu
qu'	ils	vaillent	qu'	ils	aient	valu

Imparfait			Plus-que-parfait			
que	je	valusse	que	j'	eusse	valu
que	tu	valusses	que	tu	eusses	valu
qu'	il	valût	qu'	il	eût	valu
que	nous	valussions	que	nous	eussions	valu
que	vous	valussiez	que	vous	eussiez	valu
qu'	ils	valussent	qu'	ils	eussent	valu

CONDITIONNEL

Présent		Passé		
je	vaudrais	j'	aurais	valu
tu	vaudrais	tu	aurais	valu
il	vaudrait	il	aurait	valu
nous	vaudrions	nous	aurions	valu
vous	vaudriez	vous	auriez	valu
ils	vaudraient	ils	auraient	valu

IMPÉRATIF

Présent	Passé	
vaux	aie	valu
valons	ayons	valu
valez	ayez	valu

INFINITIF / PARTICIPE

INFINITIF Présent	INFINITIF Passé	PARTICIPE Présent	PARTICIPE Passé
valoir	avoir valu	valant	valu(e)(s), ayant valu

VERBES DU 3e GROUPE

VENIR

INDICATIF

Présent		Passé composé		
je	viens	je	suis	venu(e)
tu	viens	tu	es	venu(e)
il	vient	il (elle)	est	venu(e)
nous	venons	nous	sommes	venu(e)s
vous	venez	vous	êtes	venu(e)s
ils	viennent	ils (elles)	sont	venu(e)s

Imparfait		Plus-que-parfait		
je	venais	j'	étais	venu(e)
tu	venais	tu	étais	venu(e)
il	venait	il (elle)	était	venu(e)
nous	venions	nous	étions	venu(e)s
vous	veniez	vous	étiez	venu(e)s
ils	venaient	ils (elles)	étaient	venu(e)s

Passé simple		Passé antérieur		
je	vins	je	fus	venu(e)
tu	vins	tu	fus	venu(e)
il	vint	il (elle)	fut	enu(e)
nous	vînmes	nous	fûmes	venu(e)s
vous	vîntes	vous	fûtes	venu(e)s
ils	vinrent	ils (elles)	furent	venu(e)s

Futur simple		Futur antérieur		
je	viendrai	je	serai	venu(e)
tu	viendras	tu	seras	venu(e)
il	viendra	il (elle)	sera	venu(e)
nous	viendrons	nous	serons	venu(e)s
vous	viendrez	vous	serez	venu(e)s
ils	viendront	ils (elles)	seront	venu(e)s

SUBJONCTIF

Présent			Passé			
que	je	vienne	que	je	sois	venu(e)
que	tu	viennes	que	tu	sois	venu(e)
qu'	il	vienne	qu'	il (elle)	soit	venu(e)
que	nous	venions	que	nous	soyons	venu(e)s
que	vous	veniez	que	vous	soyez	venu(e)s
qu'	ils	viennent	qu'	ils (elles)	soient	venu(e)s

Imparfait			Plus-que-parfait			
que	je	vinsse	que	je	fusse	venu(e)
que	tu	vinsses	que	tu	fusses	venu(e)
qu'	il	vînt	qu'	il (elle)	fût	venu(e)
que	nous	vinssions	que	nous	fussions	venu(e)s
que	vous	vinssiez	que	vous	fussiez	venu(e)s
qu'	ils	vinssent	qu'	ils (elles)	fussent	venu(e)s

CONDITIONNEL

Présent		Passé		
je	viendrais	je	serais	venu(e)
tu	viendrais	tu	serais	venu(e)
il	viendrait	il (elle)	serait	venu(e)
nous	viendrions	nous	serions	venu(e)s
vous	viendriez	vous	seriez	venu(e)s
ils	viendraient	ils (elles)	seraient	venu(e)s

IMPÉRATIF

Présent	Passé	
viens	sois	venu(e)
venons	soyons	venu(e)s
venez	soyez	venu(e)s

INFINITIF

Présent	Passé
venir	être venu(e)(s)

PARTICIPE

Présent	Passé
venant	venu(e)(s), étant venu(e)(s)

VIVRE

INDICATIF

Présent		Passé composé		
je	vis	j'	ai	vécu
tu	vis	tu	as	vécu
il	vit	il	a	vécu
nous	vivons	nous	avons	vécu
vous	vivez	vous	avez	vécu
ils	vivent	ils	ont	vécu

Imparfait		Plus-que-parfait		
je	vivais	je	avais	vécu
tu	vivais	tu	avais	vécu
il	vivait	il	avait	vécu
nous	vivions	nous	avions	vécu
vous	viviez	vous	aviez	vécu
ils	vivaient	ils	avaient	vécu

Passé simple		Passé antérieur		
je	vécus	je	eus	vécu
tu	vécus	tu	eus	vécu
il	vécut	il	eut	vécu
nous	vécûmes	nous	eûmes	vécu
vous	vécûtes	vous	eûtes	vécu
ils	vécurent	ils	eurent	vécu

Futur simple		Futur antérieur		
je	vivrai	je	aurai	vécu
tu	vivras	tu	auras	vécu
il	vivra	il	aura	vécu
nous	vivrons	nous	aurons	vécu
vous	vivrez	vous	aurez	vécu
ils	vivront	ils	auront	vécu

SUBJONCTIF

Présent			Passé			
que	je	vive	que	j'	aie	vécu
que	tu	vives	que	tu	aies	vécu
qu'	il	vive	qu'	il	ait	vécu
que	nous	vivions	que	nous	ayons	vécu
que	vous	viviez	que	vous	ayez	vécu
qu'	ils	vivent	qu'	ils	aient	vécu

Imparfait			Plus-que-parfait			
que	je	vécusse	que	j'	eusse	vécu
que	tu	vécusses	que	tu	eusses	vécu
qu'	il	vécût	qu'	il	eût	vécu
que	nous	vécussions	que	nous	eussions	vécu
que	vous	vécussiez	que	vous	eussiez	vécu
qu'	ils	vécussent	qu'	ils	eussent	vécu

CONDITIONNEL

Présent		Passé		
je	vivrais	j'	aurais	vécu
tu	vivrais	tu	aurais	vécu
il	vivrait	il	aurait	vécu
nous	vivrions	nous	aurions	vécu
vous	vivriez	vous	auriez	vécu
ils	vivraient	ils	auraient	vécu

IMPÉRATIF

Présent	Passé	
vis	aie	vécu
vivons	ayons	vécu
vivez	ayez	vécu

INFINITIF

Présent	Passé
vivre	avoir vécu

PARTICIPE

Présent	Passé
vivant	vécu(e)(s), ayant vécu

VERBES DU 3e GROUPE

VOIR

INDICATIF

Présent		Passé composé		
je	vois	j'	ai	vu
tu	vois	tu	as	vu
il	voit	il	a	vu
nous	voyons	nous	avons	vu
vous	voyez	vous	avez	vu
ils	voient	ils	ont	vu

Imparfait		Plus-que-parfait		
je	voyais	j'	avais	vu
tu	voyais	tu	avais	vu
il	voyait	il	avait	vu
nous	voyions	nous	avions	vu
vous	voyiez	vous	aviez	vu
ils	voyaient	ils	avaient	vu

Passé simple		Passé antérieur		
je	vis	j'	eus	vu
tu	vis	tu	eus	vu
il	vit	il	eut	vu
nous	vîmes	nous	eûmes	vu
vous	vîtes	vous	eûtes	vu
ils	virent	ils	eurent	vu

Futur simple		Futur antérieur		
je	verrai	j'	aurai	vu
tu	verras	tu	auras	vu
il	verra	il	aura	vu
nous	verrons	nous	aurons	vu
vous	verrez	vous	aurez	vu
ils	verront	ils	auront	vu

SUBJONCTIF

Présent			Passé			
que	je	voie	que	j'	aie	vu
que	tu	voies	que	tu	aies	vu
qu'	il	voie	qu'	il	ait	vu
que	nous	voyions	que	nous	ayons	vu
que	vous	voyiez	que	vous	ayez	vu
qu'	ils	voient	qu'	ils	aient	vu

Imparfait			Plus-que-parfait			
que	je	visse	que	j'	eusse	vu
que	tu	visses	que	tu	eusses	vu
qu'	il	vît	qu'	il	eût	vu
que	nous	vissions	que	nous	eussions	vu
que	vous	vissiez	que	vous	eussiez	vu
qu'	ils	vissent	qu'	ils	eussent	vu

CONDITIONNEL

Présent		Passé		
je	verrais	j'	aurais	vu
tu	verrais	tu	aurais	vu
il	venait	il	aurait	vu
nous	verrions	nous	aurions	vu
vous	veniez	vous	auriez	vu
ils	verraient	ils	auraient	vu

IMPÉRATIF

Présent	Passé
vois	aie vu
voyons	ayons vu
voyez	ayez vu

INFINITIF — PARTICIPE

Infinitif Présent	Infinitif Passé	Participe Présent	Participe Passé
voir	avoir vu	voyant	vu(e)(s), ayant vu

VOULOIR

INDICATIF

Présent		Passé composé		
je	veux	j'	ai	voulu
tu	veux	tu	as	voulu
il	veut	il	a	voulu
nous	voulons	nous	avons	voulu
vous	voulez	vous	avez	voulu
ils	veulent	ils	ont	voulu

Imparfait		Plus-que-parfait		
je	voulais	j'	avais	voulu
tu	voulais	tu	avais	voulu
il	voulait	il	avait	voulu
nous	voulions	nous	avions	voulu
vous	vouliez	vous	aviez	voulu
ils	voulaient	ils	avaient	voulu

Passé simple		Passé antérieur		
je	voulus	j'	eus	voulu
tu	voulus	tu	eus	voulu
il	voulut	il	eut	voulu
nous	voulûmes	nous	eûmes	voulu
vous	voulûtes	vous	eûtes	voulu
ils	voulurent	ils	eurent	voulu

Futur simple		Futur antérieur		
je	voudrai	j'	aurai	voulu
tu	voudras	tu	auras	voulu
il	voudra	il	aura	voulu
nous	voudrons	nous	aurons	voulu
vous	voudrez	vous	aurez	voulu
ils	voudront	ils	auront	voulu

SUBJONCTIF

Présent			Passé			
que	je	veuille	que	j'	aie	voulu
que	tu	veuilles	que	tu	aies	voulu
qu'	il	veuille	qu'	il	ait	voulu
que	nous	voulions	que	nous	ayons	voulu
que	vous	vouliez	que	vous	ayez	voulu
qu'	ils	veuillent	qu'	ils	aient	voulu

Imparfait			Plus-que-parfait			
que	je	voulusse	que	j'	eusse	voulu
que	tu	voulusses	que	tu	eusses	voulu
qu'	il	voulût	qu'	il	eût	voulu
que	nous	voulussions	que	nous	eussions	voulu
que	vous	voulussiez	que	vous	eussiez	voulu
qu'	ils	voulussent	qu'	ils	eussent	voulu

CONDITIONNEL

Présent		Passé		
je	voudrais	j'	aurais	voulu
tu	voudrais	tu	aurais	voulu
il	voudrait	il	aurait	voulu
nous	voudrions	nous	aurions	voulu
vous	voudriez	vous	auriez	voulu
ils	voudraient	ils	auraient	voulu

IMPÉRATIF

Présent	Passé
veux (veuille)	aie voulu
voulons (veuillons)	ayons voulu
voulez (veuillez)	ayez voulu

INFINITIF — PARTICIPE

Infinitif Présent	Infinitif Passé	Participe Présent	Participe Passé
vouloir	avoir voulu	voulant	voulu (e)(s), ayant voulu

CONJUGAISON D'UN VERBE AU PASSIF

ÊTRE LAVÉ (1er groupe)

INDICATIF

Présent

je	suis	lavé(e)
tu	es	lavé(e)
il (elle)	est	lavé(e)
nous	sommes	lavé(e)s
vous	êtes	lavé(e)s
ils (elles)	sont	lavé(e)s

Passé composé

j'	ai	été	lavé(e)
tu	as	été	lavé(e)
il (elle)	a	été	lavé(e)
nous	avons	été	lavé(e)s
vous	avez	été	lavé(e)s
ils (elles)	ont	été	lavé(e)s

Imparfait

j'	étais	lavé(e)
tu	étais	lavé(e)
il (elle)	était	lavé(e)
nous	étions	lavé(e)s
vous	étiez	lavé(e)s
ils (elles)	étaient	lavé(e)s

Plus-que-parfait

j'	avais	été	lavé(e)
tu	avais	été	lavé(e)
il (elle)	avait	été	lavé(e)
nous	avions	été	lavé(e)s
vous	aviez	été	lavé(e)s
ils (elles)	avaient	été	lavé(e)s

Passé simple

je	fus	lavé(e)
tu	fus	lavé(e)
il (elle)	fut	lavé(e)
nous	fûmes	lavé(e)s
vous	fûtes	lavé(e)s
ils (elles)	furent	lavé(e)s

Passé antérieur

j'	eus	été	lavé(e)
tu	eus	été	lavé(e)
il (elle)	eut	été	lavé(e)
nous	eûmes	été	lavé(e)s
vous	eûtes	été	lavé(e)s
ils (elles)	eurent	été	lavé(e)s

Futur simple

je	serai	lavé(e)
tu	seras	lavé(e)
il (elle)	sera	lavé(e)
nous	serons	lavé(e)s
vous	serez	lavé(e)s
ils (elles)	seront	lavé(e)s

Futur antérieur

j'	aurai	été	lavé(e)
tu	auras	été	lavé(e)
il (elle)	aura	été	lavé(e)
nous	aurons	été	lavé(e)s
vous	aurez	été	lavé(e)s
ils (elles)	auront	été	lavé(e)s

SUBJONCTIF

Présent

que	je	sois	lavé(e)
que	tu	sois	lavé(e)
qu'	il (elle)	soit	lavé(e)
que	nous	soyons	lavé(e)s
que	vous	soyez	lavé(e)s
qu'	ils (elles)	soient	lavé(e)s

Passé

que	j'	aie	été	lavé(e)
que	tu	aies	été	lavé(e)
qu'	il (elle)	ait	été	lavé(e)
que	nous	ayons	été	lavé(e)s
que	vous	ayez	été	lavé(e)s
qu'	ils (elles)	aient	été	lavé(e)s

Imparfait

que	je	fusse	lavé(e)
que	tu	fusses	lavé(e)
qu'il	(elle)	fût	lavé(e)
que	nous	fussions	lavé(e)s
que	vous	fussiez	lavé(e)s
qu'	ils (elles)	fussent	lavé(e)s

Plus-que-parfait

que	j'	eusse	été	lavé(e)
que	tu	eusses	été	lavé(e)
qu'	il (elle)	eût	été	lavé(e)
que	nous	eussions	été	lavé(e)s
que	vous	eussiez	été	lavé(e)s
qu'	ils (elles)	eussent	été	lavé(e)s

CONDITIONNEL

Présent

je	serais	lavé(e)
tu	serais	lavé(e)
il (elle)	serait	lavé(e)
nous	serions	lavé(e)s
vous	seriez	lavé(e)s
ils (elles)	seraient	lavé(e)s

Passé

je	aurais	été	lavé(e)
tu	aurais	été	lavé(e)
il (elle)	aurait	été	lavé(e)
nous	aurions	été	lavé(e)s
vous	auriez	été	lavé(e)s
ils (elles)	auraient	été	lavé(e)s

IMPÉRATIF

Présent

sois lavé(e)
soyons lavé(e)s
soyez lavé(e)s

Passé

(inusité)

INFINITIF

Présent
être lavé(e)(s)

Passé
avoir été lavé(e)(s)

PARTICIPE

Présent
étant lavé(e)(s)

Passé
ayant été lavé(e)(s)

FORME INTERROGATIVE VERBE PRONOMINAL VERBE IMPERSONNEL

RESTER ?

INDICATIF

Présent	Passé composé	
resté-je ? *(rare)*	suis-je	resté(e) ?
restes-tu ?	es-tu	resté(e) ?
reste-t-il ?	est-il (elle)	resté(e) ?
restons-nous ?	sommes-nous	resté(e)s ?
restez-vous ?	êtes-vous	resté(e)s ?
restent-ils ?	sont-ils (elles)	resté(e)s ?

Imparfait	Plus-que-parfait	
restais-je ?	étais-je	resté(e) ?
restais-tu ?	étais-tu	resté(e) ?
restait-il ?	était-il (elle)	resté(e) ?
restions-nous ?	étions-nous	resté(e)s ?
restiez-vous ?	étiez-vous	resté(e)s ?
restaient-ils ?	étaient-ils (elles)	resté(e)s ?

Passé simple	Passé antérieur	
restai-je ?	fus-je	resté(e) ?
restas-tu ?	fus-tu	resté(e) ?
resta-t-il ?	fut-il (elle)	resté(e) ?
restâmes-nous ?	fûmes-nous	resté(e)s ?
restâtes-vous ?	fûtes-vous	resté(e)s ?
restèrent-ils ?	furent-ils (elles)	resté(e)s ?

Futur simple	Futur antérieur	
resterai-je ?	serai-je	resté(e) ?
resteras-tu ?	seras-tu	resté(e) ?
restera-t-il ?	sera-t-il (elle)	resté(e) ?
resterons-nous ?	serons-nous	resté(e)s ?
resterez-vous ?	serez-vous	resté(e)s ?
resteront-ils ?	seront-ils (elles)	resté(e)s ?

CONDITIONNEL

Présent	Passé	
resterais-je ?	serais-je	resté (e) ?
resterais-tu ?	serais-tu	resté (e) ?
resterait-t-il ?	serait-il (elle)	resté (e) ?
resterions-nous ?	serions-nous	resté(e)s ?
resteriez-vous ?	seriez-vous	resté(e)s ?
resteraient-ils ?	seraient-ils (elles)	resté(e)s ?

FALLOIR

INDICATIF

Présent	Passé composé
il faut	il a fallu

Imparfait	Plus-que-parfait
il fallait	il avait fallu

Passé simple	Passé antérieur
il fallut	il eut fallu

Futur simple	Futur antérieur
il faudra	il aura fallu

SUBJONCTIF

Présent	Passé
qu'il faille	qu'il ait fallu

Imparfait	Plus-que-parfait
qu'il fallût	qu'il eût fallu

CONDITIONNEL

Présent	Passé
il faudrait	il aurait fallu

SE TROMPER

INDICATIF

Présent			Passé composé			
je	me	trompe	je	me	suis	trompé(e)
tu	te	trompes	tu	t'	es	trompé(e)
il	se	trompe	il (elle)	s'	est	trompé(e)
nous	nous	trompons	nous	nous	sommes	trompé(e)s
vous	vous	trompez	vous	vous	êtes	trompé(e)s
ils	se	trompent	ils (elles)	se	sont	trompé(e)s

Imparfait			Plus-que-parfait			
je	me	trompais	je	m'	étais	trompé(e)
tu	te	trompais	tu	t'	étais	trompé(e)
il	se	trompait	il (elle)	s'	était	trompé(e)
nous	nous	trompions	nous	nous	étions	trompé(e)s
vous	vous	trompiez	vous	vous	étiez	trompé(e)s
ils	se	trompaient	ils (elles)	s'	étaient	trompé(e)s

Passé simple			Passé antérieur			
je	me	trompai	je	me	fus	trompé(e)
tu	te	trompas	tu	te	fus	trompé(e)
il	se	trompa	il (elle)	se	fut	trompé(e)
nous	nous	trompâmes	nous	nous	fûmes	trompé(e)s
vous	vous	trompâtes	vous	vous	fûtes	trompé(e)s
ils	se	trompèrent	ils (elles)	se	furent	trompé(e)s

Futur simple			Futur antérieur			
je	me	tromperai	je	me	serai	trompé(e)
tu	te	tromperas	tu	te	seras	trompé(e)
il	se	trompera	il (elle)	se	sera	trompé(e)
nous	nous	tromperons	nous	nous	serons	trompé(e)s
vous	vous	tromperez	vous	vous	serez	trompé(e)s
ils	se	tromperont	ils (elles)	se	seront	trompé(e)s

SUBJONCTIF

Présent			Passé			
que je	me	trompe	que je	me	sois	trompé(e)
que tu	te	trompes	que tu	te	sois	trompé(e)
qu' il	se	trompe	qu' il (elle)	se	soit	trompé(e)
que nous	nous	trompions	que nous	nous	soyons	trompé(e)s
que vous	vous	trompiez	que vous	vous	soyez	trompé(e)s
qu' ils	se	trompent	qu' ils (elles)se		soient	trompé(e)s

Imparfait			Plus-que-parfait			
que je	me	trompasse	que je	me	fusse	trompé(e)
que tu	te	trompassees	que tu	te	fusses	trompé(e)
qu' il	se	trompât	qu' il (elle)	se	fût	trompé(e)
que nous	nous	trompassions	que nous	nous	fussionstrompé(e)s	
que vous	vous	trompassiez	que vous	vous	fussiez	trompé(e)s
qu' ils	se	trompassent	qu' ils (elles)	se	fussent	trompé(e)s

CONDITIONNEL

Présent			Passé			
je	me	tromperais	je	me	serais	trompé(e)
tu	te	tromperais	tu	te	serais	trompé(e)
il	se	tromperait	il (elle)	se	serait	trompé(e)
nous	nous	tromperions	nous	nous	serions	trompé(e)s
vous	vous	tromperiez	vous	vous	seriez	trompé(e)s
ils	se	tromperaient	ils (elles)	se	seraient	trompé(e)s

IMPÉRATIF

Présent	Passé
trompe-toi	
trompons-nous	*(inusité)*
trompez-vous	

INFINITIF		PARTICIPE	
Présent	**Passé**	**Présent**	**Passé**
se tromper	s'être trompé	se trompant	s'étant trompé(e)(s)

QUELQUES VERBES DIFFICILES : REPÈRES DE CONJUGAISON

Les verbes	se conjuguent comme	Fiche
VERBES DU 1er GROUPE		
verbes en *-eter* sauf	jeter	116
corseter	acheter	115
crocheter	acheter	115
fureter	acheter	115
haleter	acheter	115
racheter	acheter	115
verbes en *-eler* sauf	appeler	115
celer	geler	116
ciseler	geler	116
congeler	geler	116
déceler	geler	116
dégeler	geler	116
démanteler	geler	116
écarteler	geler	116
marteler	geler	116
modeler	geler	116
peler	geler	116
receler	geler	116
surgeler	geler	116
VERBES DU 3e GROUPE		
absoudre (absous/absoute)	résoudre	123
apparaître	connaître	120
apprendre	prendre	123
astreindre	atteindre	119
ceindre	atteindre	119
circonvenir	venir	125
comparaître	connaître	120
comprendre	prendre	123
contenir	venir	125
contrevenir	venir	125
déteindre	atteindre	119
disparaître	connaître	120
dissoudre (dissous/dissoute)	résoudre	123
enfreindre	atteindre	119
entreprendre	prendre	123
entrevoir	voir	126
éprendre (s')	prendre	123
équivaloir	valoir	124
éteindre	atteindre	119
étreindre	atteindre	119
feindre	atteindre	119
geindre	atteindre	119
mentir	partir	122
méprendre (se)	prendre	123
paraître	connaître	120
peindre	atteindre	119
prévaloir (sauf au subj. prés. : que je prévale, que tu prévales...)	valoir	124
prévenir	venir	125
prévoir (sauf futur et conditionnel : je prévoirai, tu prévoiras...)	voir	126
reconnaître	connaître	120
reparaître	connaître	120
repentir (se)	partir	122
reprendre	prendre	123
restreindre	atteindre	119
retenir	venir	125
revaloir	valoir	124
revivre	vivre	125
revoir	voir	126
sentir	partir	122
sortir	partir	122
subvenir	venir	125
surprendre	prendre	123
survivre	vivre	125
teindre	atteindre	119
tenir	venir	125

Orthographe

LES 26 LETTRES DE L'ALPHABET
CONSONNES

La lettre	se prononce...	ne se prononce pas, mais sert à prononcer...	se combine avec une autre lettre...	ne se prononce pas
B b *b B*	[b] bulle - débris robe [p] absent			plomb abbaye
C c *c C*	[k] corde - école arc [s] cerise - récit reçu [g] seconde zinc	**x** [ks] excellent	**ch** chat **sch** schéma **sc** descendre	blanc estomac ticket accuser acquis
D d *d D*	[d] doigt - radis mode	**e** [e] pied		grand addition
F f *f F*	[f] faux - enfant soif	**e** [e] clef		nerf affaire
G g *g G*	[g] gant - ogre langue - grog [ʒ] genou - âge girafe - ragea		**gn** mignon	long - joug doigt aggraver
H h *h H*		**c** [k] orchestre **g** [g] ghetto **a - i** trahir **a - u** bahut **o - u** tohu-bohu	**ch** chien **ph** phare **sch** schéma **sh** short shampoing	chœur homme - ho - oh hibou théâtre - asthme kôhl - luth
J j *j J*	[ʒ] jambe - déjà ajouter			
K k *k K*	[k] képi - kilo ticket - kayak			stock
L l *l L*	[l] loup - pâlir col - vil		**ll** fille **il** œil **ill** cueillir	fusil - persil fils ville
M m *m M*	[m] mât - rame camarade ami - album		**aim** faim **am** chambre - champ **em** tremble - temple **im** timbre - simple **om** tombe - complet **um** parfum **ym** thym	automne comme

b, c, d, f, g, h, j, k, l, m, n, p, q, r, s, t, v, w, x, z,
sont les vingt lettres consonnes de l'alphabet.

La lettre	se prononce...	ne se prononce pas, mais sert à prononcer...	se combine avec une autre lettre...	ne se prononce pas
N n *n N*	[n] **n**id - ca**n**ard épi**n**e		**ain** main **an** danse **en** ventre - chien **in** lapin **oin** loin **on** ronde **un** lundi **yn** synthèse	an**n**ée ils parle**n**t
P p *p P*	[p] **p**i**p**e - **p**rix **p**lage - ca**p**		**ph** **ph**are	cham**p** - dom**p**ter ap**p**rendre
Q q *q Q*	[k] co**q** - **q**uatre pi**q**ûre - cin**q**		**qu** **qu**and - **qu**el**qu**e pour**qu**oi	cin**q** cents
R r *r R*	[r] **r**at - **r**i**r**e - co**r** po**r**te - cad**r**e	**e** [e] alle**r**		ga**r**s ar**r**ivée
S s *s S*	[s] **s**erpent - mar**s** bo**ss**e - in**s**crire [z] mi**s**e - po**s**er rai**s**on	**e** [e] le**s**	**sc** de**sc**endre **sch** **sch**éma **sh** **sh**érif **ss** bo**ss**e	un avi**s** - un ca**s** **s**chéma leur**s** graine**s** tu aime**s**
T t *t T*	[t] **t**oi**t**ure - rou**t**e ma**t** - é**t**eindre [s] addi**t**ion pa**t**ience - iner**t**ie	**e** [ɛ] comple**t**		por**t** - avan**t** - po**t** il vien**t** - qu'il sû**t** il jouai**t** - ils disen**t** a**t**tendre - as**t**hme
V v *v V*	[v] **v**erre - **v**i**v**re a**v**ion - arri**v**er			
W w *w W*	[v] **w**agon [w] kiwi - **w**att **w**estern			bungalo**w**
X x *x X*	[ks] ta**x**i - ve**x**er [gz] e**x**amen e**x**ister [s] si**x** - di**x** [z] deu**x**ième			la pai**x** des peau**x** chevau**x** - travau**x** di**x** francs
Z z *z Z*	[z] **z**èbre - **z**éro **z**ig**z**ag - ba**z**ar a**z**ur	**e** [e] ne**z** - che**z** vous lise**z** re**z**-de-chaussée		ra**z** de marée ra**z**zia

LES 26 LETTRES DE L'ALPHABET
VOYELLES

a, e, i, o, u, y **sont les six lettres voyelles de l'alphabet.**

La lettre	se prononce...	ne se prononce pas, mais sert à prononcer...	se combine avec une autre lettre...	ne se prononce pas
A a *a A*	[a] ou [ɑ] arbre - rat - car las - mâle - pâte	**c** [k] américain **g** [g] gain	**ai** faire **ain** pain **am** chambre **an** santé **au** aussi **ay** pays - payer **eau** oiseau	pain
E e *e E*	[ə] venir [e] les - créer [ɛ] perle - père rêve - Noël [a] femme évidemment [œ] cueillir	**c** [s] douceâtre **g** [ʒ] mangeait **d** [d] grande **t** [t] verte **s** [z] grise	**eau** oiseau **ei** reine **ein** plein **em** temple - sembler **en** vendre - chien **œ** œil **œu** œuf **eu** seul - heureux	oiseau poule plein une amie il crie ils avaient un incendie eurent - eu
I i *i I*	[i] iris-île [j] lion - pied		**ai** faire - paraître **ei** reine **il** rail **ill** cueillir **im** timbre **in** lapin **oi** roi - foire **oin** loin	oignon nous habillions nous criions
O o *o O*	[o] ou [ɔ] moto - os - pôle	**c** [k] cœur	**œ** œil **oê** poêle **œu** œuf **oi** roi - foire **om** compter - ombre **on** ronde **ou** poule	zoo œuf faon paon taon
U u *u U*	[y] lune - usine [ɥ] lui - suivre [w] square [ɔ] album	**g** [g] guitare **c** [k] cueillir	**au** auto **eau** oiseau **eu** peur **œu** œuf **ou** souris **um** parfum **un** lundi	briquet il se fatiguait
Y y *y Y*	[i] cygne bicyclette [j] mayonnaise yaourt		**ay** pays - payer **ey** poney **ym** thym **yn** lynx	

LES 36 PHONÈMES DU FRANÇAIS

VOYELLES, SEMI-VOYELLES, SEMI-CONSONNES

VOYELLES

Le son	peut s'écrire...	
[a]	a	arbre – chat – combat – classe
	â	âme – pâte – mât – qu'il aimât
[ɑ]	à	à
	e	femme – évidemment
[i]	i	lit – écrire – ici – fourmi
	î	abîme – finîmes – qu'il fît
	y	style – élytre
	ee	week-end
[ə]	e	devenir – le – neveu – cueillir
	eu	feu – jeune – heureuse
[œ]	œu	cœur – bœuf
	œ	œil
[ø]	eû	jeûner
	ai	faisions – faisan
	on	monsieur
[u]	ou	poule – roue – ouvrir
	où	où
	oû	goût
	oo	football
[ɛ̃]	in	lapin – inscrire – évincer
	im	timbre – impossible
[œ̃]	ain	main – crainte – ainsi
	aim	faim
	en	chien – européen
	ein	plein – éteindre
	yn	lynx – synthèse
	un	lundi – un
	um	parfum

Le son	peut s'écrire...	
[o]	o	moto – corde – dossier
	ô	pôle – allô – hôpital
[ɔ]	au	jaune – tuyau
	eau	peau – oiseau
	u	album
[y]	u	mur – hutte – humus
	û	mûr – sûmes – qu'il sût
	eu	eurent – eu
	eû	eûmes – eûtes – qu'il eût
[e]	e	mer – presser – perle – cette
	é	été – fossé – déposée
[ɛ]	è	crème – père – il achète
	ê	rêve – fenêtre
	ai	laine – maison – mai – mais
	ei	peine – reine – haleine
	œ	fœtus
[ɔ̃]	on	montre – thon – oncle
	om	nombre – trompette
[ɑ̃]	an	banc – chanson – ange
	en	entrer – vent – dentier
	am	champignon – chambre
	em	tempête – sembler
	aon	taon – faon – paon
	aen	Caen
[œ̃]	un	lundi – un
	um	parfum

SEMI-VOYELLES / SEMI-CONSONNES

Le son	peut s'écrire...	
[w]	ou	fouet – oui
[wɛ̃]	oin	foin – poing – pointu
	ouin	pingouin
[wa]	oi	oiseau – trois – étoile – moi
	oî	boîte
	oua	ouate
	oe	moelle
	oê	poêle
	ua	aquarium
	wa	water-polo

Le son	peut s'écrire...	
[j]	i	pied – lion – étiez
	ï	glaïeul – faïence
	il	soleil – travail
	ill	grenouille – cueillir
	ll	fillette – chenille
	y	yaourt – mayonnaise – rayé
	lh	gentilhomme
[ɥ]	u	puits – nuit

133

ORTHOGRAPHE
Les lettres et les sons

CONSONNES

Le son	peut s'écrire...	
[b]	b	bateau – début – club
	bb	abbaye – rabbin
[s]	s	sourire – sardine – mars
	ss	poisson – coussin – masse
	c	cerise – lancions – place
	ç	garçon – français – reçu
	t	addition – patient – inertie
	sc	science – descendre
	sth	asthme
[d]	d	dindon – radeau – mode
	dd	addition
[ʒ]	g	girafe – plage – agiter – nage
	ge	pigeon – mangeait – gageure
	j	jouer – pyjama
[l]	l	lampe – local – libellule
	ll	village – aller – belle – hall
[n]	n	nœud – renard – mine
	nn	année – bonne – renne
[t]	t	tortue – tête – tentation
	tt	attendre – botte – cette
	th	théâtre
[v]	v	vipère – vivre – lavabo
	w	wagon
[ɲ]	gn	champignon – montagne
	ign	oignon
[nj]	ng	parking
	ni	panier

Le son	peur s'écrire...	
[k]	c	cœur – calcul – roc
	q	coq – cinq
	qu	quatre – cinquième
	k	kilo – ski – képi- kayak
	ch	orchestre – chœur
	cc	accuser
	cqu	acquérir
	ck	stock – ticket
[f]	f	fourmi – café – nef
	ff	affaire – effacer – coffre
	ph	phare – éléphant
[g]	g	garçon – zigzag – agacer
	gu	guitare – vague
	gg	aggraver
	c	seconde – zinc
[m]	m	marmite – dame – rhum
	mm	comme – immobile
[p]	p	poule – parapluie – propre
	pp	apporter – nappe – opposer
	b	absent
[r]	r	renard – rire – cor
	rr	arriver – serre – arrière
[z]	s	raisin – désert – hasard
	z	zèbre – lézard – gazon
	x	sixième – dixième
[ʃ]	ch	chat – chuchoter – cloche
	sh	sherif – short
	sch	schéma

QUELQUES RÈGLES D'ORTHOGRAPHE D'USAGE

Règle	Exemples	Exceptions
noms masculins terminés par **[aj]** s'écrivent **-ail** noms féminins terminés par **[aj]** s'écrivent **-aille**	**ail** – **bail** – é**mail** – **rail** – trav**ail** **caille** – é**caille** – méd**aille** – p**aille**	
-au et non **-eau** – quand le mot est terminé par une consonne finale autre que **-x** – quand la terminaison est précédée de la voyelle **é**, **i**, **u**, ou **y**	artich**aut** – bad**aud** – ch**aud** – crap**aud** échaf**aud** – h**aut** – hér**aut** – nig**aud** pré**au** – flé**au** – fabli**au** – gru**au** boy**au** – joy**au** — noy**au** -tuy**au**	**au** – sarr**au** – land**au** ch**aux** – f**aux** – t**aux** pluriel des mots en **-al** et **-ail**
noms masculins terminés par [ɛj] s'écrivent **-eil** noms féminins terminés par [ɛj] s'écrivent **-eille**	cons**eil** – ort**eil** – rév**eil** – somm**eil** ab**eille** – corb**eille** – gros**eille** – or**eille**	
noms masculins terminés par **[œj]** s'écrivent **-euil** noms féminins terminés par **[œj]** s'écrivent **-euille**	cerf**euil** – d**euil** – écur**euil** – s**euil** f**euille**	chèvref**euille** – millef**euille** portef**euille** acc**ueil** – éc**ueil** – cerc**ueil** **œil** – org**ueil** – rec**ueil**
noms terminés par **[œr]**, féminins ou masculins s'écrivent **-eur** (Attention aux mots invariables : *aill**eurs*** – *plusi**eurs***)	aut**eur** – bonh**eur** – chal**eur** – cour**eur** honn**eur** – lent**eur** – od**eur** – trich**eur** + ch**œur** – c**œur** – m**œurs** ranc**œur** – s**œur**	b**eurre** – dem**eure** – h**eure** h**eurt** – l**eurre** + noms féminins issus d'adj. intéri**eure** – meill**eure** min**eure** – pri**eure**...
noms féminins terminés par **[i]** s'écrivent **-ie**	boug**ie** – bouill**ie** – écur**ie** – fol**ie** – l**ie** malad**ie** – mom**ie** – otar**ie** – p**ie** – sc**ie**	breb**is** – fourm**i** – nu**it** perdr**ix** – sour**is** + abba**ye** nom masculin : incend**ie**

Règle	Exemples	Exceptions
m et non **n** devant **m** **b** **p** mais **m** peut être suivi de **n**	e**mm**ener – i**mm**angeable cha**mb**re – no**mb**re – se**mb**ler – ti**mb**re co**mp**ote – e**mp**orter – ra**mp**e – si**mp**le auto**mn**e – da**mn**er	néa**nm**oins bo**nb**on(nière) – bo**nb**onne embo**np**oint
noms féminins terminés par **[war]** s'écrivent toujours **-oîre** noms masculins terminés par **[war]** s'écrivent **-oir** ou **-oire**	arm**oire** – baign**oire** – f**oire** – gl**oire** hist**oire** – mâch**oire** – nage**oire** bouge**oir** – coul**oir** – esp**oir** – ferm**oir**... access**oire** – cib**oire** – interrogat**oire** laborat**oire** – observat**oire**...	
noms féminins terminés par **[u]** s'écrivent **-oue**	**boue** – **houe** – **joue** – **moue** – **proue** **roue** – **soue**	**toux**
noms féminins terminés par **[te]** s'écrivent **-té** s'ils désignent un contenu s'écrivent **-tée**	absurdi**té** – digni**té** – liber**té** – pié**té** propre**té** – sale**té** – san**té** – socié**té** assie**ttée** – pelle**tée** – po**tée**...	dic**tée** – je**tée** – mon**tée** pâ**tée** – por**tée** + un / une a**thée**
noms féminins terminés par **[tje]** s'écrivent toujours **-tié**	ami**tié** – moi**tié** – pi**tié**	
noms féminins terminés par **[y]** s'écrivent **-ue**	cig**uë** – coh**ue** – étend**ue** – gr**ue** lait**ue** – r**ue** – stat**ue** – tort**ue** – verr**ue**	br**u** – gl**u** – trib**u** – vert**u**
noms terminés par **[yr]** s'écrivent **-ure**	broch**ure** – carr**ure** – par**ure** – ray**ure** pédic**ure** – merc**ure**	az**ur** – clair-obsc**ur** – d**ur** fém**ur** – fut**ur** – m**ur** – p**ur**
noms terminés par **[yl]** s'écrivent **-ule**	caps**ule** – cell**ule** – majusc**ule** – m**ule** crépusc**ule** – tentac**ule** – vésic**ule**	b**ulle** calc**ul** – cons**ul** – cum**ul** n**ul**/n**ulle** – rec**ul** – t**ulle**

QUELQUES MOTS DIFFICILES À CONNAÎTRE

Un paraplui*e est très utile par mauvais temps.*
Bien que masculin, le nom *parapluie* se termine par -e.

NOMS MASCULINS TERMINÉS PAR UNE VOYELLE + -E

un ath**ée**	un lyc**ée**	un troph**ée**	un gén**ie**
un caduc**ée**	un mausol**ée**		un incend**ie**
un cam**ée**	un mus**ée**	un amphib**ie**	un paraplu**ie**
un hymén**ée**	un scarab**ée**	un fo**ie**	

NOMS SINGULIERS TERMINÉS PAR -S OU -X

une	brebi**s**	un	discour**s**	un	met**s**	un	remord**s**
un	caba**s**	un	entremet**s**	un	palai**s**	un	remou**s**
un	caneva**s**	le	fatra**s**	un	panari**s**	un	salsifi**s**
du	cambouis	le	gla**s**	un	parcour**s**	un	surpli**s**
un	cervela**s**	un	harnai**s**	un	paradi**s**	du	taffeta**s**
du	chao**s**	un	héro**s**	un	parvi**s**	un	talu**s**
le	châssi**s**	du	jai**s**	un	piloti**s**	un	taudi**s**
un	concour**s**	du	ju**s**	le	poid**s**	du	torchi**s**
un	croqui**s**	un	laquai**s**	un	poi**s**	le	tier**s**
un	cour**s**	du	lila**s**	un	puit**s**	un	torticoli**s**
un	coutela**s**	un	leg**s**	un	putoi**s**	un	treilli**s**
un	cyprè**s**	le	maqui**s**	un	radi**s**	du	velour**s**
un	dai**s**	un	marai**s**	un	recour**s**	du	vergla**s**
le	décè**s**	un	ma**s**	un	relai**s**	un	ver**s** (*poésie*)
une	croi**x**	la	chau**x**	une	perdri**x**	la	poi**x**
un	crucifi**x**	une	fau**x**	un	portefai**x**	un	tau**x**

[K] SE TRANSCRIT CH

ar**ch**aïque	**ch**œur	**ch**rétien	e**cch**ymose
ar**ch**ange	**ch**oléra	**ch**rome	é**ch**o
ar**ch**éologie	**ch**olérique	**ch**romosome	or**ch**estre
chaos	**ch**olestérol	**ch**ronique	or**ch**idée
chaotique	**ch**orale	**ch**ronologie	te**ch**nique
chiasme	**ch**orégraphe	**ch**ronomètre	vare**ch**
chlore	**ch**orus	**ch**rysalide	almana**ch**[1]

1. [almanak], mais qui devrait se prononcer en principe [almana].

136

ORTHOGRAPHE
Les règles et les difficultés

ADVERBES

QUELQUES RÈGLES D'ORTHOGRAPHE

Il a agi courageusement.
courageusement est un adverbe formé sur le féminin de l'adjectif *courageux*.

FORMATION DES ADVERBES DE MANIÈRE EN *-MENT*

5e Adjectif au féminin + *-ment* :

général ⟶ générale ⟶ **généralement**
vert ⟶ verte ⟶ **vertement**
obscur ⟶ obscure ⟶ **obscurément**

Adjectifs terminés par une voyelle :

libre ⟶ **librement**
aisé ⟶ **aisément**
assidu ⟶ **assidûment**
gai ⟶ gaie ⟶ **gaiement**
tranquille ⟶ **tranquillement**
vrai ⟶ **vraiment**
continu ⟶ **continûment**
éperdu ⟶ **éperdument**

Adjectifs en *-ant* ou *-ent* :

prudent ⟶ **prudemment**
méchant ⟶ **méchamment**
intelligent ⟶ **intelligemment**
savant ⟶ **savamment**
mais **lentement** – **présentement**

ADVERBE *TOUT*

3e *Tout*, adverbe, présente des particularités d'accord.

Lorsqu'il modifie le sens d'un adjectif masculin, il est toujours invariable :

un **tout** petit garçon – de **tout** petits garçons
un petit garçon **tout** étonné – de petits garçons **tout** étonnés

Il est aussi invariable si l'adjectif féminin qu'il détermine commence par une voyelle ou un h muet :

une petite fille **tout** étonnée – de petites filles **tout** étonnées

En revanche, il s'accorde en genre et en nombre, si l'adjectif féminin qu'il détermine commence par une consonne :

une **toute** petite fille – de **toutes** petites filles

Cet accord, obligatoire, rend la phrase ambiguë :

Les fillettes étaient **toutes** petites. — *Adverbe ou pronom indéfini.*
⟶ Les fillettes étaient **tout à fait** petites. — *Adverbe.*
⟶ **Toutes** les fillettes étaient petites. — *Pronom indéfini.*

MOTS INVARIABLES À SAVOIR ÉCRIRE

après – assez – auprès de – chez – dès (que) – désormais – excepté – et – exprès – jamais – mais – malgré – près (de) – très – volontiers...
à demi – ainsi – à l'envi – aujourd'hui – aussi – depuis – en dépit de – hormis – (i)ci – parmi – si – tant pis...
à propos de – aussitôt – bientôt – bravo – in petto – tantôt – tôt – trop – sitôt (que)...
autrefois – parfois – pourquoi – quelquefois – quoi – toutefois…
après coup – au-dessous – beaucoup – dessous – en dessous – ou – où – partout – sous – sur le coup – surtout – tout à coup – tout d'un coup...
auparavant – autant – avant – cependant – dans – dedans – devant – dorénavant – durant – longtemps – maintenant – pendant – pourtant – quand – quant à – quelque temps – sans (que) – souvent – tant (que)...
à reculons – à tâtons – au fond de – au tréfonds de – de façon à – donc – dont – selon – sinon...
afin de – au point de – au coin de – demain – enfin – en train de – en vain – loin – néanmoins – moins – plein de – rien...
alors – au bord de – d'abord – d'accord – dehors – dès lors – encore – hors de...
au cours de – autour de – alentour – aux alentours de – bonjour – pour – toujours...
à travers – derrière – de travers – envers – hier – vers...
ailleurs – d'ailleurs – plusieurs...
certes...
au point que – davantage – lorsque – parce que – pour que – puisque – quelque chose – quelconque – quelquefois – quelque temps – quelqu'un – quoique (*tu te trompes*) – quoi (*que vous disiez*) – sans que – sitôt que – surtout que...

138

ORTHOGRAPHE
L'orthographe porteuse de sens

VALEURS DES LETTRES

LA DOUBLE ORIENTATION DE L'ÉCRITURE DU FRANÇAIS

4e **Aspect phonographique**

L'écriture du français, de par son origine, s'attache principalement à transcrire les phonèmes (sons) de la langue orale : aux lettres correspondent des sons et aux sons correspondent des lettres. C'est là l'aspect phonographique de l'orthographe française :

NUMÉRO ——► [nymero]   [obeir] ——► OBÉIR

Aspect idéographique

Certaines lettres toutefois jouent un autre rôle et apportent, lors de la lecture, des **renseignements** divers sur le sens ou le rôle grammatical des mots. C'est cet aspect idéographique, très utile, de l'orthographe française qui la rend si difficile à apprendre et à appliquer.

Certaines de ces lettres peuvent jouer un double rôle : traduire des sons et apporter des informations de sens :

[tɑ̃t] ——► **ten**te / **tan**te   [ʃɛr] ——► **cher** / **chair**

D'autres, muettes, ont pour seule fonction de donner du sens :

un sabo**t**   un **h**être   du gra**in**   leur**s** col**s**

Rien ne différencie dans l'écriture les lettres qui transcrivent des sons (signes phonographiques) et les lettres qui transcrivent des idées (signes idéographiques) : *almanach* [almana], où *c* et *h* sont en principe des lettres muettes, est ainsi souvent prononcé [almanak].

VALEURS DES LETTRES IDÉOGRAPHIQUES

4e Ces lettres, muettes ou non, peuvent avoir différents rôles.

Rattacher un mot à son origine étymologique

physique (lat. *physicus*, du grec *phusikos*) – thym (lat. *thymum*, du grec *thumon*)
vain (lat. *vanum*) – paix (lat. *pax*) – hache (frq. *hâppia*)

Relier un mot à sa famille

pl**an** ——► pl**an**e, pl**an**itude / pl**an**ifier, pl**an**ification...
parf**um** ——► parf**um**er, parf**um**eur, parf**um**erie...
vin ——► **vin**icole, **vin**ifier...   v**ain** ——► v**ain**e, v**a**nité...
froi**d** ——► froi**d**e   galo**p** ——► galo**p**er   san**g** ——► san**g**uin

Il existe toutefois des exceptions :

numéro *malgré* numéroter – abri *malgré* abriter, *etc.*

Son père a coupé le pin.
Son père a coupé le pain.

La présence ou l'absence de la lettre *a* dans le dernier mot suffit à changer le sens de la phrase.

Différencier des homonymes

tante ≠ **ten**te che**r** ≠ ch**air** **cy**gne ≠ **si**gne
vin ≠ v**ai**n ≠ il vin**t** ≠ tu vin**s** ≠ vin**gt** ≠ il v**ainc**...
il ser**t** ≠ il ser**re** ≠ un **cerf**
une arête ≠ il ar**r**ête cœur ≠ c**h**œur foi ≠ foi**e** ≠ fois...

Les homonymes ne sont toutefois pas tous différenciés par l'orthographe :
le mousse ou **la** mousse – **le** manche ou **la** manche – **une** serre ou **il** serre...

Apporter des informations grammaticales

Accords en genre et en nombre :
des révolté**es** seul**es**, fièr**es**, meurtri**es**...

Accord du verbe avec le sujet :
Elles se révolte**nt**.

Accord selon le sens :
Vous êtes invit**é**... Vous êtes invit**ée**...
Vous êtes invit**és**... Vous êtes invit**ées**...

Accord de l'adjectif épithète :
des sachets de thé vert ≠ des sachets de thé vert**s**

Conjugaison :

je jou**e**, tu jou**es**, ils jou**ent**
je dor**s**, il dor**t** – je dor**e**, tu dor**es**, ils dor**ent**
je me fatigu**ai**, je me fatigu**ais**…

Différenciation entre l'adjectif et l'adverbe :
Les vents sont **forts**. Les vents soufflent **fort**.

Différenciation entre le participe présent et l'adjectif verbal :
Après cette étape fatigante – la montagne fatiguant toujours les coureurs – il y eut un jour de repos.

QUELQUES HOMONYMES DIFFÉRENCIÉS PAR L'ORTHOGRAPHE

HOMONYMES GRAMMATICAUX

6e

et conjonction de coordination Les garçons **et** *(avec)* les filles chantent **et** dansent.	**est** verbe être, présent, 3e personne singulier Le pain **est** *(était)* sur la table.
à préposition J'ai laissé la corde **à** sauter **à** la maison.	**a** verbe avoir, présent, 3e personne singulier Le triangle **a** trois côtés. Il **a** *(avait)* sauté.
son déterminant possessif **Son** *(un)* manteau est dans le couloir.	**sont** verbe être, présent, 3e personne pluriel Les enfants **sont** *(étaient)* en classe.
on pronom indéfini **On** *(il)* a sonné à la porte.	**ont** verbe avoir, présent, 3e personne pluriel Les enfants **ont** *(avaient)* fait leurs devoirs.
ces déterminant démonstratif Je ne connais pas **ces** *(les)* fleurs-là.	**ses** déterminant possessif **Ses** *(les)* yeux brillaient de colère.
ce déterminant démonstratif **ce** pronom démonstratif **Ce** *(le)* chapeau te va bien. **Ce** *(cela)* serait bien.	**ceux** pronom démonstratif **se** pronom personnel réfléchi Je veux **ceux** *(ces gâteaux)* de droite. Les enfants **se** promènent *(jouent)*.
leur(s) déterminant possessif Ils ont mis **leurs** *(les)* bottes.	**leur** pronom personnel COI Il **leur** ont dit *(à eux)* des bêtises.
c'est pronom démonstratif **C'est** *(il est)* un garçon qui sait beaucoup de choses.	**s'est** pronom personnel réfléchi Il **s'est** lavé *(a lavé)* les mains.

HOMONYMES LEXICAUX

6e

Phonie	Graphies	Exemples
[kɔ̃t]	conte compte comte	On a lu un **conte**. Ne le dérangez pas, il **compte**. La comtesse est la femme du **comte**.

Ces et *ses* sont des homonymes grammaticaux.
Porc et *port* sont des homonymes lexicaux.

Phonie	Graphies	Exemples
[ku]	cou coup coût	Le héron a un long **cou**. Il m'a donné un **coup** de poing. Le **coût** de ce voyage est trop élevé.
[lɛ]	lait laid les laie legs	Le bébé boit son **lait**. Cet homme est très **laid**. **Les** fleurs sont fanées. La **laie** est la femelle du sanglier. Le vieillard en mourant leur a laissé un **legs** très important.
[mɛ]	mets met mets mai mais maie	**Mets** ton manteau. Il **met** son manteau. On leur a servi des **mets** délicieux. Il vient au mois de **mai**. **Mais**, il pleut ! Autrefois, on mettait le pain dans un coffre : la **maie**.
[mɛr]	mère mer maire	Sa **mère** l'appelle. La **mer** est couverte de voiliers. Le **maire** a mis son écharpe tricolore.
[pɛr]	père paire pair pers	Le **père** appelle ses enfants. Il a acheté une **paire** de chaussures. Il est duc et **pair** de France. Cette fillette a de magnifiques yeux **pers** (bleu-vert).
[rɛn]	reine rennes rênes	Le roi et la **reine** assistaient à la cérémonie. Les Lapons élèvent des **rennes**. Tiens bien les **rênes**, ton cheval va n'importe où.
[so]	sot seau saut sceau	Ce **sot** ne sait même pas compter. On a renversé le **seau** d'eau. Le champion a réussi un **saut** de 2,30 m. Le roi apposa son **sceau** au bas du message.
[vɛr]	verre vert vers vers ver vair	Il a bu un **verre** d'eau. Elle porte un manteau **vert**. Le poète faisait des **vers**. Venez **vers** midi. J'ai trouvé un **ver** de terre dans le jardin. Cendrillon avait-elle une pantoufle de **vair** ?

QUELQUES FAMILLES IRRÉGULIÈRES

Les petits des mammifères tètent les mamelles de leur mère.

3e

abri
abri**t**er

absous
absou**t**e

char
cha**rr**ette
cha**rr**oi
cha**rr**oyer
cha**rr**ier
cha**r**iot

colle
co**ll**ant
co**ll**age
co**ll**er
co**ll**eur
auto-co**ll**ant
déco**ll**er
enco**ll**er
reco**ll**er
acco**l**er (de *col*)

cauchemar
cauchemar**d**er
cauchemar**d**esque
cauchemar**d**eux

combat
comba**tt**re
comba**tt**ant
comba**t**if
comba**t**ivité

dissous
dissou**t**e

don
do**nn**e
maldo**nn**e
do**nn**ée
do**nn**er
do**nn**eur...
... do**n**ation
do**n**ataire
do**n**ateur

favori
favori**t**e

fou
fo**ll**e
fo**ll**et
fo**ll**ement
fo**l**ie
affo**l**er
affo**l**ement

grâce
disgr**â**ce
gr**a**cier
gr**a**cieux
disgr**a**cieux
gr**a**cieuseté

honneur
ho**nn**ête
malho**nn**ête
désho**nn**eur
ho**n**orer
ho**n**orable
ho**n**orifique

imbécile
imbéci**ll**ité

jeûne
je**û**ner
déje**u**ner

mamelle
mam**e**lé
mam**e**lu
mam**e**lon
ma**mm**aire
ma**mm**ographie
ma**mm**ifère

million
millio**n**ième
millio**nn**aire

monnaie
mo**nn**ayer
(faux-) mo**nn**ayeur
mo**n**étaire
démo**n**étiser

numéro
numéro**t**er

nourrir
nourri**ss**ant
nourri**ss**ement
nourri**ss**eur
nourri**ss**on
nourri**c**e
nourri**c**ier
nourri**c**erie

patron
patro**nn**e
patro**nn**er
patro**nn**esse
patro**n**al
patro**n**at
patro**n**age

son
so**n**ore
so**n**orité
so**n**oriser
inso**n**ore
conso**n**ance
conso**n**antique
disso**n**er
disso**n**ance
so**nn**er
so**nn**ette
so**nn**erie
so**nn**ailles
conso**nn**e

FÉMININ DES NOMS ET DES ADJECTIFS

le vieux loup gris – féminin ⟶ *la vieille louve grise*

Formation du féminin	Exemples	Exceptions
Pas de changement de forme	(un/une) incrédule – (un/une) fidèle	
+e	(un) ami / (une) ami**e**	
+e, avec modification de la consonne finale	(un) captif / (une) capti**ve** (un) roux / (une) rou**sse** – frais/fraî**che**	
+e, sans doublement de la consonne finale	(un) marchand / (une) marchan**de** un client / une clien**te** – courtois/courtoi**se**	
-ain ⟶ **-aine**	(un) mondain / (une) mondai**ne**	
-in ⟶ **-ine**	(un) coquin / (une) coqui**ne**	bénin / béni**gne**, malin / mali**gne**
-an ⟶ **-ane**	(un) partisan / (une) partisa**ne**	(un) paysan / (une) paysan**ne**
-at ⟶ **-ate**	(un) scélérat / (une) scéléra**te**	(un) chat / (une) chat**te**
-it ⟶ **-ite**	(un) petit / (une) peti**te**	
-ot ⟶ **-ote**	(un) idiot / (une) idio**te**	pâlot / pâlot**te** – sot / sot**te** vieillot / vieillot**te**
-al ⟶ **-ale**	(un) égal / (une) éga**le** – amical / amica**le**	
-eul ⟶ **-eule**	(un) aïeul / (une) aïeu**le** – seul / seu**le**	
-il ⟶ **-ile**	civil / civi**le** – puéril / puéri**le**	
-aïs ⟶ **-aise**	(un) niais / (une) niai**se**	épais / épai**sse**
-is ⟶ **-ise**	(un) indécis / (une) indéci**se** – gris / gri**se**	(un) métis / (une) méti**sse**
+e, avec doublement de la consonne finale		
-ien ⟶ **-ienne**	(un) païen / (une) païen**ne**	
-on ⟶ **-onne**	(un) glouton / (une) glouton**ne**	
-et ⟶ **-ette**	(un) muet / (une) muet**te** – net / net**te**	complet / compl**ète** – discret / discr**ète** concret / concr**ète** – inquiet / inqui**ète** secret / secr**ète**
-el ⟶ **-elle**	(un) mortel / (une) mortel**le**	
-ul ⟶ **-ulle**	nul / nul**le**	
-eil ⟶ **-eille**	(un) pareil / (une) parei**lle**	**vieux** (vieil) / **vieille**
-il ⟶ **-ille**	gentil / genti**lle**	
-as ⟶ **-asse**	gras / gra**sse** – bas / ba**sse**	ras / rase
-os ⟶ **-osse**	gros / gro**sse**	dispos / dispo**se** – (é)clos / (é)clo**se**
+e, avec modification de la voyelle finale	(un) fou / (une)fo**lle** (un) jumeau / (une) jume**lle**	
* **e**, avec introduction d'une consonne	(un) favori / (une) favori**te** (un) rigolo / (une) rigolo**te**	
+ suffixe **-esse**	un tigre / une tigr**esse** – un ogre / une ogr**esse**	
Modification du suffixe		
-er ⟶ **-ère**	(un) messager / (une) messag**ère**	
-eur ⟶ **-euse**	(un) menteur / (une) ment**euse**	
-eur ⟶ **-oresse** / **-eresse**	(un) docteur / (une) doct**oresse** (un) enchanteur / (une) enchant**eresse**	
-teur ⟶ **-trice**	(un) conducteur / (une) conduc**trice**	

142

Orthographe
Les accords

QUELQUES NOMS DIFFÉRENCIÉS PAR LE GENRE

4e

un aune (aulne) Au bord de la rivière poussaient de petits **aunes**, alors dépouillés de leur feuilles.	**une aune** Le drapier lui mesura cinq **aunes** (près de 6 mètres) de velours.
un barde Le **barde** chantera-t-il à la fin du banquet ?	**une barde** Le rôti était entouré d'une fine **barde** de lard.
un cartouche Le nom des pharaons était inscrit dans un **cartouche**.	**une cartouche** Le chasseur mit une **cartouche** dans son fusil.
un crêpe Le **crêpe** de ses semelles rendait son pas silencieux. Il portait un **crêpe** de deuil.	**une crêpe** Les enfants se régalèrent de **crêpes** pour le goûter.
un livre Il ouvrit son **livre** et se mit à lire.	**une livre** On y vend une **livre** de tomates pour une **livre** sterling.
un manche Prenez toujours le couteau par le **manche**.	**une manche** Une **manche** de sa veste était arrachée.
un mémoire Il remit un **mémoire** très documenté sur la vie des paysans.	**la mémoire** Il a une bonne **mémoire** et retient tout ce qu'il lit.
un mode L'indicatif est un **mode** du verbe.	**la mode** Elle s'habillait à son gré et refusait de suivre la **mode**.
un moule Si vous voulez un gâteau rond, prenez un **moule** rond.	**une moule** De petites **moules** couvraient le rocher d'un tapis noir.
un mousse Le jeune **mousse** monta en haut du mât.	**la mousse** Le tronc des arbres était couvert de **mousse**. Ne lui mets pas de **mousse** de savon dans les yeux.
un page La comtesse était suivie d'un petit **page** qui tenait la traîne de sa robe.	**une page** Tournez la **page** et lisez la suite.
un pendule Le professeur Tournesol ne sort jamais sans son **pendule**.	**une pendule** La vieille **pendule** du salon sonnait tous les quarts d'heure.
un somme Il se coucha après le repas pour faire un petit **somme**.	**une somme** Le voyageur transportait une grosse **somme** d'argent sur sa bête de **somme**.
un vase Mettez ce bouquet de roses dans le **vase**.	**la vase** On drague le canal pour en retirer la **vase**.
un voile Un léger **voile** de brume couvrait la plaine. La mariée portait un **voile** de tulle blanc.	**une voile** La **voile** du bateau s'est déchirée de bas en haut.

PLURIEL DES NOMS ET DES ADJECTIFS

un bel oiseau bleu – pluriel ⟶ *de beaux oiseaux bleus*

Formation du pluriel	Exemples	Exceptions
+s **-on ⟶ -ous**	(un) grand/(des) grand**s** – (un) rigolo/(des) rigolo**s** (un) fou/(des) fou**s** – (un) mou/(des) mou**s**	des bijou**x**, des caillou**x**, des chou**x**, des genou**x**, des hibou**x**, des joujou**x**, des pou**x**
-ale ⟶ -ales	une chorale/des chorale**s** – (une) centrale/(des) centrale**s** (une) originale/(des) originale**s**	
-ail ⟶ -ails	un détail/des détail**s** – un éventail/des éventail**s** un portail/des portail**s**	des bau**x**, des corau**x**, des émau**x**, des soupirau**x**, des travau**x**, des vantau**x**, des vitrau**x**
-aille ⟶ -ailles	une écaille/des écaille**s** – une maille/des maille**s**	
+x **-eu ⟶ -eux**	hébreu/hébreu**x** – un cheveu/des cheveu**x**	des pneu**s**, (des) bleu**s**
-eau ⟶ -eaux	une peau/des peau**x** – (un) nouveau/(des) nouveau**x**	
-au ⟶ -aux	un tuyau/des tuyau**x** un préau/des préau**x**	des landau**s**
-al ⟶ -aux	(un) original/(des) origin**aux** – (un) central/(des) centr**aux** un chant choral/des chants chor**aux** banal *dans l'expression* « des fours ban**aux** »	des bal**s**, des chacal**s**, des festival**s**, des pal**s**, des régal**s** ; banal**s**, bancal**s**, fatal**s**, final**s**, glacial**s**, naval**s** ; idéal**s** ou idé**aux**
Invariables	(un) gris/(des) gris – (un) jaloux/(des) jaloux un nez/des nez – une veste marron/des vestes **marron** une écharpe vert foncé/des écharpes **vert foncé**	
Formes différentes	un œil/des **yeux** – un ciel/des **cieux** – un aïeul/des **aïeux** (mais une aïeule/des aïeules)	

144

ORTOGRAPHE
Les accords

PLURIEL DES MOTS COMPOSÉS

Les petites filles des gardes-barrière collectionnaient les tire-bouchons et les porte-plume.

4e

Éléments du mot composé	Exemples
Les deux éléments prennent lu marque du pluriel	
Nom + Nom	un chou-fleur → des chou**x**-fleur**s**
Adjectif + Adjectif	aigre-doux(ce) → aigre**s**-doux (ces)
Adjectif + Nom	un rouge-gorge → des rouge**s**-gorge**s**
	un nouveau-marié → des nouveau**x**-marié**s**
Nom + Adjectif	un coffre-fort → des coffre**s**-fort**s**
Le premier élément seul prend la marque du pluriel	
Nom + Ct du nom	une pomme de pin → des pomme**s** de pin
	un timbre-poste → des timbre**s**-poste
Le second élément seul prend la marque du pluriel	
Nom abrégé + Ct du nom	un radio-réveil → des radio-réveil**s**
Élément en **-o** + Adjectif	gallo-romain(e) → gallo-romain(e)**s**
Verbe + Nom (selon le sens)	un tire-bouchon → des tire-bouchon**s**
Préposition + Nom	une avant-garde → des avant-garde**s**
Préposition + Adjectif	avant-dernier(ère) → avant-dernier**s**(ères)
Préfixe + Adjectif	pré-élémentaire → pré-élémentaire**s**
Adverbe + Adjectif	(un/e) bien-aimé(e) → (des) bien-aimé(e)**s**
Adjectif adverbial + Adjectif	nouveau-né(e) → nouveau-né(e)**s**
Aucun des éléments ne prend la marque du pluriel (noms composés invariables)	
Verbe + Ct du nom	un porte-plume → des porte-plume
	un chasse-neige → des chasse-neige
Verbe + Nom (selon le sens)	un couche-tôt → des couche-tôt
Verbe + Nom	un va-et-vient → des va-et-vient
Phrase	un savoir-faire → des savoir-faire
	un sauve-qui-peut → des sauve-qui-peut
Pour des raisons de bon sens	un pur-sang → des pur-sang
	un pied-à-terre → des pied-à-terre

SINGULIER ET PLURIEL : PARTICULARITÉS DE QUELQUES NOMS

NOMS CHANGEANT DE GENRE DU SINGULIER AU PLURIEL

Un **grand** *amour* liait les deux frères.	Chaque fois qu'il vient, il nous raconte ses *amours* **malheureuses**.
Cette tarte est un **pur** *délice*.	Il faisait allusion à des *délices* **mystérieuses**.
Le vieil homme chantait dans les cours avec un **petit** *orgue* de barbarie.	Les touristes admiraient les **grandes** *orgues* de la cathédrale.

NOMS QUI N'EXISTENT QU'AU SINGULIER OU AU PLURIEL

Au singulier

Noms de sciences : la botanique – l'arithmétique – l'histoire...
Noms de matières, prises dans un sens général : l'or – l'argent – le cuivre...
Noms abstraits : la vérité – le beau – le juste...
Noms des sens : l'ouïe – l'odorat – la vue – le goût – le toucher
Points cardinaux : le nord – l'est – l'ouest – le sud
Toutefois, dans certains contextes, ces noms fonctionnent comme les autres :

Le chat et le chien ont des **odorats** très différents.

Au pluriel

les affres	des bestiaux	les fiançailles	les obsèques
des agissements	des cisailles	les frais	les ossements
des agrès	des décombres	les funérailles	les pierreries
les alentours	aux dépens de	les hardes	les pourparlers
des annales	les échecs *(jeu)*	*(vêtements ≠ la harde des cerfs)*	les ténèbres
des archives	les entrailles	les honoraires	les travaux *(publics)*
des arrhes	les environs	les mœurs	les vivres, etc.

NOMS CHANGEANT DE SENS EN CHANGEANT DE NOMBRE

ciseau Le **ciseau** est un outil du sculpteur.	**ciseaux** Les **ciseaux** sont un outil du tailleur.
lunette L'astronome observait le ciel avec sa **lunette**.	**lunettes** Le vieillard ne peut lire : il a perdu ses **lunettes**.
ouïe Il a l'**ouïe** très fine : il entend tout.	**ouïes** Les **ouïes** du poisson étaient bien rouges.
gage Le perdant aura un **gage**.	**gages** Le valet de Don Juan réclame ses **gages**.
vacance Pendant la **vacance** du poste, un remplaçant réglera les affaires courantes.	**vacances** Pendant les **vacances**, les enfants jouent dehors toute la journée.

146

Orthographe

Les accords

ACCORD DU VERBE AVEC SON SUJET

Ces livres sont tombés de l'étagère.

Le verbe *sont tombés* s'accorde avec le sujet *Ces livres*.

6e Sujet + Verbe (temps simples, temps composés avec *avoir*) → Accord en nombre et en personne	*Des pierres* tomb**ent**. *Tu* t'abrit**es**. *Elle* **a lu** une histoire.
Sujet + Verbe (temps composé, avec *être*) → Accord en nombre et en personne + Accord genre	*Des pierres* **sont** tomb**ées**. *Tu* **t'es** abrit**é(e)**.
⚠ Sujet éloigné ou sujet inversé → Attention ! ne pas oublier l'accord	*Elle* les protèg**e**. Sous la pierre, grouill**aient** *des dizaines de bestioles.* *Les petits*, penchés sur leur cahier, tirant légèrement la langue, la main un peu tremblante, traç**aient** des lignes de bâtons.
Sujet = Groupe nominal à sens collectif → Accord selon la grammaire → Accord selon le sens	*Une foule* de spectateurs envahiss**ait** le stade. Une foule de *spectateurs* envahiss**aient** le stade.
Sujet = Adverbe à sens collectif → Accord toujours au pluriel	*Beaucoup de spectateurs* applaudiss**aient**. *Peu de spectateurs* applaudiss**aient**.
4e Plusieurs sujets : sujets au masculin ou de genres différents → Accord au masculin pluriel	*Un crayon et une gomme* sont pos**és** sur la table.
Plusieurs sujets : sujets au féminin → Accord au féminin pluriel	*Une règle et une équerre* sont exig**ées**.
Plusieurs sujets : un mot de sens collectif reprend l'énumération → Accord avec le mot de sens collectif	Sa règle, ses stylos, sa gomme, ses crayons, *toute sa trousse* s'était éparpill**ée**.
Plusieurs sujets coordonnés par *ou*, *ni*, *avec*, *ainsi*, *que*, *comme*... → Accord selon le sens	*Ni son frère ni sa sœur* n'**a** les yeux bleus. *Ni son frère ni sa sœur* n'**ont** les yeux bleus.
Plusieurs sujets : verbes à l'infinitif → Accord selon le sens	*Aller et venir* ne pr**it** qu'un instant. *Promettre et tenir* **sont** deux choses différentes.
Sujet = pronom relatif *qui* → Accord avec l'antécédent	*C'est moi qui* l'**ai** dit. *C'est vous qui* **criez** le plus fort.
Sujets = *je* + *tu* ou *il(s)*, *elle(s)* → Accord à la 1re personne du pluriel	*Toi et moi* **sommes** les plus forts. *Ta sœur et moi* **irons** le voir.
Sujets = *tu* + *il(s)*, *elle(s)* → Accord à la 2e personne du pluriel	*Toi et eux* vider**ez** les poissons. *Toi et tes frères* achèter**ez** des citrons.

ACCORD DE L'ADJECTIF QUALIFICATIF DU COMPLÉMENT DU NOM

ACCORD DE L'ADJECTIF QUALIFICATIF

L'adjectif qualificatif s'accorde en genre et en nombre avec le ou les noms qu'il détermine	
– tous les noms sont masculins : adjectif qualificatif ⟶ masculin pluriel	Il désire acheter un livre et un cahier neuf**s**. L'homme et le chien semblaient inquiet**s**.
– tous les noms sont féminins adjectif qualificatif ⟶ féminin pluriel	La gaieté et l'excitation générale**s** étaient communicati**ves**.
– l'un des noms au moins est au masculin : adjectif qualificatif ⟶ masculin pluriel	Il eut une moue et un sourire enfantin**s**.
Accord selon le sens	
dans une **énumération**	
– accord avec les noms	Il portait un chapeau et un pantalon blanc**s**
– accord avec le nom qui précède	Son haut-de-forme et ses chaussures verni**es**...
groupe nominal + **complément du nom** :	
– accord avec le nom noyau	une boîte de bonbons décoré**e**
– accord avec le complément du nom	une boîte de bonbons fourré**s** un recueil de gravures ancienn**es**
plusieurs adjectifs déterminent un nom pluriel :	
– accord au pluriel	les langues indien**nes** et européen**nes**
– accord au singulier	les langues français**e** et anglais**e**
L'adjectif reste invariable	
– adjectifs de couleur dérivés d'un nom, ou déterminés par un nom ou un autre adjectif	Une jupe **marron**, une blouse **bleu pétrole**, des robes **bleu clair**.
– adjectif employé comme adverbe	Ils sont **fort** beaux. Elles chantent **faux**.

ACCORD DU COMPLÉMENT DU NOM

Selon le sens, le complément du nom, employé sans déterminant, peut être

- au singulier : une caisse **de beurre** – un fruit à **noyau**
- au pluriel : une caisse **d'oranges** – un fruit **à pépins**
- au singulier ou au pluriel : un mur **de brique** – un mur **de briques**

148

ORTHOGRAPHE

Les accords

ACCORD DU PARTICIPE PASSÉ

Ces photos, ils les ont vues avant toi.
Le participe passé *vues*, employé avec avoir, s'accorde avec le COD *les* placé avant le verbe.

6e

Participe passé conjugué avec *être*	
Accord avec le sujet du verbe	*La renarde* a été apprivoisé**e**. Des renardeaux sont né**s**. Mon frère et ma sœur sont allé**s** les voir.

5e

Participe passé conjugué avec *avoir*	
Accord avec le COD placé avant le verbe	La renarde *qu'*ils ont apprivoisé**e**... *L'*avez-vous vu**e**, cette renarde ? *Quels noms* as-tu choisi**s** ?
Participe passé invariable	
– COD après le verbe	Ils ont **vu** *les renardeaux.*
– Pas de COD	Elles ont beaucoup **marché**. Elles en ont **bénéficié** (de cette faveur). **Mais** *Des renardeaux, j'en ai déjà* **vu** *(ou v***us***).*
– COD = pronom neutre *le (l')*	Nous *le* leur avons **annoncé**.
– Verbes impersonnels	*Quelles démarches* il a **fallu** !
– Semi-auxiliaires	Cette robe, je *l'*ai **fait** faire.
– Participe passé suivi d'un verbe à l'infinitif	La maison que j'ai **vu** construire (construire une maison). **Mais** *les renardeaux que j'ai* **vus** *téter (j'ai vu* **les** *renardeaux qui tétaient).*

3e

Participe passé des verbes pronominaux	
Accord avec le sujet du verbe	
– Verbes essentiellement pronominaux	*Elles* se sont enfui**es**. *Elle* s'est plaint**e** du prix.
– Verbes pronominaux de sens passif	*La cuve* s'est vidé**e** lentement. *Les fleurs* se sont bien vendu**es**.
Accord avec le COD placé avant le verbe	
– Verbes de sens réfléchi ou réciproque	
SE = COD	Ils *se* sont caché**s**. Elle *s'*est jugé**e** compétente. Elle *se* sont reconnu**es**.
SE ≠ COD	La maison *qu'*il s'est trouvé**e**, il se *l'*est réservé**e**.
Participe passé invariable	
– COD après le verbe	Ils se sont **caché** *les yeux.*
– Pas de COD	Elles se (COI) sont **souri**. (... souri à elles) Nous nous (COI) sommes **répondu**. (... répondu à nous) Les événements se (COI) sont **succédé** (... succédé aux événements).

PARTICIPES PRÉSENTS ET ADJECTIFS VERBAUX

Ces preuves sont convaincantes, (adj. verbal)
Convainquant le jury, l'avocat a gagné le procès, (part, présent)

PARTICIPES PASSÉS DES VERBES PRONOMINAUX

Bien que toujours conjugués avec *être*, les participes passés des verbes pronominaux suivent
– tantôt les règles d'accord des participes passés conjugués avec *être*, lorsque *se* ne peut s'analyser indépendamment du verbe (verbes essentiellement pronominaux et verbes pronominaux de sens passif) :

Je me suis évanoui(**e**)	~~(J'ai évanoui *moi*.)~~
Elle s'est aperçu**e** de son erreur	~~Elle a aperçu *elle* de son erreur)~~
Bien des chose**s** se sont dites	~~Bien des choses ont dit elles)~~

– tantôt les règles d'accord des participes passés conjugués avec *avoir*, lorsque *se* peut être analysé séparément (verbes pronominaux de sens réfléchi ou réciproque) :

Je me suis lavé(**e**)	(= J'ai lavé *moi*.)
Ils se sont regardés	(= *Les uns* ont regardé *les autres*, et réciproquement.)

PARTICIPES PRÉSENTS ET ADJECTIFS VERBAUX

Participes présents et adjectifs verbaux se distinguent par l'orthographe.

Le participe présent est invariable :

Les vases communi**quant** entre eux, l'eau passa de l'un à l'autre.

L'adjectif verbal s'accorde en genre et en nombre :

Vos deux chambres sont communi**cantes**.

Participes présents et adjectifs verbaux peuvent présenter de plus des différences de terminaisons :

Participe présent	Adjectif verbal	Participe présent	Adjectif verbal
adhérant	adhérent	excellant	excellent
coïncidant	coïncident	fatiguant	fatigant
communiquant	communicant	influant	influent
convainquant	convaincant	intriguant	intrigant
convergeant	convergent	naviguant	navigant
déférant	déférent	négligeant	négligent
détergeant	détergent	précédant	précédent
différant	différent	provoquant	provocant
divaguant	divagant	somnolant	somnolent
divergeant	divergent	suffoquant	suffocant
émergeant	émergent	vaquant	vacant
équivalant	équivalent	zigzaguant	zigzagant

Les autres, participes présents ou adjectifs verbaux, s'écrivent de la même manière (notamment *exig**eant(e)(s)***, malgré l'orthographe *d'exig**e**nce)*.

150

ORTHOGRAPHE
Les accords

ACCORDS À VALEUR DISTRIBUTIVE

Les invités ont déposé leurs chaussures et leur manteau dans l'entrée.
Chaque invité a **deux** *chaussures* et **un** *manteau.*

ADJECTIF POSSESSIF *LEUR(S)*

4e Lorsque le groupe nominal a pour déterminant le déterminant possessif *leur(s)*, l'accord se fait en fonction du sens, selon que les possesseurs disposent chacun habituellement d'**un seul** ou de **plusieurs objets possédés** :

Chacun n'a qu'une tête → **Leur tête** était couverte d'un fichu rouge.
n'a qu'une bouche → **Leur bouche** était entrouverte.
Chacun ne porte qu'un chapeau → Ils portaient **leur chapeau** à la main.
Chacun a deux jambes → **Leurs jambes** étaient égratignées.
a deux lèvres → **Leurs lèvres** étaient gercées.
Chacun porte deux gants → Ils enlèvent **leurs gants** pour se mettre à table.

PRÉPOSITION *SANS*

4e Bien que d'après le sens *sans* indique une quantité nulle, l'accord du groupe nominal introduit par la préposition *sans* suit les règles décrites plus haut.

Si, en temps normal, la réalité évoquée est **unique**, le groupe nominal reste au singulier :

des poupées **sans tête**
des hommes **sans chapeau**
des sièges **sans dossier**...

Si, en temps normal, la réalité évoquée est **multiple**, le groupe nominal se met au pluriel :

des poupées **sans jambes**
des hommes **sans gants**
une maison **sans fenêtres**...

OUVRIR L'ŒIL

L'emploi du pluriel reste toutefois possible si l'on envisage la totalité des objets possédés par le groupe :

Ils enlevèrent **leurs chapeaux**.
Tous les sièges, **sans dossiers**, étaient inconfortables.

ACCENTS ET AUTRES SIGNES

Il y a des prés, près de la rivière.
L'accent permet de différencier *prés* et *près*.

Signes	Emploi	Exemples
Accents	Les accents, au nombre de trois, se placent sur les voyelles.	
Accent aigu é	On ne met l'accent sur le **e** que lorsqu'il termine la syllabe (toutefois, ni le **e** ni le **s** en fin de mot n'entraînent la suppression de l'accent sur le **e** qui précède).	é/té, siè/cle, tê/te, res/pect, er/reur, ef/fec/tuer, mausolée, fumée, invitée, invités, procès, progrès (pro/gres/ser)
Accent grave è à ù	On ne met jamais l'accent sur le **e** quand il est suivi de **x**.	vexée, extérieur, indexer, excellent
	Les accents peuvent modifier la prononciation de la voyelle : **é** [e], **è** [ɛ], **ô** [o], **â** [a].	chassé, prés, près, frère, bête, rêve, cône, pôle, pâte, mâle
Accent circonflexe â ê î ô û	L'accent circonflexe peut signaler la disparition d'une ancienne lettre, il indique en principe l'allongement de la voyelle.	hôpital (hospital), forêt (forest), piqûre (piquure), dûment (duement)
	L'accent peut encore servir à différencier des homonymes (homophones).	où/ou, à/a, il pêche/il pèche, mûr/mur
Tréma ï ë (ii)	Le tréma indique le plus souvent qu'il faut articuler séparément les deux voyelles qui se suivent.	haïr [air] et non [ɛr] ; aiguë [ɛgy] et non [ɛg] ; Noël [nɔɛl] et non [nwɛl] ; Emmaüs [emays] et non [emos]
Cédille	La cédille, placée sous le c, le fait prononcer [s] devant **a, o, u**.	façade, leçon, reçu
Apostrophe	L'apostrophe, placée derrière une consonne ou derrière le groupe **qu**, marque l'élision du **a**, du **e**, ou du **i**.	m'a, lorsqu'elle, l'eau, qu'il, s'il
Trait d'union	Le trait d'union s'emploie : dans les mots composés, y compris les prénoms,	œil-de-bœuf, petite-fille, sur-le-champ, demi-frère, Jean-François, Anne-Marie
	entre le mot **saint(e)** et le nom suivant, quand il s'agit d'une rue, d'une fête, d'un nom de ville,	rue Saint-Vincent, la Saint-Jean, à la Saint-Michel, Saint-Quentin, Sainte-Lucie
	dans les nombres, en dessous de cent,	quatre-vingt-trois, cent soixante-dix-sept
	devant **même**, **ci**, **là**, associés à un pronom et **ci** et **là** associés à nom,	lui-même, celui-ci, cette robe-là
	entre le verbe et le sujet inversés,	pouvez-vous, dirent-ils, murmura-t-elle
	à l'impératif, entre le verbe et son (ou ses) pronom(s) complément(s).	regardez-la, donne-moi, cache-le-lui.

PONCTUATION ET MAJUSCULES

Paul n'est pas venu : il est malade.
Les deux points (:) introduisent une explication à l'absence de Paul.

USAGE DE LA PONCTUATION

	Emploi	Maj.*	Exemples
Point .	Le point isole les phrases. Il marque l'indépendance de l'énoncé dans le contexte. Il se traduit par une pause importante à l'oral. Il se place après chaque lettre constitutive d'un sigle et après tout mot écrit en abrégé (sauf si l'abréviation comporte la dernière lettre du mot).	oui non	Il faisait froid. Les rues étaient animées ce samedi matin. Les passants s'attardaient devant les vitrines décorées. E.D.F. ; S.N.C.F. ; O.N.U. adj. poss. ; c.-à-d. ; cf. p. 10 ; et circ. de temps
Point-virgule ;	Comme le point, le point-virgule isole des phrases, mais il implique toujours une certaine relation entre les deux énoncés qu'il sépare. Il se traduit, à l'oral, par une pause moins importante que le point.	non	Ce que nous savons, c'est qu'il viendra ; ce que nous ignorons, c'est à quelle heure.
Point d'exclamation !	Le point d'exclamation se met après une phrase exclamative. On l'emploie aussi après une interjection ou une locution interjective.	oui non	Quelle mine sombre vous avez ! Comme c'est curieux ! « Ô rage ! ô désespoir !... » (*Corneille*) Oh ! amusant !
Point d'interrogation ?	Le point d'interrogation traduit l'interrogation directe.	oui non	La lampe était-elle éteinte ? Personne ne l'a remarqué. « Qu'avez-vous fait ? demanda-t-elle. – Pourquoi ? ou plutôt pour quoi ? »
Points de suspension ...	Les points de suspension s'emploient pour marquer qu'un énoncé n'est pas achevé : – soit qu'il ait été interrompu ; – soit que le narrateur laisse imaginer la suite, ou laisse le temps de l'imaginer, pour ménager ses effets.	oui non	« Je vais prendre... – Des mesures, je sais, l'interrompit-il. » L'obscurité était épaisse... « L'abbé Martin était curé... de Cucugnan. » (*Alphonse Daudet*)
Virgule ,	La virgule se traduit par une faible pause à l'oral. Elle permet d'isoler les groupes mobiles de la phrase. Elle sépare les termes d'une énumération. Elle permet de lever les ambiguïtés de construction.	non	« Le matin, quand il fait beau, je vais faire une course au bois », dit-il simplement. Ses yeux étaient noirs, brillants, pleins de feu. Le poète chante la nuit. Le poète chante, la nuit.
Deux points :	Les deux points servent à présenter un terme annoncé ou une énumération. Ils peuvent souligner un rapport de cause ou de conséquence. Ils s'emploient avec les guillemets pour insérer un discours direct dans le récit.	non oui	Je n'ai qu'un désir : dormir. Il déballa les provisions : des œufs, du pain, du jambon. Je mets mes bottes : il pleut. Il pleut : je mets mes bottes. Il s'écria : « Où me conduisez-vous ? » Personne ne lui répondit.

* Maj. = Cette colonne indique si le signe de ponctuation est suivi ou non d'une majuscule.

	Emploi	Maj	Exemples
Guillemets « »	Les guillemets s'emploient au début et à la fin d'un passage au discours direct. Dans le dialogue, les guillemets encadrent l'ensemble des répliques. Les changements d'interlocuteur sont signalés par des tirets.	oui	Elle disait : « Si je pouvais voler, je partirais vers les pays du soleil. » « J'ai froid, dit-il. – Tu n'as pas de manteau ? s'étonna-t-elle. – Si, mais il est trop léger. »
	Les guillemets peuvent isoler un groupe, ou un terme, que le narrateur cite ou ne prend pas à son compte.	non	« Elle estimèrent de leur « devoir » de m'emmener chez le médecin de famille. » *(Valérie Valère)*
Parenthèses Tirets () --	Parenthèses, crochets, tirets encadrent, dans la phrase, des éléments isolés, non indispensables au sens.	non non	Une petite fille (de sept ou huit ans) se présenta. Une fillette – une enfant de sept ou huit ans – se présenta.
Crochets []	Les crochets, moins usités, sont surtout utilisés pour isoler une indication contenue dans des parenthèses (ou en contenant déjà elle-même), – pour signaler, dans une citation, un mot qui a dû être remplacé pour diverses raisons (pour rendre l'extrait plus clair, par exemple).		L'auteur évoque le problème [*cf.* tome 2 (p. 192)]. « Du nom de J. Racine (écrivain français [1639-1699]). » « Alors, [Bonaparte] devint empereur... » (*Prévert* a écrit : « ...*il* devint... »)

USAGE DES MAJUSCULES

Emploi	Exemples
On met la majuscule au début d'une phrase, après un point et, quand ils terminent la phrase, après les points d'interrogation, de suspension ou d'exclamation. On met toujours une majuscule au début du discours direct.	Le vent soufflait en tempête. La mer était très agitée. Comme c'était beau ! Tout le monde s'extasia. Pourquoi ne pas le lui dire ? Il en serait ravi. Elle lui demanda : « Souffres-tu beaucoup ? »
On met une majuscule, en poésie, au début de chaque vers (sauf chez certains poètes contemporains).	« Comme à cette fleur, la vieillesse Fera ternir votre beauté. » (*Ronsard*)
Les noms propres se distinguent des noms communs par l'emploi de la majuscule : noms de personnes, noms de certaines époques historiques, noms géographiques, noms de peuples, noms de fêtes, noms de monuments, noms de dieux...	Alphonse Lolivier, Cervantes, l'Arioste, le Moyen Âge, les Croisades, le Romantisme, les Espagnols, un Chinois, Alençon, la mer Méditerranée, le mont Blanc, Noël, la Toussaint, l'Opéra, Dieu, Zeus, Vénus...
Les noms relatifs aux religions, les noms de langues et les adjectifs issus de noms propres ne prennent pas de majuscule.	les musulmans, les chrétiens, le chinois, le français, les auteurs anglais, la frontière allemande...

153

Orthographe
Les signes

COMMENT COUPER UN MOT EN FIN DE LIGNE ?

RÈGLE GÉNÉRALE

3e Le découpage du mot, en fin de ligne, se fait toujours à la fin d'une syllabe écrite.

Une consonne placée entre deux voyelles marque le début d'une nouvelle syllabe :

a-va-ler **pa-pe-tier** **oi-seau** **cou-loir**

En règle générale, chaque fois que deux consonnes se suivent, elles sont séparées par le découpage en syllabes :

at-ten-te **vil-le** **ar-gent** **cris-tal** **gro-seil-le** **ex-té-rieur**

Lorsque trois consonnes se suivent, les deux premières consonnes font partie de la syllabe qui précède, et la troisième de la syllabe qui suit :

domp-ter **sculp-ter** **obs-ti-né**

CAS PARTICULIERS

3e Lorsque les deux consonnes constituent un digramme **ph**, **ch**, **th**, **gn**, elles sont inséparables :

ma-gné-to-pho-ne **a-che-ter** **ryth-mi-que**

Lorsque les consonnes **r** ou **l** suivent toute autre consonne que **r** ou **l**, elles forment avec cette consonne un groupe inséparable ; **br**, **bl**, **cr**, **cl**, **fl**, **fr**, **gr**, **gl**, etc. commencent donc toujours une nouvelle syllabe :

trin-gle **or-tho-gra-phe** **or-ches-tre** **mor-dre** **souf-fler**

Lorsque la première syllabe du mot est constituée par un préfixe, le découpage en syllabes préfère isoler ce préfixe du radical :

trans-por-ter **dés**-ho-no-rer **in**-sta-ble

OUVRIR L'ŒIL

Toutefois, on ne coupe jamais à la fin d'une ligne :

– entre deux voyelles qui se suivent, même si elles se prononcent séparément *(poé-sie)* ;

– avant ou après **x** ou **y** placés entre deux voyelles *(lexi-que)* ;

– avant ou après une voyelle isolée *(ave– nir)* ;

Ainsi des mots comme haïr, *crayon, vexer, obéir, avant,* ne peuvent donc pas être coupés en fin de ligne.

Vocabulaire

154

VOCABULAIRE
L'histoire des mots

ORIGINE DES MOTS FRANÇAIS

Latin :

accusatif *hominem → homine → homne → homme*
nominatif *homo → hom → om → on*

DU LATIN AU FRANÇAIS

3e Le français fait partie des langues romanes, c'est-à-dire des langues issues du latin. La plupart des mots tirent donc leur origine du latin populaire parlé en Gaule lors de la conquête romaine.

N'étant pas, comme aujourd'hui, fixés par l'écrit, ils ont évolué rapidement, et ont abouti à des formes différentes selon les régions :

aqua
– *a donné en provençal* **aigue** → (aiguière, aigue-marine, Aigues-Mortes, Aix)
– *a donné en d'autres régions* **ève** → (évier, Évian)
qui a évolué en français moderne vers **eau**
– *a été repris tel quel, plus tard, pour former des mots savants :*
→ **aquatique, aqueduc, aquarelle, aquaplane, aquifère...**

FONDS PRIMITIF DU FRANÇAIS

3e Les mots issus du **latin populaire** sont les plus fréquents et les plus irréguliers dans leur orthographe. Ils ont souvent de nombreux sens (mots **polysémiques**) :

cor → cœur   digitum → doigt   sinum → sein   signum → seing

Les mots issus du **gaulois** sont surtout liés à la vie rurale :

lieue   chêne   lande   ruche   charrue...

Les mots issus des langues **germaniques**, après les invasions du ve siècle, concernent surtout le vocabulaire militaire :

bannière   brandir   éperon   étrier   hache   maréchal   guerre...

mais aussi la vie rurale :

cresson   gazon   gerbe   grappe   marais   jardin   hanneton...

EMPRUNTS

3e La langue est avant tout un instrument de communication : tout besoin nouveau entraîne la création de mots.

Comme toutes les langues vivantes, le français a eu et a encore, entre autres, recours aux emprunts. Il lui arrive même d'emprunter à d'autres langues des mots que cette langue lui avait empruntés auparavant :

budget *(anglais)* → *de l'ancien français* bougette, *petit sac*
ticket *(anglais)* → *de l'ancien français* étiquette...

Emprunts	Exemples	Remarques
aux langues anciennes		
• Latin classique, francisé ou non	administrer, insecticide, mammifère, aquarium...	Ces mots ont une orthographe plus régulière et ils n'ont souvent qu'un seul sens (mots **monosémiques**).
• Grec, par l'intermédiaire du latin ou non	trésor, église, psychologie, dactylographie, téléphérique...	
• Hybrides latin/grec	socio (latin) logie (grec) télé (grec) vision (latin) radio (latin) graphie (grec)	Ces mots sont formés de la réunion de racines latines et grecques.
aux langues vivantes étrangères		
• Italien	balcon, costume, colonel, escarpins...	La distance entre l'« emprunt » et la langue d'origine est parfois très grande. *Smoking*, *toréador*, *tennis-man* ne sont pas employés avec le même sens ou n'ont pas de sens dans leur langue d'origine.
• Espagnol	adjuvant, castagnettes, torero...	
• Allemand	bivouac, vampire, vasistas...	
• Anglais	importer, bouledogue, redingote, week-end, football...	
aux langues régionales		
• Provençal	cigale, luzerne...	
• Savoyard	glacier, chalet...	
• Gascon	cadet, cèpe...	
• Picard	essieu, caillou...	
• Normand	crevette, varech...	
• Breton	dolmen, goémon...	
• Wallon	usine, estaminet...	
...		

155

VOCABULAIRE
L'histoire des mots

ÉVOLUTION DES MOTS FRANÇAIS

Latin : *pedestris* → *piètre* / *pitre* / *pédestre*

rigidus → *roide* / *raide* / *rigide*

DOUBLETS

4e Les doublets sont des mots qui, à partir d'une origine commune, ont vu leur forme et leur sens évoluer vers deux mots distincts.

Un mot vient de la langue d'*oïl* (France du Nord), l'autre vient de la langue d'*oc* (France du Sud) :

bas latin capum → chef *(oïl)* / cap *(oc)*

La déclinaison, en ancien français, impliquait deux formes pour un même mot selon qu'il avait la fonction de sujet ou de COD. Ces deux formes ont parfois subsisté et il en est résulté deux mots différents :

pasteur / pâtre   on / homme   compain (copain) / compagnon

Une même racine latine peut avoir subi les déformations de l'oral (formation *populaire*) et être réempruntée plus tard par les clercs, sous sa forme écrite (formation *savante*). Là encore, il en est résulté deux mots de forme et de sens différents. Le sens du mot issu de la formation savante reste proche du sens en latin classique :

latin potionem → poison *(populaire)* / potion *(savant)*

latin captivum → chétif *(populaire)* / captif *(savant)*

APPARITION ET DISPARITION DES MOTS

4e Les mots d'un maniement trop difficile, ou ceux qui présentent des formes qui risquent d'être confondues avec celles d'un autre mot voisin plus fréquent, sont souvent appelés à disparaître :

ouïr, dont le futur **j'orrai** risque d'être confondu avec **j'aurai** (du verbe *avoir*),
→ est peu à peu remplacé par **entendre** (= *comprendre*)
→ **comprendre** se substitue alors à *entendre*, devenu ambigu.

Les mots qui ne correspondent plus au système social disparaissent de l'usage *(palefroi, destrier, hennin, poulaines, chausses).*

D'autres surgissent ou renaissent, en fonction de nouveaux besoins, comme *joute*, *tournoi*, *astronef*.

La vogue des sports d'hiver a ainsi fait naître, à côté du terme générique *neige*, la *poudreuse*, la *soupe*, la *tôle*, etc.

Diverses raisons (guerres, relations commerciales, phénomènes sociaux...) expliquent l'histoire complexe de la langue et les variations dans la forme et le sens des mots.

USURE ET AFFAIBLISSEMENT DES MOTS

Lorsqu'ils sont très employés, les mots ont tendance à perdre un sens originel très fort, au profit d'un sens plus neutre :

charme, *enchanter* ont perdu leur sens magique ;
navrer ne signifie plus *blesser* mais *affliger*, *contrarier* ;
ennuyer ne signifie plus *être un objet de haine* mais *agacer*, *tracasser.*

Certains mots peuvent alors être remplacés par des mots venus de l'argot ou des langues régionales :

chef est ainsi remplacé par *tête* (du bas latin *testum*, un petit vase en terre cuite)

Le sens des doublets finit aussi par se diversifier :

officine ≠ usine ausculter ≠ écouter

ÉLARGISSEMENT DU SENS DES MOTS

Le sens de certains mots peut s'élargir, selon deux procédés : la métonymie et la métaphore.

Par métonymie

Le sens du mot s'étend à des notions ayant un rapport avec le sens premier.

cuisine = pièce où l'on prépare les repas
→ le personnel qui y travaille *(les potins de la cuisine)*
→ l'art d'apprêter les aliments *(la cuisine française, chinoise...)*
→ les aliments eux-mêmes *(une cuisine épicée...)*
→ l'ensemble des meubles et équipements *(acheter une cuisine moderne)*

Par métaphore

Le sens du mot s'étend à des notions qui présentent une ressemblance (**sens figuré**) avec la notion originelle (**sens propre**).

bouche = partie du corps *(sens propre)*

bouche *(sens figuré)*
- de métro
- d'égout
- d'incendie
- d'un volcan
- de chaleur...

tête = partie du corps *(sens propre)*

tête *(sens figuré)*
- d'épingle
- de lit
- d'ail, d'artichaut
- de liste
- d'affiche
- de chapitre
- de pont
- de train
- de lecture...

FORMATION DES MOTS

Pour former de nouveaux mots, le français peut utiliser des mots existant déjà dans la langue, soit en y ajoutant des suffixes ou des préfixes, soit en les faisant changer de classe grammaticale (mots **dérivés**).

6e	**Suffixes**
Pour former des noms	
– à partir d'un verbe	on construit un pont ➝ la **construction** d'un pont on change de programme ➝ le **changement** de programme...
– à partir d'un adjectif	l'eau est transparente ➝ la **transparence** de l'eau la neige est blanche ➝ la **blancheur** de la neige...
– à partir d'un autre nom	fleur ➝ **fleuriste** – orange ➝ **oranger** oranger ➝ **orangeraie**...
Pour former des adjectifs	
– à partir d'un verbe	qui peut être lavé ➝ **lavable** – qui peut être lu ➝ **lisible** qui boite ➝ **boiteux** – qui rit ➝ **rieur**...
– à partir d'un nom	du matin ➝ **matinal** – d'Asie ➝ **asiatique** de la poste ➝ **postal** – qui a des poils ➝ **poilu**...
– à partir d'un autre adjectif (suffixes diminutifs ou péjoratifs)	pâle ➝ **pâlot** – aigre ➝ **aigrelet** roux ➝ **roussâtre** – fade ➝ **fadasse** faible ➝ **faiblard**...
Pour former des verbes	
– à partir d'un nom	goût ➝ **goûter** – fleur ➝ **fleurir**...
– à partir d'un adjectif	rendre solide ➝ **solidifier** – rendre général ➝ **généraliser** rendre laid ➝ **enlaidir** – rendre lourd ➝ **alourdir**...
– à partir d'un autre verbe (suffixes diminutifs ou péjoratifs)	voler ➝ **voleter** – vivre ➝ **vivoter** rêver ➝ **rêvasser**...

6e	**Préfixes**
Pour former des noms à partir d'autres noms	**mini**jupe – **super**marché – **hyper**marché – **sous**-chef **sur**production – **co**équipier...
Pour former des verbes à partir d'autres verbes	
– préfixe privatif	estimer ➝ **més**estimer – chausser ➝ **dé**chausser armer ➝ **dés**armer...
– préfixe exprimant la répétition	faire ➝ **re**faire – construire ➝ **re**construire...
– préfixe de sens réciproque	aider ➝ s'**entr**aider – tuer ➝ s'**entre**tuer...
– préfixe ayant le sens d'une préposition	courir ➝ **ac**courir (*vers*) ➝ **par**courir (*à travers*) porter ➝ **ex**porter (*hors de*) ➝ **im**porter (*dans*) ➝ **trans**porter (*à travers, au-delà*) ➝ **em**porter (*de là*) ➝ **ap**porter (*vers*)...

lever → *levant – levage – levure – levée – leveur*
→ *relever – soulever – élever – surélever*
→ *le lever*

156 VOCABULAIRE
L'histoire des mots

CHANGEMENT DE CLASSE GRAMMATICALE

Adjectif qualificatif → nom : Le **rouge** te va bien.
Adverbe → nom : Cet homme a passé sa vie à faire le **bien**.
Verbe → nom : On leur a fourni le **boire**, le **manger** et le **coucher**.
Adjectif qualificatif → adverbe : La tempête souffle **fort**.

MOTS FORMÉS D'ÉLÉMENTS LATINS OU GRECS

Éléments latins

	Sens	Exemple		Sens	Exemple
arbor	arbre	**arbori**culture	*pède*	pied	bi**pède**
calor	chaleur	**calori**fère	*cide*	qui tue	insecti**cide**
igni	feu	**igni**fuge	*fuge*	qui fuit	igni**fuge**
moto	qui meut	**moto**culteur	*pare*	qui porte	ovi**pare**
fère	qui porte	mammi**fère**	*primi*	premier	**primi**pare
multi	nombreux	**multi**colore	*radio*	rayon	**radio**métrie
uni	unique	**uni**voque	*vore*	qui mange	omni**vore**
omni	tout	**omni**vore	*fique*	qui produit	frigori**fique**

Éléments grecs

	Sens	Exemple		Sens	Exemple
aéro	air	**aéro**stat	*manie*	passion	mélo**mane**
algie	douleur	névr**algie**	*onyme*	mot	hom**onyme**
archie	commandement	an**archie**	*ortho*	droit	**ortho**graphe
anthropo	homme	phil**anthrope**	*phago*	qui mange	anthropo**phage**
auto	de soi-même	**auto**mobile	*phil*	ami	**phil**anthrope
bio	vie	**bio**logie	*phobe*	ennemi	hydro**phobe**
chromo	couleur	poly**chrome**	*phone*	voix	télé**phone**
chrono	temps	**chrono**logie	*poly*	nombreux	**poly**chrome
dactylo	doigt	**dactylo**graphie	*mono*	unique	**mono**game
game	mariage	poly**game**	*pyro*	feu	**pyro**mane
géo	terre	**géo**logie	*scope*	vision	téle**scope**
hippo	cheval	**hippo**phage	*thèque*	armoire	biblio**thèque**
homo	semblable	**homo**graphe	*thérapie*	traitement	hydro**thérapie**
hydro	eau	**hydro**phobe	*thermo*	chaleur	**thermo**phile
logie	science	grapho**logie**	*télé*	au loin	**téle**scope
lâtre	qui adore	ido**lâtre**	*zoo*	animal	**zoo**logie

156

Vocabulaire
L'histoire des mots

Un serpent à café avec un moulin à lunettes
Un chasseur de corde avec un danseur de têtes
Un maréchal d'écume avec une pipe en retraite...

(Prévert, *Cortège*.)

MOTS COMPOSÉS

6e On peut encore former des mots nouveaux, en regroupant des mots ayant déjà une existence indépendante dans la langue (**mots composés**).

Ces mots ne sont pas toujours réunis par un trait d'union, mais ils forment cependant une seule unité du point de vue du sens. Aucun de leurs éléments constitutifs ne peut être déterminé séparément :

une chaise longue
→ une confortable chaise longue

mais :

~~une chaise très longue~~
~~une chaise confortable longue~~

Certains grammairiens classent parmi les mots composés les mots formés à l'aide de préfixes, que ces derniers aient ou non une existence propre par ailleurs.

On classe les mots composés selon la nature des mots qui les constituent.

Noms composés

Éléments	Exemples
Nom + Nom	un timbre-poste
Nom + Adjectif	une chaise longue
Adverbe, ou Préposition + Nom	l'avant-garde
Verbe + Nom	un garde-meuble
Verbe + Verbe	un laissez-passer – le laisser-aller
Verbe + Adverbe	un passe-partout
Expressions figées	le qu'en dira-t-on

Adjectifs composés

Éléments	Exemples
Adjectif + Adjectif	aigre-doux – franco-russe
Adverbe ou Préposition + Adjectif	contre-révolutionnaire

FAMILLES DE MOTS

Ce chevaleresque cavalier fait de l'équitation sur l'hippodrome.

Chevaleresque, cavalier, équitation, hippodrome appartiennent à un même champ lexical, mais sont de familles étymologiques différentes.

Les mots formés à partir d'une même racine constituent une famille.

FAMILLE ÉTYMOLOGIQUE

La famille de mots est envisagée d'un point de vue historique et se limite aux seuls mots issus de la racine ancienne (latine, grecque, gauloise, etc.) :

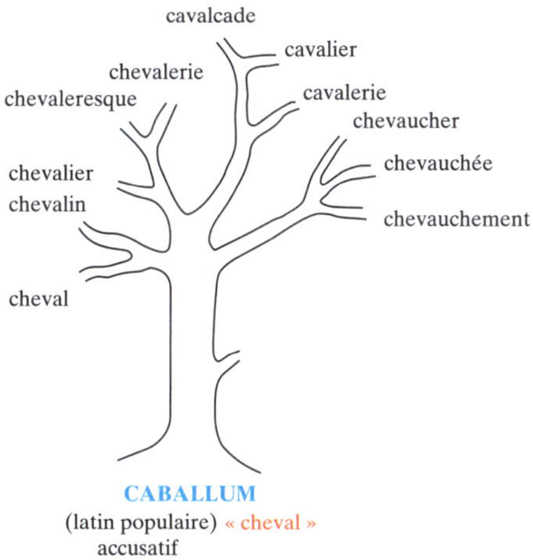

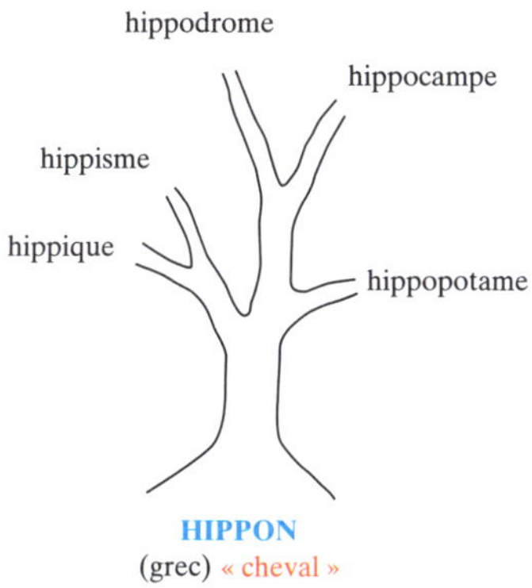

ÉLARGISSEMENT DE LA FAMILLE

La famille est envisagée du point de vue du sens en regroupant tous les mots formés sur les différentes racines désignant la même notion :

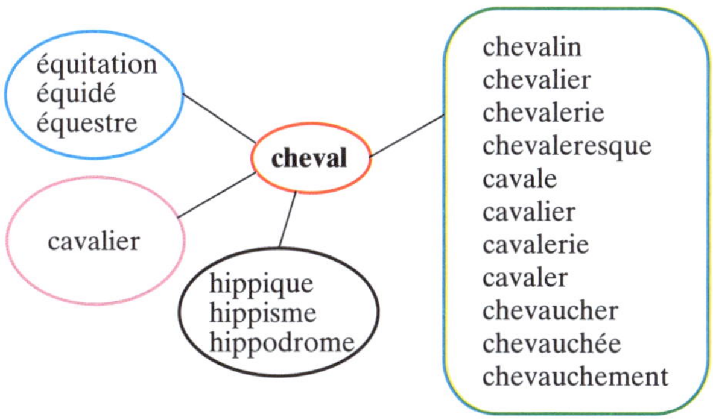

158

Vocabulaire
Le sens des mots

CHAMP LEXICAL

Lors de la *chasse à courre, la jeune amazone montait un fringant hongre alezan.*

chasse à courre, amazone, montait, fringant, hongre et *alezan* font partie du champ lexical du cheval.

DÉFINITION

5e Le **champ lexical** regroupe tous les mots, appartenant aux classes grammaticales les plus variées, que l'on peut employer lorsqu'on parle ou écrit à propos d'une notion donnée. Il est impossible de dresser l'inventaire complet d'un champ lexical.

Certains dictionnaires ont pour caractéristique de fournir un champ lexical, plus ou moins étendu, des mots qu'ils définissent. Ce sont les dictionnaires *analogiques.*

EXEMPLE : CHAMP LEXICAL DU CHEVAL

Noms	
Animal	cheval, étalon, hongre, jument, pouliche, poulain, bardot, mule, mulet...
Catégories	coursier, palefroi, destrier, cheval de course, coureur, sauteur, trotteur, cheval de selle, cheval de labour, cheval de cirque, poney, mustang, monture, dada...
Péjoratif ou familier	canasson, rosse, bourrin, bidet, carne, haridelle...
Excréments	crottin, pissat...
Anatomie	crinière, crin, poil, pelage, robe, queue, tête, front, chanfrein, ganache, naseau, oreille, œil, bouche, garrot, encolure, poitrail, dos, croupe, flanc, jambe, genou, jarret, canon, boulet, paturon, sabot, fer...
Maladies	colique, courbature, fièvre, fourbure, gourme, morve, vertigo... + vétérinaire, piqûre, vaccin...
Harnachement	harnais, bride, rênes, licol, licou, gourmette, selle, ventrière, fontes, étriers, pommeau, + attelage + cravache, chambrière, éperons...
Ceux qui s'occupent des chevaux	maquignon, cocher, charretier, jockey, entraîneur, éleveur, cavalier, écuyer, amazone, garçon d'écurie, lad, palefrenier, maréchal-ferrant...
Habitat	écurie, box, stalle, bat-flanc, manège, carrière, pré, herbage, haras, litière...
Nourriture	abreuvoir, fourrage, paille, herbe, foin, avoine, sucre, carotte...
Allures et mouvements	trot, galop, pas, amble, train, caracole, cabriole, volte, vire-volte, ruade, dérobade, piaffement, écart, incartade...
Activités liées au cheval	chevauchée, randonnée, monte, dressage, élevage, rodéo, chasse à courre, courses, équitation, hippisme...
Adjectifs	
Race de chevaux	pur-sang, demi-sang, arabe, anglais, percheron, boulonnais...
Couleurs	alezan, aubère, bai, blanc, gris, noir, pie, pommelé, rouan...
Qualificatifs	fourbu, fringant, poussif, vigoureux, ombrageux, rétif, vicieux, capricieux, sauvage, boiteux, cagneux, efflanqué, ferré, sellé, harnaché, chevalin, équestre, hippique...

Verbes	
Pour le cavalier	enfourcher (son cheval), monter (un cheval, à cheval), chevaucher, sauter, chasser, dresser, piquer, seller, atteler, harnacher, cravacher, cingler, éperonner...
Pour le cheval	aller l'amble, aller au pas, trotter, trottiner, galoper, ruer, se cabrer, caracoler, volter, broncher, botter, mordre, piaffer, encenser, s'emballer...
Soins au cheval	ferrer, étriller, panser, brosser, bouchonner...
Interjections	
	hue, dia...
Proverbes, expressions figées	
	À cheval donné, ne regarde pas les dents. – Qui veut voyager loin ménage sa monture... Monter sur ses grands chevaux – tirer à hue et à dia – enfourcher son dada – laisser la bride sur le cou – ruer dans les brancards – prendre le mors aux dents – ronger son frein – piquer des deux – tomber les quatre fers en l'air – ruer des quatre fers – courir ventre à terre – faire volte-face – tourner bride – prendre ombrage – prendre la mouche – tenir la dragée haute – avoir la fringale – jeter sa gourme – monter en amazone – monter à cru – allonger sa course – être à cheval sur – à bride abattue – à califourchon – un remède de cheval...

DENTIFIER LES CHAMPS LEXICAUX

La *forêt* **s'était** déjà en partie **refermée** sur notre *sente.* J'évoquais la **guerre** des *plantes* que quelques savants, après de minutieuses recherches, venaient depuis peu de définir, **cette lutte implacable des armées** *végétales* **levées les unes contre les autres, s'encerclant** selon **une lutte cruelle**, à la fois appliquée et **démentielle**, semblable à celle des hommes. Je me rendais compte qu'un *chemin*, tel celui *pratiqué* tant bien que mal par mes compagnons, ne pouvait exister que peu de temps *au cœur* de **cette flambée** *verte*, de cet *immense* **orage** *muet des plantes* fait de nécessité de *vivre* et peut-être de **haine véritable**, infiniment plus **puissante** que la nécessité de **survie** des bêtes qui devaient *s'y frayer un passage.* Il s'agissait là d'une **force** *immense*, **indomptable**, **indomptée**, qu'il nous faudrait **combattre** jusqu'au jour où, peut-être, nous réussirions à **lui échapper**.

(Paul Vialar, *Le Triangle de fer*, Flammarion.)

Champ lexical de la *végétation* ⟶ en *italique.*

Champ lexical de la **guerre** ⟶ en **gras**.

159

VOCABULAIRE
Le sens des mots

SENS PROPRE / SENS FIGURÉ

L'enfant insolent leur tira la langue.
Des langues de flammes léchaient déjà la façade.
Dans la 1re phrase, *langue* est employé avec son sens propre. Dans la 2e phrase, *langue* et *léchaient* sont employés avec leur sens figuré

POLYSÉMIE

6e Un même mot peut avoir plusieurs sens. On dit qu'il est **polysémique**.

Il rentrait, son **filet** à provisions dans une main, un pain dans l'autre.
Le joueur a envoyé la balle dans le **filet**.
Les pêcheurs remontèrent le **filet** plein de poissons.
Le boucher découpa un rôti dans le **filet**.
À la cantine, chaque enfant eut droit à un **filet** de poisson pané.
La source était réduite à un mince **filet** d'eau.

SENS PROPRE / SENS FIGURÉ

6e Au **sens propre**, le plus souvent physique et concret, s'oppose le **sens figuré**, moral ou abstrait. Un mot peut avoir plusieurs sens figurés (qui, dans la plupart des cas, ne font plus image dans la langue moderne).

La victime était tombée dans les **filets** d'un escroc.
En arrêtant toute la bande, la police a réussi un beau coup de **filet**.
La musique, trop forte, couvrait le mince **filet** de voix de la chanteuse.

caresser un animal / **caresser** un rêve, un projet…

se heurter à un **mur** de briques / à un **mur** de mépris, de silence, au **mur** de l'argent…

CHAMP SÉMANTIQUE

5e Selon le contexte où il est employé, un même mot peut donc avoir plusieurs sens. L'ensemble de ces sens est appelé le **champ sémantique** de ce mot.

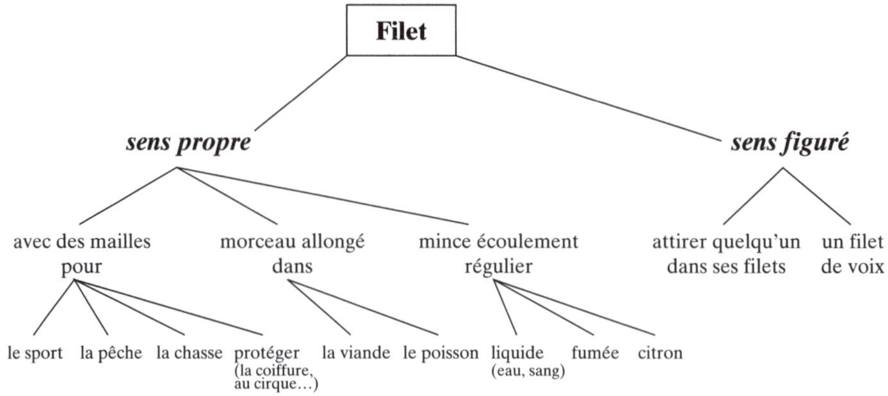

HOMONYMES

Si six scies scient six cyprès, six cents scies scient six cents cyprès.
Si, six, scies et *scient* sont des homonymes non homographes.

DÉFINITION

5e Deux mots de sens différents qui se prononcent de la même manière mais s'écrivent différemment sont appelés **homonymes** :

Le **maire**, la **mer**, une **mère**...

On range aussi dans les homonymes les **homographes**, qui s'écrivent de la même manière mais peuvent se prononcer différemment :

Les poules du **couvent couvent**.

Il existe des homonymes qui se prononcent et s'écrivent de la même manière (à la fois homophones et homographes) :

Du pain **frais**, faire des **frais**, prendre le **frais**...

COMMENT DISTINGUER LES HOMONYMES HOMOGRAPHES ?

4e Origine différente et sens différents :

Un terrain **vague** *(vacuus, vide)* / un souvenir **vague** (*vagus, errant*)

Même origine, mais sens radicalement différents :

faire la **grève** / marcher sur la **grève**

Genre différent :

un petit **mousse** / de la **mousse** de savon

Appartenance à des classes grammaticales différentes :

Tu t'**asperges** d'eau. / Ils ont cueilli des **asperges**.

Construction différente :

déboucher une bouteille / **déboucher du** métro / **déboucher dans** la rivière.
Le voleur (sujet animé) **fuit.** / Le robinet (sujet non animé) **fuit.**

Champ lexical différent :

monter une tente (*champ lexical du camping*) : rouler, plier, toile, campeur...
monter un cheval (*champ lexical de l'équitation*) : conduire, étriller, cavalier...

Synonymes différents :

monter / **dresser** une tente – **monter** / **gravir** une colline
Le fleuve **monte** / **grossit** – Les prix **montent** / **augmentent**.

Contraires différents :

monter / **démonter** une tente – **monter** / **descendre** une colline – Le fleuve **monte** / **baisse**.

Dérivés différents :

monter : la montée *(de la colline)* ; le montage *(de la maquette)* ; la monté *(du cavalier)*

louer : la location *(du vélo)* ; les louanges *(de la presse)*

isoler : l'isolation *(du fil)* ; l'isolement *(du malade)*

161

Vocabulaire
Le sens des mots

SYNONYMES

Il lisait, couché, allongé, vautré sur son lit.
Cette phrase est maladroite, dans la mesure où les synonymes *allongé* et *couché* sont ici redondants.

DÉFINITION

6e Deux mots sont dits **synonymes** lorsqu'ils peuvent être remplacés l'un par l'autre dans une phrase, sans modification majeure du sens :

Il **envoie / lance** la balle à son frère.
Le docker **envoie / lance** le ballot à son collègue.
On a **envoyé / lancé** une fusée sur la lune.

LA SYNONYMIE VARIE AVEC LES CONTEXTES

6e Deux mots, synonymes dans certains contextes, ne le sont plus dans d'autres. Ces deux mots ne peuvent alors être remplacés l'un par l'autre :

D'Italie, elle a **envoyé** (*~~lancé~~*) une carte à ses enfants.
On a **envoyé** (*~~lancé~~*) un expert sur les lieux de l'incendie.
Ils **lancèrent** (*~~envoyèrent~~*) des cris.
Le TGV **était lancé** (*~~envoyé~~*) à pleine vitesse.

Selon la phrase, le même mot aura des synonymes différents :

Elle a **envoyé / expédié / posté** une carte.
On a **envoyé / délégué** un expert.
Ils **lancèrent / poussèrent** des cris.
Le TGV **était lancé / roulait** à pleine vitesse.

Deux mots peuvent être synonymes sans que leurs dérivés le soient nécessairement aussi :

jeter / lancer une balle à quelqu'un
une balle **lançable** ≠ une balle **jetable**

ce qui peut faire le jeu des humoristes et des publicitaires :

Gillette **jette** des rasoirs **lançables**, *non*... **lance** des rasoirs **jetables**.

Les synonymes peuvent ainsi servir à distinguer les différents sens d'un mot et les homonymes :

monter
- = **dresser** une tente
- = **gravir** un escalier
- = **assembler** une maquette

LE CHOIX DES MOTS EST RAREMENT INDIFFÉRENT

Les sens des mots, même synonymes dans une phrase, ne sont jamais exactement identiques :

Les mots peuvent marquer des intensités différentes :

Les enfants **surpris** < **étonnés** < **sidérés** < **stupéfiés** s'arrêtèrent...

Les mots peuvent appartenir à des registres de langue différents :

On a **arrêté** (*courant*) / **pincé** (*familier*) / **appréhendé** (*soutenu*) → le voleur.

Les mots peuvent impliquer un jugement différent :

Elle avait un cou **grêle** (*péjoratif*). / **gracile** (*mélioratif*).

Enfin, les mots présentent des connotations individuelles ou collectives différentes : des mots ressentis comme synonymes par certains ne le sont pas toujours par d'autres. Les dictionnaires eux-mêmes ne proposent pas toujours les mêmes synonymes pour les mêmes mots.

CONTRAIRES (ANTONYMES)

« Dieu, que ma belle-*fille est* laide, *pensait l'aïeule qui, du haut de l'escalier, regardait* monter *ses* descendants. *Heureusement que mes* petits-*enfants sont* grands... *»* (Michel Laclos)

MOYENS D'EXPRIMER LE CONTRAIRE

6e Deux idées contraires sont deux idées qui, à partir d'une même notion, présentent la plus grande différence possible.

Pour exprimer cette opposition, la langue dispose de plusieurs moyens.

Négation

Ce travail **est propre**.	><	Ce travail **n'est pas propre**.

Dérivation

Utilisation de préfixes :

Ce travail est **propre**.	><	Ce travail est **malpropre**.
un terme **propre**	><	un terme **impropre**
un député **inscrit** à un parti	><	un député **non inscrit**
un mouvement **proanglais**	><	un mouvement **antianglais**

Utilisation de suffixes :

un réflexe **anglophile**	><	un réflexe **anglophobe**

Emploi d'un autre mot

Ce travail est **propre**.	><	Ce travail est **sale**.

LE MOT ET SES CONTRAIRES

6e Les contraires, qui permettent de distinguer les divers sens d'un même mot et d'opposer les homonymes, dépendent évidemment du contexte dans lequel le mot est employé :

un vent **frais**	><	un vent **doux**
de l'eau **fraîche**	><	de l'eau **tiède**
un accueil **frais**	><	un accueil **chaleureux**
du poisson **frais**	><	du poisson **avarié**
des sardines **fraîches**	><	des sardines **en conserve** (/ à l'huile)
des haricots **frais**	><	des haricots **secs**
des fleurs **fraîches**	><	des fleurs **fanées** (/ séchées)
du pain **frais**	><	du pain **rassis** (/ sec / dur)
du beurre **frais**	><	du beurre **rance**
des nouvelles **fraîches**	><	des nouvelles **anciennes**
un teint **frais**	><	un teint **brouillé**
un cheval **frais**	><	un cheval **fatigué**
un parfum **frais**	><	un parfum **lourd** (/ capiteux)

PARONYMES

La ressemblance entre deux mots peut être source de confusion et d'erreur.
« Ma sœur avait une bonne délectation (pour *dilatation*) *d'estomac, alors je lui ai fait une bonne* incision (pour *infusion*) *de camomille. »* (cité par Jean-Charles)

avènement Pour l'**avènement** du jeune roi, on organisa de grandes fêtes.	**événement** Sa fille vient de naître, il va fêter ce joyeux **événement**.
cinglant Il adressa à son adversaire une remarque **cinglante** qui l'atteignit comme un coup de fouet.	**sanglant** Je déteste ces journaux qui se complaisent aux récits **sanglants** de meurtres et d'accidents.
collision La **collision** de deux camions a fait deux blessés.	**collusion** Le dictateur a été renversé par la **collusion** de ses généraux qui ont monté un complot.
compréhensif Le professeur, **compréhensif**, excusa leur retard.	**compréhensible** En raison des grèves, leur retard est bien **compréhensible**.
dénouement J'ai beaucoup aimé le **dénouement** heureux de ce film.	**dénuement** Ces pauvres gens vivent dans un **dénuement** complet.
décocher L'archer **décocha** une flèche qui atteignit sa cible.	**décrocher** Pour peindre le mur, il faut **décrocher** les tableaux.
forcer L'homme **a forcé** la porte pour pénétrer dans la maison. Le vent violent les a **forcés** à rentrer au port.	**forcir** Cet homme **a** beaucoup **forci** : il est presque trop gros. Le vent **a forci** : nous devons rentrer au port.
inclinaison La bille ne tient pas à cause de l'**inclinaison** du sol.	**inclination** Son **inclination** pour la musique le rend assidu aux concerts.
infecté Il faut soigner cette plaie **infectée**.	**infesté** La rivière est **infestée** de piranhas.
papillonner La maîtresse de maison, allant d'un invité à l'autre, **papillonnait** dans la réception.	**papilloter** La lumière trop vive faisait **papilloter** ses yeux fatigués.
préposition Le verbe se souvenir se construit avec la **préposition** *de*.	**proposition** Cette phrase est une **proposition** indépendante.
prescrire Le médecin **a prescrit** des fortifiants au malade surmené.	**proscrire** Le médecin lui **a** formellement **proscrit** le tabac.
rabattre **Rabattez** le col de votre chemise, il dépasse de votre veste.	**rebattre** Cesse de me **rebattre** les oreilles de tes plaintes incessantes.
recouvrer Grâce à des soins intensifs, le malade **a** rapidement **recouvré** la santé.	**recouvrir** Il **a recouvert** ses livres de papier bleu.

Littérature

HISTOIRE DE LA LITTÉRATURE
GRÈCE ANTIQUE – ROME ANTIQUE

LITTÉRATURE DE LA GRÈCE ANTIQUE

PÉRIODE ARCHAÏQUE | PÉRIODE CLASSIQUE | H

Création des jeux Olympiques 776

Guerres médiques 490-449
Guerre du Péloponnèse 431-404
Philippe de Macédoine 356-336
Alexan le Gra 336-3

800 | 700 | 600 | 500 | 400 | 300

Création de l'alphabet grec
Homère
Hésiode
Thalès
Ésope
Pythagore
Eschyle
Pindare
Sophocle
Hippocrate
Socrate
Euripide
Hérodote
Euclide
Platon
Démosth
Aristo
Aristoph

En caractères gras : personnalités scientifiques

LITTÉRATURE DE LA ROME ANTIQUE

ROYAUTÉ | RÉPUBLIQUE

Fondation de Rome par Romulus 753
Guerre contre Albe 665
Guerres puniques 264-146

500 | 300 | 200

Plaute
Té

HISTOIRE DE LA LITTÉRATURE
GRÈCE ANTIQUE – ROME ANTIQUE

ODE STIQUE | PÉRIODE ROMAINE

Conquète romaine 146
Mithridate 111-63
Début de notre ère

200 — 100 — 1 — 100 — 200

ction *ncien* *ment* ure
Archimède
Ptolémée
Épictète
Plutarque
Lucien

EMPIRE

FORMATION DE L'EMPIRE ROMAIN

Macédoine
Grèce
Afrique du Nord
Espagne
Asie Mineure

51 Gaule
30 Égypte

7 Germanie
69 Judée

Début de notre ère

César 60-44
Auguste 27 av. J.-C.-14
Néron 54-68
Éruption du Vésuve 79
Début des grandes invasions 406

100 — 1 — 100

Lucrèce
Cicéron
Salluste
César
Horace
Virgile
Ovide
Tite-Live
Sénèque
Phèdre
Pline l'Ancien
Pline le Jeune
Tacite
Suétone

165 LITTÉRATURE Chronologie

HISTOIRE DE LA LITTÉRATURE
MOYEN ÂGE - RENAISSANCE

LITTÉRATURE DU MOYEN ÂGE

CROISADES (1095-127

Partage de l'empire de Charlemagne 843

Début du règne des Capétiens 987

Philippe-Aug 1180-122

	1000		1100		1200
Serment de Strasbourg (Premier texte en français)	*Les Mille et une Nuits*	*La Chanson de Roland*	*Le Jeu d'Adam* Béroul Thomas Chrétien de Troyes	Marie de France Huon de Bordeaux Raoul de Cambrai *Les Chansons du Cid*	Villehardou *Le Roman de* Guillaume de *Les Quatre fils*

LITTÉRATURE DE LA RENAISSANCE

GUERRES D'ITALIE (1494-1529)

Bataille de Marignan 1515

François Ier 1515-1547

1500	1510	1520	1530	1540	15
	Érasme	Marot	Machiavel L'Arioste Rabelais	***Édit de Villers-Cotterets (1539) : textes de lois en français***	Du B Rons Louise

En caractères bleus : *œuvres anonymes* et auteurs étrangers
En caractères noirs : *œuvres anonymes* et auteurs français

HISTOIRE DE LA LITTÉRATURE
MOYEN ÂGE - RENAISSANCE

GUERRE DE CENT ANS (1340-1453)

nt Louis
26-1270

Louis XI
1461-1483

Début
des guerres
d'Italie
1494

1300 — 1400 — 1500

de la Halle
itebeuf
de Meung
rco Polo

Joinville
Dante
Fabliaux

Pétrarque
Boccace

Chaucer
Froissard

Charles d'Orléans
Arnoul Gréban
François Villon

Farces
Farce de
Maître Pathelin

Montalvo
Philippe de
Commynes

GUERRES DE RELIGION (1562-1593)

Massacre
de la Saint-Barthélemy
1572

Henri IV
1589-1610

1560 — 1570 — 1580 — 1590 — 1600 — 1610

Marguerite
de Navarre

Camõens

Le Tasse
Garnier
Agrippa d'Aubigné

Marlowe
Montaigne

Shakespeare
Cervantes
Ben Jonson

HISTOIRE DE LA LITTÉRATURE
XVIIe SIÈCLE - XVIIIe SIÈCLE

LITTÉRATURE DE L'ÉPOQUE CLASSIQUE : LE XVIIe SIÈCLE

HENRI IV | LOUIS XIII (1610-1643)

Régence (164

Fron
1648-

Création de l'Académie française 1635

1600	1610	1620	1630	1640	165
Malherbe	Honoré d'Urfé	Lope de Vega	Tirso de Molina	Corneille Calderón	Cyrano de Pasc Mlle de S

LITTÉRATURE DU SIÈCLE DES LUMIÈRES : LE XVIIIe SIÈCLE

LOUIS XIV | LOUIS XV (1715-1774)

Régence de Philippe d'Orléans 1715-1723

Guerre de succession d'Autriche (1740-1748)

1700	1710	1720	1730	1740	175
	Saint-Simon	Montesquieu	Lesage Abbé Prévost Swift	Marivaux	Buffo Fieldin Goldo

En caractères bleus : *œuvres anonymes* et auteurs étrangers
En caractères noirs : *œuvres anonymes* et auteurs français

HISTOIRE DE LA LITTÉRATURE
XVIIe SIÈCLE - XVIIIe SIÈCLE

LOUIS XIV (1643-1715)

Installation de la Cour
à Versailles
1682

1660 | 1670 | 1680 | 1690 | 1700 | 1710

- 1660 : a Rochefoucauld, Milton, Molière, Bossuet
- 1670 : La Fontaine, Racine, Mme de Sévigné
- 1680 : Boileau, Mme de La Fayette
- 1690 : La Bruyère
- 1700 : Fénelon, Perrault
- 1710 : Lesage, Defoe

LOUIS XVI (1774-1792) | Ire RÉP. | CONSULAT

uerre
Sept ans
6-1763)

Affaire Calas
1762

Prise
de la Bastille
1789

Exécution
de Louis XVI
1793

1760 | 1770 | 1780 | 1790 | 1800 | 1810

- 1760 : Voltaire, Diderot, *èmes d'Ossian*
- 1770 : Rousseau, Gœthe
- 1780 : Bernardin de Saint-Pierre
- 1790 : Beaumarchais, *Les Aventures du Baron du Münchhausen*, Chénier
- 1800 : Schiller

HISTOIRE DE LA LITTÉRATURE
XIXe SIÈCLE

CONSULAT	Ier EMPIRE		RESTAURATION	MONARCHIE DE JUILLET	IIe R
1799-1804	Napoléon Ier 1804-1815		1815-1830	Louis-Philippe 1830-1848	1848-1
	Guerre d'Espagne 1808-1813	Louis XVIII 1815-1824	Charles X 1824-1830		
		Mort de Napoléon 1821	Révolution 1830		Révolut 1848
1800	**1810**	**1820**	**1830**	**1840**	**185**
	Byron Grimm	Percy Shelley Mary Shelley Lamartine Walter Scott Fenimore Cooper	Vigny Stendhal Balzac Musset Gogol Pouchkine	Mérimée Dickens Chateaubriand Dumas (père) Eugène Sue Edgar Poe	Dumas (Sœurs Br George S Michel Leconte de Tourgue Melvil Tolstc Baudela Labich Gérard de

En caractères bleus : *œuvres anonymes* et auteurs étrangers
En caractères verts : auteurs étrangers d'expression française
En caractères noirs : *œuvres anonymes* et auteurs français

HISTOIRE DE LA LITTÉRATURE
XIXe SIÈCLE

ECOND EMPIRE	TROISIÈME RÉPUBLIQUE
Napoléon III 1852-1870	1875-1940

Guerre contre la Prusse 1870 — Commune 1871 — Lois sur l'école 1881

1860	1870	1880	1890	1900
ntesse de Ségur	Verlaine	Vallès	Hérédia	Francis Jammes
Erckmann-Chatrian	Flaubert	Zola	Loti	Courteline
ewis Caroll	Jules Verne	Eça de Queiros	Oscar Wilde	Anatole France
Daudet	De Coster	Rimbaud	Mallarmé	Verhaeren
Andersen	Mark Twain	Maupassant	Rostand	Tchékov
About	Dostoïevski	Stevenson	Jules Renard	Conan Doyle
Hugo			Wells	Kipling
Gautier				

HISTOIRE DE LA LITTÉRATURE
XXe SIÈCLE

LITTÉRATURE DU DÉBUT DU XXe SIÈCLE

Première Guerre mondiale
1914-1918

Verdun
1916

Révolution
russe
1917

1900 **1905** **1910** **1915** **19**

1900 : Anna de Noailles, Maeterlinck

1905 : Romain Rolland, Selma Lagerlöf

1910 : Pergaud, Apollinaire, Proust, Alain-Fournier

1915 : Jimenez, **Max Jacob**, Pirandello, **Gide**, **Maurois**

19… : Paul V…, Jules R…, Mac (…, Col…

LITTÉRATURE MODERNE : APRÈS 1945

CHARLES DE GAULLE
1958-1969

Guerre

Guerre d'Indochine
1946-1954

Guerre d'Algérie
1954-1962

1945 **1950** **1955** **1960** **19**

1945 : Senghor, Richard Wright, Kateb Yacine

1950 : Prévert, Boris Vian, Cronin, Birago Diop, Césaire, Bazin, Orwell, Ionesco, Asimov, Bradbury

1955 : Tardieu, Camara Laye, Hemingway, Henri Bosco, Cesbron, Pagnol, Oyono, Simone de Beauvoir, Fredric Brown, Kessel

1960 : Queneau, Christiane Rochefort, Troyat, Sembene Ousmane, Brassens, Sartre, Pierre Boulle

19… : Barj…, Tour…, Buz…

HISTOIRE DE LA LITTÉRATURE
XXe SIÈCLE

Guerre d'Espagne

Seconde Guerre mondiale 1939-1945

Krach boursier 1929

Hitler chancelier 1933

Front populaire 1936

Pétain 1940

Pearl Harbor 1941

Conférence de Yalta 1945

1925

Éluard
Cocteau
Genevoix
Cendrars

1930

Garcia-Lorca
Supervielle
Giono
Paul Fort
Mauriac
Huxley

1935

Saint-Exupéry
Georges Duhamel
Marcel Aymé
Giraudoux

1940

Michaux
Albert Cohen
Agatha Christie
Taha Hussein
Aragon
Anouilh
R. Martin-du-Gard
Georges Simenon

1945

Desnos
Steinbeck
Camus
Vercors

POMPIDOU 1969-1974

GISCARD D'ESTAING 1974-1981

MITTERRAND 1981-1995

du Vietnam
65-1975

70

el
ncelos

1975

Joseph Zobel
Hélias
Tahar Ben Jelloun

1980

Le Clézio
Calvino

1985

Daniel Pennac

1990

P. Chamoiseau

En caractères bleus : *œuvres anonymes* et auteurs étrangers
En caractères verts : auteurs étrangers et d'expression française
En caractères noirs : *œuvres anonymes* et auteurs français

POÉSIE

DÉFINITION

La poésie est un art du langage généralement associé à la versification et visant à exprimer ou à suggérer quelque chose au moyen d'une langue où les combinaisons de mots, le rythme, l'harmonie des sonorités, les images ont autant, et parfois plus, d'importance que le contenu exposé. Le poème peut être en vers ou en prose. Le terme de poésie associe un genre dont les caractéristiques sont bien définies, des thèmes d'inspiration, une forme de poème et un système propre à une école ou à un individu.

GENRES POÉTIQUES

A La poésie épique

Représentée dès la plus haute antiquité, elle donne aux événements et aux personnages une grandeur exceptionnelle.

1. L'épopée est un long poème narratif qui chante les exploits des héros, utilise le merveilleux et se développe en épisodes *(chants)*. L'épopée sera considérée jusqu'au XIXe siècle comme le genre poétique le plus noble, les modèles restant *L'Iliade*, *l'Odyssée* et *l'Enéide*.

2. La chanson de geste est la forme qu'a revêtue l'épopée au Moyen Âge. Elle est écrite en décasyllabes ou en alexandrins assonances (rimant uniquement sur la voyelle) et découpée en strophes (les *laisses*). Accompagnée souvent de musique, la chanson de geste a pour sujet la geste (les exploits) des héros.

B La poésie lyrique

Destinée à l'origine à être chantée accompagnée de la lyre, elle expose des sentiments intimes.

1. Les poèmes peuvent être d'inspiration élevée (odes, hymnes) ou d'inspiration plus modeste ou personnelle.

2. Une forme de la poésie lyrique peut s'attacher à vanter les charmes de la vie champêtre et des travaux agricoles (églogues...).

C La poésie élégiaque

Souvent nostalgique, elle a pour thème des sujets tristes et tendres (élégies, complaintes...).

D La poésie philosophique ou religieuse

Tout en visant le beau et le noble, elle se met au service d'un message à délivrer, d'une théorie, de la foi. **L'épître** est ainsi une lettre en vers sur un sujet philosophique ou satirique.

E La poésie didactique

Elle est utilisée par l'écrivain pour transmettre un enseignement moral. La **fable** est un petit récit, souvent en vers, accompagné d'une moralité, qui vise à instruire à travers une anecdote symbolique.

F La poésie satirique (satires, épigrammes...)

Elle attaque ou ridiculise une personne, soit pour elle-même, soit en tant que représentante d'une catégorie d'individus.

G Le calligramme

C'est un poème dont la disposition des mots forme un dessin qui illustre le sens du texte. Pratiqué dès l'Antiquité et repris par Rabelais (XVIe siècle), le calligramme conquiert ses lettres de noblesse au XXe siècle avec Guillaume Apollinaire.

H La poésie moderne

À la fin du XIXe siècle, on a cherché à affranchir la poésie des règles traditionnelles de la versification. Le vers libéré, ou vers libre, se caractérise par un nombre non défini de syllabes et par l'absence de césures ou d'accents fixes. Le vers blanc y ajoute la suppression de la rime.

I Le poème en prose

La prose peut être poétique, par des effets de rythme, de sonorités, ou par son contenu. Elle n'est pourtant pas assimilable au poème en prose, qui s'affirme d'abord en tant que poème, en particulier par sa structure.

GENRE ASSOCIÉ

A La chanson

Le plus souvent rimée, découpée en couplets, elle comporte généralement un refrain répété régulièrement.

Longtemps confondus, le poème et la chanson se sont dissociés à partir du XVIIe siècle. Le nom de poème est désormais réservé aux textes écrits pour être dits ou lus, le nom de chanson aux textes destinés à être chantés accompagnés de musique. Toutefois, poèmes et chansons gardent de leur origine commune la possibilité d'échanger leurs particularités. C'est pourquoi le poème peut être mis en musique et chanté, et la chanson lue comme un poème.

THÉÂTRE

DÉFINITION

Le théâtre est un genre littéraire qui expose une action dramatique sous forme de dialogue entre les personnages.

Le théâtre est écrit pour être représenté, plutôt que pour être lu. Il suppose des acteurs, des costumes, des décors, un public.

La présence du public au théâtre peut impliquer une situation d'énonciation particulière : un personnage censé s'adresser à un autre personnage sur la scène peut en fait dans le même temps s'adresser au public **(double énonciation)**.

THÉÂTRE TRAGIQUE

A Le théâtre antique

1. La tragédie grecque, d'origine religieuse, s'inscrit dans le culte de Dionysos. Fortement marquée par des conventions strictes, la tragédie grecque, jouée uniquement par des hommes libres masqués et vêtus de façon conventionnelle, fait alterner les parties dialoguées **(acteurs, choryphée)** et chantées **(le chœur)**. Les règles de la tragédie antique définies et fixées par Aristote, serviront de base à la tragédie classique : cinq parties, écriture en vers, événements exceptionnels, personnages de rang élevé, fin malheureuse.

2. La tragédie romaine, fortement influencée par la tragédie grecque, ne s'en différencie pas essentiellement.

B Le mystère

C'est un spectacle du Moyen Âge qui met en scène les mystères de la religion. Il est écrit en français, non en latin, à partir du XIIe siècle. Le spectacle se donnait dans les rues, lors des grandes fêtes religieuses.

C La tragédie classique

Inspirée de la tragédie grecque et latine, c'est une pièce en vers de cinq actes, mettant en scène des personnages de rang élevé confrontés à des événements exceptionnels. Le dénouement est toujours malheureux. La tragédie classique se définit par la règle des trois unités : une seule action **(unité d'action)** qui se déroule en un même lieu **(unité de lieu)** en une seule journée **(unité de temps)**. Les tragédies des XVIe et XVIIe siècles présentent le plus souvent des sujets inspirés de l'Antiquité.

D La tragi-comédie

Genre intermédiaire, elle s'apparente à la tragédie par son sujet et à la comédie par ses personnages (classes moyennes) et son dénouement heureux. La tragi-comédie, malgré son nom, n'est en rien comique. Au XVIIe siècle, elle a été jouée concurremment avec la comédie et la tragédie.

E Le drame

1. Né parallèlement en Espagne et en Angleterre au XVIe siècle, il mêle le comique et le tragique, les personnages nobles et les personnages populaires. Il peut être accompagné de musique et présente un dénouement malheureux.

2. Il a connu une nouvelle vogue au XIXe siècle avec le **drame romantique** qui a pour principe de mêler les genres (du *sublime* au *grotesque*, selon Victor Hugo), de refuser les trois unités, de revendiquer le pathétique.

F Le mélodrame

À l'origine, c'était une pièce de théâtre dans laquelle les dialogues étaient entrecoupés de morceaux de musique pour marquer l'entrée ou la sortie de personnages importants.

À partir du XIXe siècle, on appelle mélodrame un drame où le pathétique prend une grande importance. C'est alors un genre très apprécié du public populaire.

G Le drame bourgeois

1. Issu du mélodrame dans sa formule d'origine, il met en scène des personnages proches des spectateurs, confrontés à des problèmes du quotidien. Il s'agit d'individus sensibles, qui pleurent beaucoup, placés dans des situations pathétiques. Ce type de spectacle, qui glorifie les vertus bourgeoises, a connu son heure de gloire avec la montée de la bourgeoisie, à la fin du XVIIe et au XVIIIe siècle.

2. Le drame bourgeois a évolué et est devenu moins larmoyant. Il se rapproche alors de la tragédie par des situations et un dénouement malheureux, mais il met en scène des personnages de classe moyenne et assouplit la règle des trois unités.

HÉÂTRE COMIQUE

A Le théâtre antique

1. La comédie grecque, comme la tragédie, s'inscrivait dans le culte de Dionysos. D'intention nettement satirique à l'origine, elle met en cause les affaires et les hommes publics, puis, avec la suppression de la liberté politique, la satire se fait moins virulente et moins personnelle, pour s'attaquer aux défauts de l'homme en général.

2. La comédie latine dérive en grande partie de la comédie grecque, avec, toutefois, une forme originale, les **attelanes**, farces populaires aux personnages traditionnels, qui sont peut-être à l'origine de la commedia dell'arte.

B La farce

Les farces étaient des intermèdes comiques dont on **farcissait** les spectacles dramatiques au Moyen Âge. La farce est devenue une pièce à part entière dès le XVe siècle. D'un comique primaire, souvent grossier, à base de gestes ou de jeux de mots, elle a été jouée avec des masques jusqu'au XVIIIe siècle.

C La sotie

Genre du Moyen Âge, la sotie est une farce satirique jouée par des acteurs portant le costume des bouffons (le peuple des sots). Elle s'attaque principalement à la société du temps.

D La commedia dell'arte

Née à Naples au XVIe siècle, la commedia dell'arte est une forme de théâtre fondée sur l'improvisation et mettant en scène des situations et des personnages conventionnels. Ce genre de théâtre influencera considérablement les comédies des XVIIe et XVIIIe siècles, dans toute l'Europe.

E La comédie de mœurs

À l'origine la comédie était une pièce de théâtre au dénouement heureux qui mettait en scène des personnages de condition moyenne ou modeste. Par la suite s'ajouta le souci de faire rire.

La comédie de mœurs, qui ne cesse de se développer depuis le XVIIe siècle, utilise le rire pour réformer les mœurs, en tournant en ridicule tel trait de caractère ou telle figure de la société. La part accordée au comique est très variable selon les œuvres.

F La comédie-ballet

Très en vogue au XVIIe siècle, la comédie-ballet inclut un ou plusieurs ballets à la fin de la pièce, aux entractes, ou durant l'intrigue elle-même.

G Le vaudeville

On appelle vaudevilles, aux XVIIe et XVIIIe siècles, les pièces de théâtre qui incluent chansons et ballets.

Au XIXe siècle, grande période du vaudeville, on donne ce nom à une comédie légère à intrigue qui accumule les quiproquos et les coups de théâtre.

GENRES ASSOCIÉS

A L'opéra

C'est une pièce de théâtre chantée, avec accompagnement d'orchestre. Le sujet de l'opéra est souvent emprunté à la tragédie ou au drame.

B L'opéra-comique

Alternant les parties chantées et les parties dialoguées, c'est un genre intermédiaire, ni franchement comique, ni tragique.

C L'opéra-bouffe

C'est un opéra dont le sujet est comique. On l'a rebaptisé opérette au XIXe siècle, pour l'opposer à l'opéra sérieux, le grand opéra.

ROMAN

DÉFINITION

Le roman est une œuvre d'imagination en prose, assez longue, qui fait vivre des personnages présentés comme réels.

Le roman, récit en langue romane, apparaît au milieu du XIIe siècle. C'est alors un long récit en vers (octosyllabes) lu par les jongleurs, surtout dans les cours princières. Les textes seront ensuite réécrits en prose, dès le XIIIe siècle, et commenceront à toucher tous les publics avec l'invention de l'imprimerie, puis grâce au colportage. Peu à peu, ce genre s'est développé jusqu'à devenir le plus répandu et le plus diversifié.

LES DIFFÉRENTS TYPES DE ROMANS

Ces types de romans, présentés, dans la mesure du possible, par ordre chronologique d'apparition, peuvent évidemment coexister dans une même œuvre. Un roman de cape et d'épée peut être aussi un roman historique, un roman noir, un roman feuilleton, etc.

A Le roman courtois (XIIe siècle)

Il présente des héros vaillants dont les prouesses ne sont récompensées ni par l'argent ni par le pouvoir, mais par l'amour d'une dame.

B Le roman de chevalerie

1. Traduction des chansons de geste ou écrit directement en prose, le roman de chevalerie connaît une grande vogue jusqu'au XVIe siècle.

2. Dès le Moyen Âge, les romans de chevalerie sont parodiés dans des romans burlesques qui, tout en faisant rire le lecteur, développent certaines idées morales ou philosophiques.

3. Le roman de chevalerie connaît un renouveau de popularité à l'époque romantique.

4. Au XIXe siècle, se développe une autre forme de roman d'aventures héroïques mettant en scène non des chevaliers du Moyen Âge, mais des héros vaillants des XVIIe et XVIIIe siècles : c'est **le roman de cape et d'épée.**

C Le roman précieux (XVIIe siècle)

Inspiré des romans courtois et des romans de chevalerie, c'est un long récit d'aventures héroïques et sentimentales dans un décor pastoral.

D Le roman picaresque

1. Né en Espagne au XVIe siècle, il met en scène des héros, souvent d'origine populaire, qui rencontrent toutes sortes d'aventures au cours d'un long voyage.

2. Le roman picaresque a évolué au cours des siècles vers le **roman d'aventures** où l'intrigue repose sur de multiples péripéties et où tous les héros se trouvent confrontés à toutes sortes de difficultés avant de parvenir au bout de leur quête.

E Le roman psychologique

Apparu au XVIIe siècle, ce type de roman, tout en développant une intrigue plus ou moins importante, décrit avec beaucoup de minutie les émotions, les sentiments, l'évolution psychologique des héros.

F Le roman par lettres (roman épistolaire)

Dans ce type de roman, l'intrigue évolue par le biais de l'échange d'une correspondance fictive entre les personnages. Le roman par lettres se développe particulièrement au XVIIIe siècle.

G Le roman historique

Né avec le roman, il n'a cessé de se développer au cours des siècles. D'abord réservé au public aristocratique, il a gagné progressivement le grand public où il est toujours particulièrement apprécié. Ce type de roman met en scène des lieux, des événements et des personnages historiques. La part de vérité historique et de fiction est très variable selon les romans.

H Le roman noir

1. Né en Angleterre à la fin du XVIIIe siècle, le roman noir peuple des paysages romantiques (châteaux, ruines, forêts, monastères...) de fantômes, brigands, vampires... Il doit faire naître l'horreur et l'épouvante chez le lecteur.

2. Proche du roman noir, le **roman fantastique,** qui présente des événements apparemment surnaturels, vise moins à effrayer le lecteur qu'à le troubler.

I Le roman-feuilleton

1. Souvent très long, il apparaît avec le développement de la presse au XIXe siècle. Il paraît par fragments dans un journal. C'est cette forme de publication qui est à l'origine d'un genre littéraire spécifique : nombreux personnages, multiples péripéties et rebondissements (chaque épisode doit tenir le lecteur en haleine), écriture souvent rapide et parfois négligée... Il faut savoir cependant que certains grands romans du XIXe siècle ont d'abord été diffusés de cette manière.

2. Autre long roman, le **roman-fleuve** se déroule sur plusieurs générations de personnages **(saga)** et brosse le tableau de toute une époque.

J Le roman policier

Né au milieu du XIXe siècle, en Angleterre et aux États-Unis, c'est une forme de roman dont la popularité n'a cessé de croître et qui s'affirme de plus en plus comme un genre littéraire à part entière, bien que la production, très abondante, soit de qualité inégale. Le roman policier, à l'origine, faisait appel à la sagacité du lecteur pour résoudre une affaire mystérieuse ou une intrigue criminelle. Le roman policier moderne ne repose plus forcément sur une énigme, bien qu'il s'appuie toujours sur la lutte entre le bien et le mal.

Une des variantes du roman policier est au XXe siècle le roman d'espionnage.

K Le roman d'anticipation

Né également à la fin du XVIIIe siècle, le roman d'anticipation a connu une évolution assez semblable à celle du roman policier. Fondé sur des données plus ou moins scientifiques (**science-fiction**), le récit se place dans un futur lointain, présenté comme vraisemblable.

LES GENRES ASSOCIÉS

A Le conte

Apparu dès l'Antiquité, c'est un récit, souvent assez court, et généralement écrit en prose, qui relate des événements imaginaires, présentés comme tels.

1. Le fabliau était au Moyen Âge (XIIIe et XIVe siècles) un petit récit, en octosyllabes, franchement comique et à valeur moralisante.

2. Le conte fantastique introduit des événements imaginaires, inexplicables, dans une intrigue donnée comme réelle.

3. Le conte de fées est un récit à valeur souvent moralisante qui crée un monde merveilleux en introduisant des héros ou des personnages dotés de pouvoirs surnaturels (fées, sorcières, ogres...).

4. Le conte philosophique est un récit d'imagination destiné à illustrer, à démontrer, et parfois à tourner en ridicule, certaines théories philosophiques.

5. Le conte populaire est un récit oral, sans intention littéraire, dont les événements sont imaginaires et les personnages conventionnels. De nombreux contes populaires ont été rassemblés et conservés par écrit. D'autres ont inspiré des auteurs qui leur ont donné une forme littéraire.

B La légende

Les légendes, à l'origine, constituaient un livre relatant la vie des saints. Chaque épisode était lu, jour après jour, à date fixe, pendant toute l'année.

On entend aujourd'hui par légende le récit merveilleux d'un événement historique ou divin, transmis oralement dans les classes populaires. Ce récit s'appuie en principe sur une réalité historique.

C La nouvelle

Née au XIVe siècle sous l'influence italienne, la nouvelle est un récit généralement bref, présentant une seule action conduite par des personnages peu nombreux, souvent schématiques ou représentatifs d'un trait de caractère, d'une catégorie sociale...

QUELQUES AUTRES GENRES LITTÉRAIRES

A Annales

Récit chronologique, année par année, de faits historiques.

B Autobiographie

Récit de la vie d'un auteur, écrit par lui-même, où la fiction et la réalité peuvent se mêler étroitement.

C Biographie

Récit de la vie d'un personnage, historique ou non.

D Chronique

Texte historique traitant d'une période, elle est présentée dans son déroulement linéaire (chronologique), d'où la grande importance accordée aux petits événements quotidiens.

E Confessions

Autobiographie où l'auteur avoue les erreurs et les bonnes actions de sa vie privée.

F Essais

Écrits en prose dans lesquels un auteur traite d'un ou plusieurs sujets avec une très grande liberté de composition et de style.

G Journal

Récit au jour le jour d'événements vécus.

H Lettres

Reconnu dès l'Antiquité, ce genre littéraire, présenté ou non comme une correspondance réelle, permet d'aborder des sujets variés qui vont de l'anecdote et des aspects intimes de la vie privée à des réflexions sur la morale, la religion ou la vie publique.

I Maximes

Recueil de textes très concis exprimant une réflexion morale, philosophique ou de portée générale.

J Mémoires et souvenirs

Textes autobiographiques racontant, sous forme de notes, de journal ou de récit, le passé de l'auteur.

K Pamphlet, libelle

Textes polémiques, attaquant violemment une idée, une personne ou une institution. Ces écrits sont souvent anonymes.

L Portrait

Genre littéraire qui consiste à rassembler une série de descriptions physiques et morales de personnages réels ou imaginaires, au service d'intentions diverses (philosophiques, sociales, morales, politiques, polémiques...).

M Récit de voyage(s)

1. Relation de souvenirs centrés autour d'un voyage, d'une expédition à laquelle a participé l'auteur, comportant en général des descriptions de lieux *(géographie)*, de faune *(zoologie)*, de flore *(botanique)*, d'hommes et de coutumes *(anthropologie)*, etc.

Même présentées comme réelles, les relations de voyages du Moyen Âge étaient souvent en partie fantaisistes.

2. Les récits de voyages peuvent être aussi totalement fictifs.

N Textes oratoires et discours

Écrits pour être lus ou déclamés en public, ils visent à exercer une action sur les auditeurs.

1. Textes politiques (harangue, allocution, réquisitoire, plaidoyer...).

2. Textes religieux (sermon, oraison funèbre, cette dernière étant prononcée à la mort d'un grand personnage dont on raconte les moments importants de la vie et dont on fait l'éloge).

O Traité

Ouvrage didactique, exposant d'une manière systématique un sujet concernant une matière. Les traités peuvent aborder les thèmes les plus divers.

1. Réflexion philosophique ou morale.

2. Théorie politique.

3. Période historique.

4. Connaissance de la terre : faune, flore, géologie, etc.

INDEX DES AUTEURS

Les références renvoient à la page et au paragraphe qui traitent du genre littéraire auquel se rattache chaque œuvre.

Œuvres anonymes

Auteurs

L'objet n'étant pas ici de faire un index exhaustif, nous n'avons retenu que les œuvres citées dans les programmes successifs du collège – ou celles susceptibles de l'être – plus quelques œuvres majeures ou représentatives d'un genre littéraire présenté dans la partie prévue à cet effet.

INDEX DES AUTEURS

INDEX DES AUTEURS

INDEX DES AUTEURS

INDEX DES AUTEURS

INDEX DES AUTEURS

INDEX DES AUTEURS

INDEX DES AUTEURS

INDEX DES AUTEURS

INDEX DES AUTEURS

INDEX DES AUTEURS

INDEX DES AUTEURS

INDEX DES AUTEURS

INDEX DES AUTEURS

INDEX DES AUTEURS

INDEX DES AUTEURS

INDEX DES AUTEURS

INDEX

INDEX

INDEX

INDEX

INDEX